Gora Devi

Das Abenteuer einer Transformation

12 Jahre mit Babaji

G. Reichel Verlag

© 1993 J. Amba Ed.

Titel der italienischen Originalausgabe:

Diario Indiano - BABAJI - Il Cielo In Terra

Deutsche Übersetzung: „Das Abenteuer einer Transformation"

3. Auflage 2003

© copyright 1994, 2003: G. Reichel Verlag

Reifenberg 85, 91365 Weilersbach

Tel.: 09194-8900, Fax: 09194-4262

Email: info@reichel-verlag.de – www.reichel-verlag.de

Übersetzt aus dem Italienischen von Nina Jankowski

ISBN 3-926388-28-5

Inhaltsverzeichnis

Einführung

aus „Babaji spricht: Prophezeiungen und Lehren"[1]

Das Kumaon-Gebiet des Himalajagebirges Indiens ist der Geburtsort vieler großer Heiliger der Vergangenheit und Gegenwart. Dort wirkte Baba Haidakhan.

Denjenigen, die ihn fragten, bestätigte er mit den Worten: "Du sagst es", daß er der Shiva Mahavatar Babaji ist, der Tausenden im Westen durch Paramahansa Yoganandas "Autobiographie eines Yogi" bekannt ist. Ein Mahavatar ist eine göttliche Erscheinung in einem menschlichen Körper ohne menschliche Geburt. Shri Babaji erschien im Juni 1970 in einer Höhle, die seit Tausenden von Jahren am Fuße des Kumaon Kailashberges besteht, hinter dem heiligen Fluß Gautama Ganga, gegenüber einem unbekannten Bergdörfchen mit Namen Haidakhan, im Distrikt Nainital der Großprovinz Uttar Pradesh.

Man weiß nichts über Babajis Herkunft oder Familie. Er erschien als ein Jüngling von etwa 18 Jahren und bewies große Weisheit und geistige Ausstrahlung, d.h. offensichtlich göttliche Fähigkeiten, gleich von Anfang an. Die Dorfbewohner Haidakhans sahen ihn zur selben Zeit in verschiedenen Erscheinungsformen: Von zwei Menschen, die gleichzeitig mit ihm sprachen, sah einer einen alten Mann mit Bart, der andere einen jungen Mann ohne Bart. Er wurde auch an verschiedenen Orten gleichzeitig gesehen.

Er kannte die heiligen Schriften auswendig auf Hindi und Sanskrit, doch gab es keinerlei Anzeichen, daß er irgendeine formale "Bildung" genossen hatte. Monatelang aß er fast kaum etwas und hatte doch unerschöpfliche Energie. Im September 1970 bestieg er den Kailashberg und ließ sich auf seiner Spitze in der Nähe eines kleinen Tempels in Yogahaltung nieder. So saß er 45 Tage lang, ohne auch nur einmal aufzustehen. Die meiste Zeit meditierte er, gelegentlich sprach er auch und fing an, seine Botschaft zu lehren, um derentwillen er in die Welt gekommen war. Hunderte von Menschen versammelten sich im Oktober, um mit ihm oben auf dem Kailash das religiöse Fest der göttlichen Mutter, die Navaratris, zu begehen.

---

[1] G. Reichel Verlag, Weilersbach

Sein Kommen ist vorausgesagt worden durch die alten Schriften und durch die Prophezeiungen des zeitgenössischen Heiligen Mahendra Baba. Als Kind war Mahendra Baba durch eine Vision von Babaji und der Göttlichen Mutter geheilt worden. Noch als Kind sah er Babaji an seinem Geburtstag wieder und erfuhr eine Einweihung durch ihn. Als er gerade die Oberschule beendet hatte, begegnete Mahendra Baba Babaji in einer seiner früheren menschlichen Gestalten und wurde sechs Tage und Nächte lang von ihm in Yogawissen unterwiesen. Als Babaji wieder verschwand, wußte Mahendra Baba weder, wer er war, noch wie er ihn wiederfinden würde. Nachdem er seinen Magister in Philosophie absolviert hatte, entsagte Mahendra Baba der Welt und begann die Suche nach seinem Meister. Er durchstreifte das Himalajagebirge, ganz Indien, Nepal, Tibet und China. Jahrelang hielt er sich dann in einem Tempel in der Nähe des Pilgerortes Ambaji, in der indischen Provinz Gujarat, auf und erwarb sich in dieser Zeit den Ruf eines Heiligen. Erst nach fünfundzwanzig Jahren Suche und Warten führte ihn sein Weg zum Kumaon-Gebirge zurück, wo Babaji ihm erneut erschien - in einem geschlossenen Raum in einem entlegenen Bergashram.

Nach diesem physischen Erscheinen Babajis begann Mahendra Baba mit seiner Mission, Babajis Wiederkommen in menschlicher Gestalt vorzubereiten. Viele Jahre lang zog er durch Indien und predigte, daß Babaji wiederkommen würde, um die Welt zu verändern. Er beschrieb, wie Babaji aussehen würde, auch seine Narben auf seinem rechten Bein und linken Arm. Er sagte weiterhin voraus, daß Babaji im Jahre 1970 erscheinen würde. Mahendra Baba restaurierte alte Ashrams und Tempel, baute neue und komponierte die Andacht, so wie sie jetzt von Shri Babajis Anhängern gesungen wird.

Shri Vishnu Datt Shastriji, ein berühmter Gelehrter aus Alwar (Rajastan), Jünger von Mahendra Maharaj, erwarb sich mit seinem Segen einen Ozean von Wissen. Er schrieb ein Buch über Babaji mit dem Titel "Sada Shiva Charitamrit", das von der göttlichen Mutter inspiriert war. In diesem Buch beschreibt Shastriji den Ashram von Haidakhan, ohne ihn jemals gesehen zu haben. Zehn Jahre später, als er gegründet wurde, war er beim Anblick überrascht, daß alles perfekte Realität war. Shastriji hat auch viele andere Bücher geschrieben, und einige Studenten haben sie zur Grundlage für Dissertationsthemen genommen und deren Texte studiert. Shastriji ist der offizielle Zelebrant aller Yagyas (alte vedische Zeremonie des heiligen Feueropfers) und der heiligen Handlungen, die Babaji ausführte. Er ist der

Weise: Wenn Babaji Diskussionen führte, war er es, dann mit seiner Stimme. Er folgte Babaji wie ein Schatten während der Jahre seiner physischen Offenbarung: wie er selbst sich bezeichnete: "als das ewige Kind Babajis.

Mahendra Baba lehrte seine Schüler, daß Shri Babaji seit dem Anbeginn menschlichen religiösen Bewußtseins eine menschliche Gestalt Gottes angenommen hat. Seit Menschengedenken ist Babaji der Lehrer von Meistern und religiösen Lehrern, immer bemüht, den Menschen zu Gott und geistigen Werten hinzuführen. Durch die Jahrtausende ist er immer wieder erschienen, um die Menschen zu lehren, indem er jedesmal einen Körper annahm, ohne eine menschliche Geburt zu haben. Im 19. Jahrhundert schrieb Yogananda über seine Erfahrungen mit Babaji und über die seiner Zeitgenossen. In Indien gibt es Bücher, die über die verschiedenen vorausgegangenen Erscheinungen - etwa zwischen den Jahren 1800 bis 1922 - Haidakhan Babas berichten. Um 1800 erschien Babaji einigen Dorfbewohnern Haidakhans, indem er aus einer Lichtaura heraustrat, und 1922 verschwand er vor einigen seiner Anhänger, indem er sich wieder in Licht auflöste.

Es gab viele Berichte über seine früheren Wundertaten: über Heilungen, Totenerweckungen, über sein gleichzeitiges Erscheinen an verschiedenen Orten, über das Speisen von Tausenden mit einem kleinen Nahrungsvorrat, über sein stundenlanges Meditieren inmitten lodernder Feuer. Meist jedoch zog es die Menschen zu ihm, weil sie in ihm ein göttliches, liebevolles Wesen, weit über das menschliche Maß hinaus, erlebten. Menschen aus allen sozialen Schichten strömten zu ihm, Dorfbewohner aus den Bergen, englische Bürokraten, Soldaten, indische Intellektuelle, Reiche und Arme sowie Menschen aller Glaubensrichtungen. Noch gibt es Menschen in Haidakhan und anderen Orten Indiens, die sich an den "alten Haidakhan Baba" erinnern und die bestätigen, daß seine neue Erscheinung und die vergangene ein und dieselbe ist.

Es gibt auch Hinweise auf geschichtlich noch frühere Erscheinungsformen. Tibetische Mönche kamen 1972 zu Shri Babaji und verehrten ihn als "Lama Baba", der vor etwa 500 Jahren in Tibet gelebt hatte. Es gibt Berichte über sein Erscheinen in Nepal, Indien und Tibet. Babaji sagt, er sei einer der Lehrer von Jesus Christus gewesen.

Die meisten Anhänger von Babaji erfuhren und verehren ihn als ein wahres zeitloses göttliches Wesen. Die großen und kleinen Wunder, die er täglich im Leben seiner Getreuen vollbrachte, das Lesen und Antworten auf deren

Gedanken, noch ehe sie ausgesprochen waren, sein Heilen von Leiden aller Art und seine Lehren sind auf Ebenen, die weit über das menschliche Maß hinausreichen. Spektakuläre äußerliche Wunder waren selten. Die meisten seiner Wunder geschehen im Inneren, in den Herzen und im Leben seiner Nachfolger - Wunder von Einsicht, Führung, Weisheit und Hilfe, wann immer und wo immer diese vonnöten sind.

Shri Babaji sagte, daß der Menschheit am Ende des Kali Yugas, des "dunklen Zeitalters", des Überhandnehmens des Materialismus und des Zerfalls geistiger Werte große Gefahren bevorstehen. Er sagte Zerstörungen in großem Ausmaß und Sterben von unzähligen Menschen für dieses Jahrzehnt voraus; aber auch, daß alle diejenigen gerettet würden, die im Einklang mit dem kosmischen Gesetz lebten, die wahrhaftig Gott - in beliebiger Form - verehren und alle seine Namen preisen. Er versprach ferner, daß er eine neue menschliche Gesellschaft aufbauen würde, in der die Menschen sich in Liebe Gott widmen.

Um sich auf Gott zu konzentrieren lehrte Babaji das Wiederholen des uralten Mantras OM NAMAH SHIVAY. Es ist ein Sanskrit-Gebet, das so viel besagt wie "Ich gebe mich hin - ich verneige mich vor - ich suche Schutz in - Gott, Herr, Dein Wille geschehe". Dieses Mantra ist Jahrtausende alt und wird von indischen wie westlichen Meistern gleichermaßen gelehrt. Das Wiederholen von Om namah Shivay ist der Weg zur Einheit mit dem höchsten Gott. (Der Name Gottes, der in diesem Mantra gebraucht wird, ist Shiva laut hinduistischer Weltanschauung). Das immerwährende Wiederholen richtet den ganzen Menschen auf Gott aus, öffnet ihm das Herz und erhebt den Geist, wirkt gegen die eingefleischten Gewohnheiten, zu planen, sich Sorgen und Illusionen zu machen oder innere unnütze Selbstgespräche zu halten.

Es war die Hauptaufgabe Babajis, die seinem Erscheinen in dieser Zeit zugrunde lag, die Herzen und die Sinne der Menschen zu ändern. Er war gekommen, um Verwirrung und Übel aus der Welt zu schaffen. Shri Babaji sagte einmal dazu: "Der menschliche Geist kann durch das Wiederholen eines Mantras gereinigt werden. Dies ist das einzige Heilmittel für den kranken Geist. Wenn euer Herz und Geist unrein sind, wie kann Gott darin wohnen; das Wasser, um eurer Herz zu reinigen, ist der Name Gottes. Lehrt allen Menschen, den Namen Gottes zu wiederholen, überall auf der Welt."

Der Geist, der generell auf den Namen Gottes ausgerichtet ist, reagiert, wenn dies nötig ist, spontan und mit Leichtigkeit. Babaji betonte die Wichtigkeit von OM NAMAH SHIVAY, doch gab er gelegentlich auch andere Mantren. Prinzipiell lehrte Babaji die Wiederholung der Namen Gottes: "Die Namen Gottes sind stärker als tausend Atom- und Wasserstoffbomben zusammen."

Obwohl Shri Babaji in einer Hindu-Kultur lebte und durch Hindu-Rituale verehrt wurde, gab er keiner Religion den Vorrang. Er sagte, daß alle Religionen den wahren Gottgläubigen zu Gott führen. In Haidakhan wurde Shri Babaji von Hindus, Christen, Juden, Moslems und Sikhs verehrt; sogar Atheisten verneigten sich vor ihm. Oft erinnerte er seine Schüler daran, daß die ganze Menschheit eine Familie ist, alle Menschen sind Kinder Gottes. Demjenigen, der ihn über Religion befragte, antwortete er: "Folge der Religion deines Herzens."

Schon vor seinem Wiedererscheinen im Jahre 1970 lehrte Shri Babaji Mahendra Baba, daß alle Gottgläubigen in WAHRHEIT, EINFACHHEIT und LIEBE leben sollen. Er sagte, daß dies die Grundlage aller Religionen ist. Wenn man sich bemüht, wahrhaft, einfach und liebevoll mit allen Menschen zu leben, ist es nicht möglich, Haß, Gier, Wut, Triebhaftigkeit und Selbstsucht zu nähren.

Allen Menschen, die zu ihm kamen, sagte er immer wieder, daß Karma Yoga, Gott gewidmete Arbeit, der beste, leichteste und schnellste Weg zu Gott in dieser chaotischen, wirren Zeit ist. In seinem Ashram in Haidakhan ist die tägliche Arbeit morgens und abends der Hauptpfeiler seiner Lehre. Zeit zum Meditieren gibt es nach dem morgendlichen Bad, zwischen 5 - 6 Uhr, doch die Hauptzeit des Tages ist durch Karma Yoga ausgefüllt. Während der Arbeit sollte man das Mantra konstant wiederholen. Immer wieder ermahnte Babaji die Besucher seines Ashrams, Karma Yoga, d.h. Arbeit zu tun.

"Den Weg der Wahrheit, Einfachheit, Liebe zu befolgen ist des Menschen erste Pflicht und der höchste Yoga. Fleißige Arbeit ist das Zeichen dieses Weges, denn Faulheit bedeutet den Tod auf Erden. Nur durch Arbeit kann man den Sieg über Karma erlangen. Jeder sollte seine Pflicht so gut wie möglich erfüllen und nicht ablassen von dieser Pflicht. Der Dienst an der Menschheit ist das Wichtigste im Leben. Heutzutage nehmen Unmenschlichkeit und Faulheit zu, und es ist entscheidend, daß ihr hart arbeitet und nicht den Mut verliert. Seid tapfer, fleißig, arbeitet und habt Mut."

Obwohl Shri Babaji viele Menschen aus westlichen Ländern zu sich rief durch Träume, Visionen, kurze Artikel oder einfach durch persönliche Erzählungen derer, die bei ihm waren, war er nicht bestrebt, eine große Nachfolgeschaft zu haben. Sein kleiner Ashram, der etwa 7 km von der nächsten Landstraße in einem sich windenden Flußtal liegt, könnte die vielen Hunderttausende von Menschen nicht aufnehmen, die zu anderen Heiligen und Gurus strömen. Obwohl er keinen allgemeinen Ruf an die Menschen erließ, zu ihm zu kommen, wollte Babaji doch, daß alle seine Botschaft hören. Shri Babaji wollte nie, daß die Menschen ihn wie eine Wiedergeburt Gottes sahen und verehrten. Er selbst sagte über seine menschliche Gestalt: „Dieser Körper ist nichts. Er ist nur hier, um den Menschen zu dienen."

Shri Babaji verließ seinen Körper am Valentinstag, dem 14. Februar 1984. Zu Anfang seiner Wirkungszeit hatte er einigen wenigen Schülern gesagt, daß er seinen Körper im Jahre 1984 aufgeben würde. Ehe er erschien, hatte er zu Mahendra Baba gesagt, daß er kommen würde, um der Menschheit eine Botschaft zu geben. Er kam, lebte seine Botschaft, sprach sie in Worten aus und ließ sie verkünden. Er ging, als er diese Aufgabe beendet hatte. "Seine Worte und sein Handeln sind eins." (C.P.N.Singh, Gouverneur von Uttar Pradesh).

Heute führt Shri Babaji sein Werk weiter, nicht nur in der unsichtbaren Welt, in den Herzen und im Geist der Menschen, sondern auch auf physischer Ebene in Gestalt und durch die unendliche Liebe von Shri Muniraji Maharaj, den er selbst, als er noch in menschlicher Gestalt war, als gleichermaßen spirituellen Führer bezeichnete und als Anlaufpunkt vor allem für Westliche, indem er ihn lehrte und verehren ließ wie eine göttliche Inkarnation. Einmal, als er die Tatsache kommentierte, daß Shri Muniraji eingeladen war, an einer spirituellen Konferenz in Österreich teilzunehmen, an der auch der Dalai Lama teilnehmen würde, sagte Shri Babaji: „Muniraji kann teilnehmen. Der Dalai Lama ist nicht bedeutender als Muniraji. Muniraji ist die Inkarnation von Guru Dattatreya[2]." Er ist ein Yogi und steht geistig sehr, sehr hoch. Verbreitet diese Botschaft unter den Menschen, wo auch immer. Bald wird sich hier ein Weltmeeting bilden. Das Datum steht noch nicht fest, aber es kommt bald."

---

[2] Dattatreya: Gottes Geschenk an die Atri. - Uralte Inkarnation Brahmas, Vishus und Shivas in einer Gestalt. Großer Guru und Autor heiliger Schriften. Seine Lehren sind in der Avadhuta Gita wiedergegeben und im Srimad Bhagavatam integriert.

Vorwort der Autorin

Ich habe sehr gezögert, bevor ich mich entschloß, dieses Buch zu schreiben, denn es ist sehr schwer, etwas von Babaji in Worten mitzuteilen. Sein Wesen ist subtil, geheimnisvoll und läßt sich nur erfassen, wenn man sich an eine andere Dimension der Wirklichkeit hält, an die Magie des Herzens.

Seine Lehre drückte er oft in Gesten, einem Lächeln, in einer scheinbar unbedeutenden Situation aus. Das, was mich am meisten berührte, als ich ihm begegnete, war seine große Ruhe und seine Kraft, sich durch diese Ruhe zu offenbaren. Babaji ist die Gegenwart, die Existenz dessen, was wir so mühevoll versuchen zu erreichen: die Mystik einer anderen Bewußtseinsstufe.

Seine unglaubliche Liebe ist das, was eine Brücke schlägt zwischen uns und der Wahrheit, zwischen dem Menschlichen und dem Göttlichen. Sein physischer Körper war die Vermählung zwischen dem Himmel und der Erde. Viele sind von seinem Ruf erreicht und für immer berührt worden und ihr Leben konnte nie wieder so sein wie früher.

Das erste Wort, das er sagte, als ich ihn traf, war: "Gott", eine Silbe, die er mit einem Stein in die Erde ritzte. Wenig später hat er ergänzt: "Gott ist Liebe".

Von da an erwachte meine Suche dahingehend, die Bedeutung dieser beiden einfachen Worte zu verwirklichen. Dieses Tagebuch will einfach nur das Zeugnis einer direkt gelebten, persönlichen Erfahrung sein, die dazu dienen kann, daß einiges seiner Botschaft weitergetragen wird.

Gora Devi

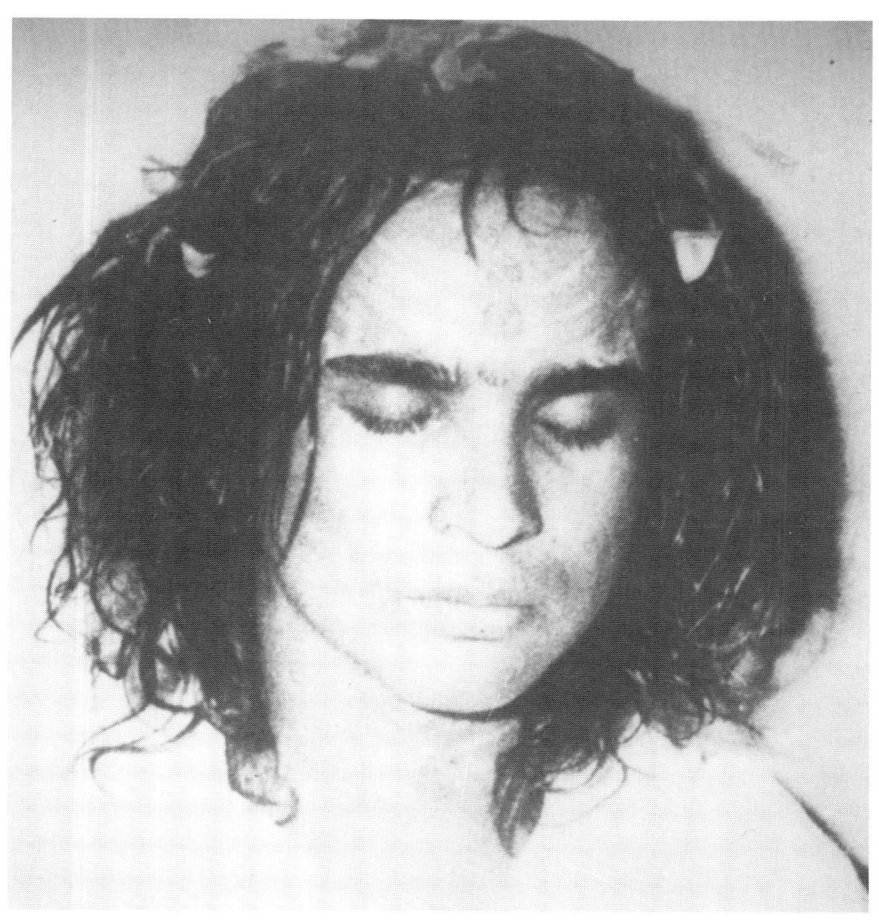

Babaji- Haidakhan 1970

Reise nach Indien

Mailand, 5. März 1972. Heute reise ich nach Indien ab und ich bin wirklich aufgeregt. Ich habe die Entscheidung spontan getroffen, als ich erfuhr, daß Piero und Claudio aufbrechen, und daß auch Gianni dort hin will, um Stoffe einzukaufen.

Einige Abende zuvor saßen wir in meinem Zimmer in der Kommune zusammen: Angelo, Tiziana, Serena, Gianni, Zizi und Marco. Die Musik, das große Bett und die gelbe Zeltplane im Mittelpunkt. Angelo fing an, seine ersten erotischen Annäherungen zu machen. Plötzlich hielt ich es für angebracht, ihm bei diesem alten theatralischen Spektakel zu assistieren, zu oft schon wiederholt, wie eine enge Sackgasse, wie eine der bekannten, dunklen Ecken von Brera am Abend, das sich schließlich abnutzt und langweilt. Da ist keine Wahrheit, keine echte Liebe. Der Versuch, durch wiederholten physischen Kontakt mit der Beteiligung von Freunden Zuneigung zu finden, ist pathetisch und ermüdend. Selbst die endlosen Joints tragen meine Gedanken nirgendwo hin, es nebelt sie ein und das war's. Ich habe keinen Frieden. Ich wünsche mir einen Platz, an dem ich allein sein kann, lernen, mich einschließen, um in mich zu gehen. Auch meine Arbeit mit den Kindern kann in dieser Situation nicht funktionieren, ich bin zu verwirrt, zu unruhig, gar nicht reif für eine solche Arbeit.

In Pieros Augen ist ein besonderes Leuchten, und ich spüre, daß ich ihm folgen muß. Piero und Claudio haben mir neulich Fotos von Nepal und von ihren tibetischen Meistern gezeigt. Bilder einer magischen und mystischen Dimension, antik, "déja vu"`. Und so bin ich gestern abend von Zuhause weggegangen, um mit Gianni zusammen in einer Dachstube zu schlafen, um Abstand zu gewinnen und zu entscheiden. Wie zwei unschuldige Kinder haben wir Arm in Arm geschlafen, und am nächsten Morgen ging ich das Ticket kaufen, den letzten Platz, der übrig war. Heute abend nehmen wir den Zug nach London, und von dort aus werden wir direkt nach Indien fliegen.

Hilfe! Wer weiß, was mir geschehen wird, man könnte meinen, ich wäre verrückt geworden. Mitten im Jahr gebe ich die Arbeit auf, meine Geschichte mit Angelo, die Kommune und alle Freunde. Ich habe wenig Geld und keine Rückfahrkarte. Aber ich fühle, daß ich genau so abfahren muß, ohne Gepäck, befreit von allem. Ich habe nur meine große Strohtasche und das afghanische Kleid, das mir Gianni geschenkt hat.

"Barfuß in Indien" ist der Titel des Buches, das Gian Paolo mir geschenkt hat. Ich spüre, daß ich mich in dieses Abenteuer stürzen muß, unter allen Umständen, spüre, daß ich den Mut aufbringen muß, mich auf den Weg zu machen, selbst wenn es mich erschreckt. Ich fühle, daß es am anderen Ufer des Flusses, den es zu überqueren gilt, eine Antwort auf den Sinn des Lebens gibt. Und warum anders leben? Ohne Wahrheit? Nichts hat mehr Sinn.

Ich habe das Gefühl, gerufen zu werden von einer Stimme aus der Tiefe und von einer großen magischen Kraft. Die Reise hat schon vor einigen Monaten begonnen, mit der ersten Erfahrung mit LSD auf Formentera. Oder vielleicht mit der noch subtileren Art bei der letztjährigen Reise mit Giuliano in Marokko, als wir am Strand saßen und Perlen aufreihten und die Möwen über dem Meer beobachteten.

Ihr Flug erinnerte mich an eine vergessene und unbekannte Freiheit. Auch jetzt erlebe ich die gleiche Empfindung, die einer Überraschung, unendlicher Freiheit, den Mut eines Sprungs in die Leere und Mystik, um ihn zu ergründen, abzugrenzen und aufzulösen.

Im letzten Sommer auf Formentera, während einer Erfahrung mit dem LSD, hatte ich plötzlich eine Vision von vielen vergangenen Leben und der Wahrnehmung eines einzigen, universalen Bewußtseins. Ich sah ein großes Licht in sieben perfekten Farben und sah, wie meine Seele meinen Körper verließ, im Raum versank und von dort aus sah ich die Flut vieler Leben, die ich schon gelebt hatte, bis zu der Erkenntnis, schon fast alles gewesen zu sein. Eine Stimme rief mich unmißverständlich, alles zurückzulassen und nach Indien aufzubrechen, für ein neues Abenteuer des Bewußtseins. Die Reise hat also dort begonnen und wurde in diesen Wochen in Mailand fortgeführt. Die innere Reise auf der Suche nach einer echten Antwort. Auf der Suche nach einem Meister.

Mailand, 5. März 1972. Heute breche ich nach Indien auf und es erschreckt mich...

Mutter Indien

Bombay, 7. März 72. Die Ankunft hier in Bombay ist zu viel. Ich würde am liebsten davonlaufen. Die miserablen Baracken neben dem Flughafen, die erdrückende Hitze, die wimmelnden Menschenmassen, der Schmutz im Hotel, die Hippies von Goa, Verrückte, Verzauberte. In der Straße unterhalb des Hotels Bettler, Aussätzige, die Kinder, die mich auslachten und mir "Hippy" nachriefen. Hare Krishna, Hare Ram. Ich fühle mich schrecklich plump mit meinen Röcken, meinen unordentlichen Haaren. Es ist wirklich eine andere Welt, ein unglaublicher, immenser Basar, ich habe Angst. Vor dem Hoteleingang ist ein Hippy mit blondem Bart, in schmutziges Weiß gekleidet. Auch vor ihm habe ich Angst. Ich fürchte, er könnte sich meines Geistes bemächtigen. Automatisch wiederhole ich das Mantra, das ich von Piero gelernt habe: "Hari sharanam, Shiva sharanam, Ram sharanam, Prabhu Krishna sharanam", ich nehme Zuflucht bei Shiva, Ram, Krishna...

Ich bemühe mich durchzuhalten. Es ist heiß. Alle rauchen Haschisch im Zimmer, stopfen sich mit heißem Tee, mit Milch und fetten Süßigkeiten voll, mir ist übel. Die Nahrung hier mag ich überhaupt nicht, Frittiertes, fettig, schwer, und die Restaurants sind schmutzig. Nur die großen Gläser mit Fruchtsaft stärken mich ein wenig, aber die Bettler dort nebenan, mit ausgestreckten Händen, machen dies wieder zunichte. Ich fürchte mich, allein auf die Straße zu gehen, Piero und Claudio nehmen mich mit. Gianni ist schon im Opium- und Morphiumrausch versunken.

Dieser Tage sah ich einen Schlangenbeschwörer. Was mich am meisten beeindruckt, sind die Augen der Armen und der Bettler, ironisch, wie Glückselige, fast alle mit einem Lächeln im Gesicht. Als wüßten die Leute hier, daß alles relativ ist und die Wirklichkeit eine Art Taschenspielertrick. Ich erinnere mich an die angespannten, harten und bleichen Gesichter der Menschen in Mailand, morgens in der Straßenbahn, ihre Traurigkeit und Kälte.

11. März 72. Heute habe ich eine Gruppe von wunderschönen Menschen kennengelernt. Junge Leute aus Kalifornien mit langen Haaren und Bärten, weiß gekleidet. Sie sind in Indien zu Hause. Selbstsicher. Ich treffe auch Lillo, eine Italienerin, eine kleine, magische Elfe, die mich lehrt, meine Gewohnheiten zu ändern und mich auch in Weiß zu kleiden. Ich begegne den "Rainbow Gipsys", den Regenbogen-Zigeunern. Sie kommen aus allen Ecken der Welt, ziehen auf gut Glück durch die Straßen, mit wenig Geld. Sie reisen herum, tanzend, lachend, sind wunderschön und finden immer irgendwen, der sie als Gast aufnimmt und ihnen hilft. Sie sind in Magie gehüllt und sie verzaubern mich.

Rosa, ein italienisches Mädchen, läuft mit nacktem Busen umher, mit einem Äffchen im Arm, das an ihrer Brust saugt - es geschieht ihr nichts. Von Daniel und Sitaram, den beiden Amerikanern, fühle ich mich angezogen und ich spüre, daß sie es seit langem wissen. Ich würde gerne wie sie werden, mutig, selbstsicher. Ich würde gerne das Wissen erreichen, von dem ich glaube, daß sie es haben. Ich entscheide, meine Haare mit Henna rot zu färben und mich auf einer Hand tätowieren zu lassen. Es scheint mir eine erste Geste von Mut zu sein.

12. März 72. Heute früh waren wir alle im Zimmer gesessen, da läutete es und Carlo kam herein. Sie nennen ihn heute Shanti. Sechs Jahre sind es, die ich ihn nicht mehr gesehen habe, und fast hätte ich ihn nicht wiedererkannt. Er hat immer noch sein kindliches Lächeln, aber jetzt hat es sich mit etwas Altem, Weisem vermischt; er ist indisch gekleidet und das beeindruckt mich sehr. Er war einer der ersten, die vor einigen Jahren von Mailand weggingen, um Indien für sich zu entdecken. Damals war er 16 Jahre alt und hatte den Mut gehabt, praktisch ohne Geld, per Anhalter, zu Fuß, über Afghanistan und Pakistan aufzubrechen. Viele machten es so, und ich frage mich jetzt wieder, wie sie es schafften, zu überleben, bewundere ihr Vertrauen. Ich habe gehört, daß Shanti in diesen sechs Jahren mit vielen indischen Gurus zusammengewesen sein soll und jetzt selbst Guru geworden sei. Er spricht in einer seltsamen Art, langsam und friedfertig.

Ich klammere mich sofort an ihn und fühle, daß er mich irgendwo hinführen wird.

1966 hatten wir zusammen gelebt, die erste Kommune-Erfahrung in Mailand gemacht, in einem alten und frostigen Dachboden im historischen Teil der Stadt. Er und die anderen Freunde waren unter den ersten "langhaarigen Hippies" jener Zeit, verspottet, beschimpft von den Leuten auf der Straße: "Bärtiger - geh' arbeiten!"

Ich hatte die ersten "Gedrehten" geraucht und die ersten Träume vom mystischen Orient geträumt, hatte ihn und Gianni in einem Restaurant von Brera getroffen und sie zum Abendessen eingeladen. Ab da begann ich mich mit ihnen zu treffen. Alles probierten wir aus, happenings mitten auf der Straße und in einer Kulturstätte, wir wurden auch eingesperrt. Gianni landete für eineinhalb Jahre im S. Vittore-Gefängnis, weil man ihn mit ein bißchen Haschisch erwischt hatte. Carlo ist per Anhalter nach Indien aufgebrochen. Auch ich löste mich von ihnen, begann mein Studium an der Universität und wendete mich 1968 der Politik zu.

Einige Jahre vergaß ich den indischen Traum, und jetzt ist es wohl gerade Shanti, vor dem ich mich schier unvermeidlich wiederfinde, und der mich neu daran glauben läßt. Er begann sofort, mich zu necken, weil ich mit zwei Buddhisten unterwegs bin, mit Claudio und Piero. Er polemisiert und sagt, daß der Hinduismus von großer, zeitloser Überlegenheit ist, aber ich würde das zur Zeit nicht begreifen. Ich spüre nur, daß Shanti für mich ein Rettungsanker ist. Piero und Claudio sind von ihrer Sache überzeugt, sie gehen darin auf, und ich erkenne, daß sie nicht dazu berufen sind, mich in ihren Bann zu ziehen. Noch habe ich kein Englisch gelernt und ich fühle mich richtig verloren. Dennoch entschließe ich mich aber, mit Piero und Claudio im Zentrum von Bombay an einem Meditationskurs teilzunehmen. Es handelt sich, erklären sie mir, um einen Vipassana Meditationskurs, der von dem Begründer selbst geleitet wird, von Goenka, einem großen, renommierten Meister. Auch Gianni entschließt sich, mit dem Morphium aufzuhören und teilzunehmen.

15. März 72. Heute beginnt der Kurs. Es ist das erste Mal, daß ich eine solche Erfahrung mache, und ich bin aufgeregt. Alles ist sehr ordentlich, gut organisiert, sauber. Es ist eine Mischung von Menschen aus dem Westen und Indern; die Inder hier sind eigen, haben eine sehr gute Ausstrahlung, sind vorwiegend weiß gekleidet und sehr auf Disziplin bedacht.

Mir wird bewußt, daß sie jede Geste des täglichen Lebens wie ein Ritual vollziehen, vom Essen bis hin zum Baden. Es erschreckt mich auch ein bißchen, zum ersten Mal begegne ich einem Meister, einem Guru.

17. März 72. Seit zwei Tagen bin ich hier und gebe mir viel Mühe, es ist heiß. Wir stehen um fünf Uhr morgens auf, ich dusche mich und wir beginnen in der Stille zu meditieren. Wir müssen uns nur auf das Atmen konzentrieren, für mich ein schier unmögliches Unterfangen, auf dem Boden sitzen zu bleiben, mit verschränkten Beinen, aufzuhören zu denken. Trotzdem versuche ich es. Zu einem bestimmten Zeitpunkt morgens und nachmittags versammeln sich alle in einer großen Aula vor dem Meister.

Shri Goenka ist ein Mann um die 50, untersetzt, kräftig, mit einem Buddha-Bauch. Von ihm strömt eine ruhige Energie aus, friedlich, gut, stark. Die Leute singen zusammen ein Lied mit einer sehr schönen Melodie. Zum Ende der Sitzung hört man die Stimme des Meisters, der in Englisch spricht: "Liebe, unendliche Liebe für alle Wesen", Liebe, Liebe, endlos, für alles Sein: das ist seine Belehrung, jeden Tag. Und dann gibt er jedem einige Minuten Zeit, still vor ihm zu sitzen, allein mit ihm zu sein. Es ist ein Moment der direkten Begegnung, telepathisch. Wieder einmal packt mich die Angst. Ich setze mich vor ihn und habe Angst um meinen Geist, fürchte mich, negative, aggressive Gedanken zu haben und daß er sie erkennt. Ich fühle mich wie vor einem Spiegel. Mir wird klar, daß es so vieles in mir zu reinigen gibt.

24. März 72. Heute ist der Kurs zu Ende und ich bin froh, ihn gemacht zu haben. Wir sind im Hotel zurück und müssen entscheiden, ob wir weiterreisen. Ich treffe Shanti wieder, und aus dem Stegreif frage ich ihn, ob ich bei ihm bleiben kann. Piero und Claudio wollen weiter nach Nepal, aber ich spüre, daß ich in Indien bleiben und viele Dinge lernen muß.

Ich sage zu Shanti, daß ich gerne einen Guru treffen würde, und er lädt mich ein, mit ihm nach Almora zu fahren, wo er zusammen mit seinen Freunden, mit den Regenbogen-Zigeunern, ein Haus gemietet hat. Er sagt, daß viele der Meister und Heiligen in jener Gegend lebten, in den indischen Bergen. Ich bin glücklich, daß ich mit ihm gehen kann.

25. März 72. Wir gehen im Basar von Bombay umher, er ist überfüllt von Menschen, von Farben, von Menschsein. Ein großes, vitales Pulsieren und eine Energie von Liebe und Wärme. Die Frauen sind wunderschön, ich werde nicht müde, sie anzusehen. Sie sind das vollkommene Ebenbild der Weiblichkeit, voller Harmonie, Grazie, aber in einer Weise, die ich als schillernd, keusch wahrnehme. Die bunten Saris sind eine Pracht. Indien beginnt mich einzunehmen und anzuziehen. Jetzt entscheide ich mich, dem Abenteuer zu folgen.

Heute reise ich mit Gianni und Shanti nach Rajasthan. Bevor wir nach Almora gehen, werden wir bei einem von Shantis Gurus vorbeischauen, der in der Nähe von Jaipur wohnt, bei Hari Puri.

Neu Delhi, 27. März 72. Mit dem Flugzeug sind wir in Delhi angekommen. Es ist weniger heiß als in Bombay und es scheint hier etwas zivilisierter zu sein. Wir sind in einem angenehmen Gästehaus und stärken uns an der Straße mit tropischen Früchten, die mit Eiswürfeln serviert werden. Es sei gefährlich, sagt man mir, so unterwegs zu essen, aber ich fühle, daß es eine Kraft gibt, die mich schützt, und daß ich nicht zu zimperlich sein darf. Ich muß mich in diese Geschichte stürzen, ohne Vorbehalte, bis in die Tiefe.

Jaipur, 29. März 72. Hier sind wir also, angekommen in Jaipur in Rajasthan, mit dem Zug. Die Züge sind überfüllt, sehr langsam, schmutzig, staubig, mit Abteilen und Sitzbänken aus Holz. Zum Glück habe ich durch die Reisen in Marokko schon ein bißchen Erfahrung damit.

Mit einer Riksha fahren wir in den Dschungel zu Shantis Meister.

Es ist ein Ort mitten in der Wildnis, voller Sadhus, gleichfalls wild. Sie haben sehr lange Haare, geknotet, die sie nicht kämmen, Körper wie die von Waldkatzen. Die ganze Zeit über rauchen sie Haschisch. Sie erzählen mir ihre Geschichten, etwa wie sie Tiger mit ihren bloßen Händen erlegt haben und dergleichen mehr. Ich verstehe kein Wort von dem, was sie sagen, aber sie fahren fort, mit mir zu sprechen, ganz unbefangen. Ich lege mich neben Gianni hin, um auszuruhen, und einer von ihnen hebt meinen Rock hoch, um zu sehen, ob ich eine Unterhose anhabe. Sie geben mir Haschisch zu rauchen und betäuben mich.

Sie ließen mich den Meister treffen: er ist krank, sehr mager, klein, glatt rasiert, sitzt auf einem Bett. Er hat schwache Augen, die aber eine unglaubliche Liebe ausströmen. Ich würde ihm gerne ein Geschenk machen. Mein silbernes Armband gebe ich ihm, das einzige ein bißchen Wertvolle, das ich habe. Auch mit ihm können wir über nichts Bedeutendes sprechen. Es gibt nur den Austausch dieser Wellen der Liebe. Wahrscheinlich wird er bald sterben, sie schaffen es nicht, ihn zu heilen.

2. April 72. Wir waren auf dem Basar, um Stoffe zu kaufen. Die Geschäfte hier sind Plätze, an denen man verweilt, sich hinsetzt, Tee trinkt, ein bißchen plaudert, sich die Geschichten vom wirklichen Leben erzählt. Und dann ziehen sie dich nach draußen, zeigen dir quasi den ganzen Markt, und vielleicht kauft man auch etwas. Die Männer (Frauen sind nicht in den Geschäften) sitzen im Schneidersitz oder ausgestreckt auf großen weißen Betten, als sei die Zeit stehengeblieben und als seien sie nicht etwa dort, um Kunden zu erwarten, sondern nur einfach um zu leben, quasi zu meditieren.

Dann gehen wir in ein luxuriöses Restaurant zum Essen, alter Maharaja-Stil. Wir werden wie große Herren bedient. Die Menschlichkeit der indischen Bedienung ist unglaublich, sie identifizieren sich vollständig mit dem Servieren. Es ist beschämend, bei all den Privilegien fühlt man sich wie ein alter Kolonialist. Ich spüre sofort, daß ich es vorziehe, bei den armen Indern und ihren Plätzen zu sein.

Die Begegnung mit Babaji

Almora, 3. April 72. Heute früh sind wir nach einer endlos langen Reise in Almora angekommen. Es ist ein Bergstädtchen auf 1.800 m Höhe, aber es ist nicht so kalt wie bei uns in den Bergen. Der Basar ist schmutzig, das Hotel baufällig, ich ziehe es vor, unterwegs in kleinen Restaurants zu trinken und zu essen. Ich hätte nicht erwartet, derart ärmliche Häuser zu sehen, aus morschem Holz. Das Hotel ist voller Läuse - schrecklich. Morgens ist es kalt, das Duschwasser eisig. Ich bin überrascht, denn das Dorf wurde mir als ein idyllischer Ort beschrieben.

5. April 72. Wir sind in dem Landhaus, mitten im Tal, das Shanti und die Rainbow-Gipsy Gruppe gemietet haben. Es ist schön hier und man fühlt sich wohler.

Alles ist aber sehr unbequem. Es gibt keine Toiletten, elektrisches Licht fehlt und eine Wasserleitung. Ich übernehme es, zu kochen, Töpfe und Geschirr zu spülen. Ich fühle, daß mir das guttut. Ich gebe mir viel Mühe, alle Dinge kuschend zu tun, bewundere die Inder, denen es gelingt, alles in dieser Weise zu machen. Sie haben sehr bewegliche, geschmeidige Körper. Ich komme mir plump, unbeholfen vor dagegen, aber ich fühle, daß ich eine Arbeit tun muß, die den anderen dient.

In der Gruppe gibt es sehr schöne Menschen. Die beiden Kalifornier aus Bombay sind mit ihren Frauen da, auch Rosa, das italienische Mädchen: geschmeidig führt sie morgens wunderschöne Yoga-Stellungen aus. Wir essen alle zusammen; auf dem Boden sitzend, von großen Platten mit Reis und Gemüse.

Shanti hilft mir: er übersetzt für mich, mit viel Geduld erklärt er mir die Dinge, auch die indischen Traditionen. Er führt mich herum. Auch er, so fühle ich, ist jetzt ein Meister für mich. Die jungen Leute singen zur Gitarre wunderschöne Lieder. Vor allem das Lied, das Daniel singt, berührt mich: "We are one for a universe of love", (Wir sind eins für ein Universum der Liebe).

Langsam passe ich mich an den neuen Tagesrhythmus an, der sich nach einfachen, praktischen Dingen richtet: kochen, waschen, sauber machen, dasitzen und die majestätische Schönheit des Tals betrachten; das Grün der Berge und die schneebedeckten Gipfel des Himalaja in der Ferne. Nachts ist es kalt und wir schlafen alle nah beieinander, zusammengedrängt auf dem Fußboden in einem einzigen Raum. Shanti führt mich zu seinen Freunden in Almora und stellt mich empfehlend den indischen Familien vor; erklärt ihnen, daß ich in Philosophie promoviert habe und daß meine Mutter italienisches Parlamentsmitglied ist. Es scheint, als würden diese Dinge hier viel bedeuten.

Wenn ich die Bäuerinnen sehe, die die Straße entlangschreiten, mit ihren weiten, grünen Röcken und den Körben mit Kräutern auf dem Kopf, überkommt mich das Gefühl von etwas, das mir sehr familiär ist, bekannt, wie schon einmal erlebt.

10. April 72. Shanti hat mich heute mit Tara Devi bekannt gemacht, einer betagten amerikanischen Dame, die seit 20 Jahren in Almora lebt. Sie hat uns eingeladen, in die Stadt zu gehen, um einen indischen Heiligen zu sehen, Babaji, die Inkarnation, sagen sie, eines alten, berühmten Yogi, genannt Haidakhan Baba.

Sie erzählt uns, er habe seinen Körper verjüngt, ohne durch den Tod gegangen zu sein und erscheine jetzt als Zwanzigjähriger, obwohl er in Wirklichkeit 130 Jahre alt sei, der ohne Essen und ohne Schlaf lebe. Ob das wahr ist? Sie sagt uns auch, Babaji habe ihr aufgetragen, sie solle alle Westlichen, die sie in Almora kenne, einladen, denn er suche unter ihnen eine Person, seine Jüngerin aus früheren Leben.

Lachend sagte Shanti zu mir, daß, wer weiß, vielleicht ich das wäre. Gestern las er mir aus der Hand und meinte, ich hätte die Linien einer Yogini, von einer Person, die lange Zeit in Indien leben werde. Es sind sonderbarerweise die gleichen Linien, die auch er hat, drei vereinte Linien, was die Einheit des Geistes und des Herzens bedeute, sagt er.

15. April 72. Wir waren in der Stadt, in Almora, um Babaji zu sehen. Alle Menschen aus dem Westen, die hier in der Umgebung leben, waren da und auch wichtige Meister, wie Shunia Baba und Guru Lama, der Tibeter.

Kaum hatten wir den überfüllten Raum betreten, bemerkte ich sofort Babaji, erhöht saß er da, weiß gekleidet. Verzaubert habe ich ihn betrachtet. Er ist wunderschön, strahlend, wie ein Christus aus vergangenen Zeiten, sehr ernst, streng. Er hat ungeheuer kraftvolle und alles durchdringende dunkle Augen. Ich sah ihm lange in die Augen und habe Angst bekommen von seiner Macht, aber dann sah ich, wie sich sein Blick senkte und mit einer unglaublichen Wärme und Zärtlichkeit füllte. Ich war magnetisiert und habe ihn zwei oder drei Stunden lang betrachtet.

Die Menschen rundum fuhren ununterbrochen fort, zu singen und eine Reihe zu bilden, um sich direkt vor ihm zu verneigen. Jedes Mal, wenn sich einer vor ihm verbeugte, hob er die Hand, um ihn zu segnen und sah ihn mit einem seltsamen Blick voller Mitgefühl an. Mir war nicht danach, hinzugehen und mich zu verneigen, ich fuhr fort, ihn zu bewundern, fasziniert von seiner Schönheit und der Perfektion seiner Formen, einer Statue gleich. Es schien fast, als würde er nicht atmen, sich nicht bewegen, aber er sieht jedem in die Augen. Ich spüre mit einem unbehaglichen Gefühl, daß er meine Gedanken wahrnimmt, daß er in meinem Geist liest und daß es eine klare telepathische Verbindung zwischen ihm und mir gibt. Innerlich bat ich ihn: "Gib mir, ich bitte dich, die Wahrheit".

Etwas später stand Babaji auf, um in sein Zimmer zu gehen. Er bewegt sich auf eine zauberhafte Weise, geschmeidig, präzise, wie eine Katze, er hat braune, schlanke Beine und geht immer barfuß.

Sie riefen Shanti und mich in sein Zimmer und zum ersten Mal, etwas widerstrebend, verneige ich mich vor ihm. Er fragt, aus welchem Land ich komme und schenkt mir ein strahlendes Lächeln. Ich nehme es wie einen elektrischen Schlag wahr und fühle mich überflutet von einer erleuchteten Welle. Eine Stimme sagt mir, daß ich ihn wiedersehen würde.

Sehr beeindruckt von der Begegnung, kehre ich mit Shanti nach Hause zurück. Auch Shanti, der schon viele Gurus gesehen hat, bemerkte die außerordentliche Schönheit und Reinheit dieses Wesens.

16. April 72. Heute nacht habe ich geträumt. Da war ein dichter, dunkler Wald. Plötzlich erschien Babaji, von einem intensiven Licht umgeben, eingekreist von einigen Jüngern, auf einen Stab gestützt und sagte zu mir: "Ich bin der Guru deines Lebens."

"Was wirst du mich lehren?" fragte ich ihn und er antwortete: "Die Teller gut zu spülen." Sehr betroffen wache ich auf. Seine Botschaft an mich ist äußerst klar: Die Teller spülen bedeutet, akzeptieren, daß ich niedrige Dienste mache, die für die anderen nützlich sind. Wie oft in unseren Kommunen in Mailand sind wir mit diesem Problem aneinandergeraten, durch die Unfähigkeit, diese einfachen und grundlegenden Pflichten zu erfüllen, aus Faulheit, aus Stolz. Schon lange weiß ich, daß ich daran arbeiten muß.

Ich bin verzaubert von seinem Anblick, wunderschön,
strahlend wie ein Christus aus einer anderen Zeit...

Ich erzähle Shanti von meinem Traum. Auch er ist betroffen und sagt mir, daß wir wahrscheinlich zu ihm nach Haidakhan gehen werden, zu dem Tempel, dort, wo Babaji jetzt lebt. Er wird mit Tara Devi darüber sprechen.

23. April 72. Wir fragen Tara Devi, ob wir nach Haidakhan gehen können. Sie mustert mich von oben bis unten und sagt, ich müsse mich besser anziehen, nicht diese Hippy-Kleider... und fügt hinzu, sie wisse nicht einmal, ob Frauen bei Babaji überhaupt willkommen seien, denn er ist ein Brahmachari[3] ,was die Keuschheit beinhaltet.

Über diesen Diskurs wundere ich mich, denn ernsthaft, Sex ist der letzte Gedanke, der mir in den Sinn kommt, hier, vor jemandem wie Babaji.

Haidakhan, 26. April 72. Wir sind in Haidakhan angekommen. Gestern, nach einem sehr langen Marsch. Ich bin müde. Zu fünft sind wir gestartet, Shanti und ich, ein Däne, ein Amerikaner und Tara Devi mit ihrem indischen Koch. Irgendwann bog die Straße ab, und dann ging es zu Fuß in den Wald. Ein endloser Weg, über sechs Stunden, barfuß, über heiße Steine, das Gepäck auf dem Kopf. Ich glaubte, es nicht zu schaffen. Mit meiner Angst vor der Kälte habe ich mir sogar noch eine Steppdecke auf den Kopf geladen.

Der Dschungel ist fabelhaft und das Wasser des Flusses rein und durchscheinend. Man kann es trinken. An einer bestimmten Stelle erblickt man einen kleinen weißen Tempel, an den Hügel geschmiegt. Haidakhan, es wirkt wie eine Märchenlandschaft. Als wir uns dem Tempel näherten, konnten wir Babaji sehen; in Weiß gekleidet kam er die Treppen herunter auf uns zu. Beschämt stellte ich fest, daß ich die erste in der Reihe war. Er ging voraus bis zum Tempel und ließ mich dann all die Glocken des Tempels zum Klingen bringen, während wir im Kreis umhergingen. Mir war, als würde ich ein längst vergessenes, altes Ritual wiederleben. Über Shanti, der den Dolmetscher spielte, fragte er mich, ob ich ein Hippy sei und Haschisch rauchte. Stolz antwortete ich mit ja. Er sagte mir, daß es hier verboten sei. Aber nach einer Weile ließ mich ein alter Baba, genannt Prem Baba, rauchen. Ich setzte mich auf die Mauer, um das Tal zu betrachten. Es ist ein herrlicher Platz, eine archaische, altertümliche Landschaft. Die Hügel sind in grünen, fruchtbaren Terrassen angelegt und die Berge sind an ihren Ausläufern mit Pinien bedeckt. Der Fluß unterhalb fließt in einem

---

[3] im Zölibat lebend

An einem bestimmten Punkt taucht flüchtig ein kleiner weißer Tempel auf dem Berg auf.

lieblichen, musikalischen Rhythmus. Ich bin wie verzaubert. Ein majestätischer Bodhi-Baum komplettiert das Landschaftsbild. Alle leben im Freien unter den Bäumen: es gibt nur den Tempel und eine kleine, nach allen Seiten offene Hütte mit einer Feuerstelle[4] in der Mitte, wo Babaji lebt. Während ich noch auf der Ringmauer sitze, in meine Betrachtungen versunken, ist Babaji näher gekommen, hat sich neben mich gesetzt, einen Stein aufgehoben und damit Umrisse eines Tempels gezeichnet und dabei zu mir gesagt: "Gott". Er hat mich sehr verlegen gemacht. Es ist ein Konzept, das immer noch schwer für mich zu akzeptieren ist. Er rief mich später dann zu sich, ich sollte mich am Dhuni in seiner Hütte neben ihn setzen. Dort sagte er zu mir auf Englisch: "God is love"[5]. Er hat strahlende, leuchtende Augen. Er gab mir eine Orange und Trockenfrüchte. Abends bekamen wir etwas zu essen, eine Menge süßes Gebäck, Halwa.

Gestern nachmittag wollten einige Inder Tee zubereiten, aber er hat mit ihnen geschimpft und gesagt, Tee sei im Tempel nicht erlaubt. Dann, als wir an seinem Dhuni saßen, kamen alle Frauen des Dorfes, farbenprächtig, mit großen grünen Röcken, wie ich einen trage. Sie lachten bei meinem Anblick und Babaji sagte zu ihnen, ich hieße Lalli, was so viel wie kleines Mädchen bedeutet. Er fragt mich, wie alt ich sei und ich antworte: 26. Er sagt, ich würde wie fünfzehn wirken.

Von der Zeremonie im Tempel am Abend bin ich sehr beeindruckt. Babaji bleibt unbeweglich sitzen, weiß gekleidet, wie eine perfekte Statue. Ein Inder singt und fächelt eine Flamme zu seinem Gesicht hin, das dadurch einen mystischen Schein annimmt. Der Mann ist bewegt, beginnt zu weinen, während er betet. Ich spüre, daß er die Gegenwart des Göttlichen wahrnimmt. Ich sehe, daß auch Shanti ergriffen ist, obwohl er mir doch sagte, ich solle mich nicht zu sehr von all diesen Ritualen bezaubern lassen. Der alte Sadhu, Prem Baba, weist uns dann einen Platz an einem anderen Feuer an und läßt uns alle im Chor das Mantra Shivas singen: OM NAMAH SHIVAY. Shanti lacht, als er sieht, wie ich sofort dem Zauber verfalle. Frauen backen über einer improvisierten Feuerstelle Brot, Chapati. Alles ist so einfach und essentiell, rein. Abends legen wir uns im Freien zum Schlafen, unter den Tempelsäulen.

---

[4] Dhuni

[5] Gott ist Liebe

Um vier Uhr haben sie uns heute früh geweckt, praktisch mitten in der Nacht und ich bin zum Fluß hinuntergeeilt, um mich zu waschen. Auf der Treppe bin ich Babaji begegnet, der schon von seinem Bad zurückkam.

Ich tauchte in das frische Wasser ein, unter den Sternen. Vertieft in einer Ecke denke ich darüber nach, wie gerne ich diese magische Geschichte fortsetzen und Babaji folgen möchte. Aber ich werde es wohl nicht wagen, ihn zu fragen. Einige Minuten später rief mich Babaji zu sich und fragte, ob ich ihn auf seiner Reise nach Vrindavan, einer Krishna-Stadt, begleiten wolle. Glücklich antworte ich mit ja, auch wenn es schrecklich ist, Shanti und die anderen Freunde zurückzulassen. Aber ich fühle, daß meine Reise weitergehen muß. Auch allein. Ich muß nur nach Almora zurück, um Geld und Paß zu holen: Shanti ist ein bißchen verwundert über meinen Enthusiasmus, aber Babaji zieht mich zu sehr an. Und wenn es also wahr wäre? Wenn er mein Guru ist?

Die Menschen sind bewegt und beginnen zu weinen, während sie beten. Ich spüre, daß sie die Gegenwart eines göttlichen Wesens wahrnehmen.

Vrindavan

Haldwani, 4. Mai 72. Ich warte auf den Zug, der mich nach Vrindavan bringen wird. Es ist das erste Mal, daß ich allein in Indien unterwegs bin, aber ich sehe, daß die Inder freundlich und hilfsbereit sind. Heute früh, als ich von Almora abgereist bin, sah ich mich auf der Straße gehen, gesäumt von Pinien, barfuß, weiß gekleidet, mit einem kleinen Koffer aus Zeltplane auf dem Kopf, alles, was mir übriggeblieben ist. Ich habe kaum Geld und keine Rückfahrkarte. Zum ersten Mal bin ich wirklich allein "auf der Straße", in Indien, und ich bin auf dem Weg zu einem Guru. Es kommt mir vor wie ein Traum.

6. Mai '72. Ich bin in Vrindavan und mir scheint, ich lebe einen Traum. Gestern früh bin ich angekommen, mit einem Zug, der überall anhielt. Auf der Riksha ging es dann durch die alten Straßen, die Stadt kam mir vor wie ein paradiesischer Ort, wiedererbaut, mir bekannt, "déja vu". Jedes der Häuser ist altertümlich, uralt und künstlerisch verflochten, die Straßen sind sehr eng und voll mit Handwerksläden. Obst, Süßigkeiten, Farben. Die Inder sind immer heiter und fröhlich, grüßen mit breitem Lächeln. Wo auch immer: tausendjährige alte Tempel, Singen, heilige Gebete, Sadhus, Heilige und viele weiß gekleidete Frauen. Die ganze Stadt betet. Es ist, als sei die Zeit hier stehengeblieben.

Ich bin am Tempel von Babaji angekommen, bin eingetreten und habe ihn sofort gesehen, auf seinem erhöhten Sitz, wie immer weiß gekleidet, wunderschön, strahlend, unwirklich. Er hat gleich einen Inder gerufen, der mich zum Basar begleitete, damit ich eine enorm große Menge Milch aus einer Terracotta-Amphore trinke. Über diesen magischen Traum bin ich wie benommen, aber Angst habe ich keine mehr. Zum ersten Mal fühle ich mich eingehüllt in eine seltsame Sicherheit, die von der Herzenswärme und der Liebe Babajis kommt und von den Personen an seiner Seite. Als ich mich abends im Tempel hinsetze, kommen die indischen Frauen und Kinder zu mir, neugierig betrachten sie mich, berühren und streicheln mich, bewundern mich. Ich bin die Fremde mit der weißen Haut, sie geben mir das Gefühl, schön zu sein.

Babaji ruft mich und sagt zu mir, daß mein Name Kali ist, die schwarze Kriegerin. Und dann sieht er mich liebevoll an und sagt: "Nein, dein Name ist Gora Devi", was weiße Göttin bedeutet, erklären sie mir. Ich bin ergrif

Ich bin eingetreten und habe ihn gleich auf seinen Sitz gesehen, immer in Weiß gekleidet, schön, strahlend, unwirklich...

fen. Von der Musik, von den Liedern, von dem Glanz Babajis und der Hingabe der Inder. Sie bilden eine lange Reihe, mit Blumenkränzen in der Hand, um sich einen Augenblick vor ihm zu verneigen, ihm einen Kranz um den Hals zu legen und von ihm eine Geste zu erhalten, ein Lächeln, ein Wort, oder Prasad, gesegnete Nahrung. Auch ich stelle mich in die Reihe. Allein schon, sich ihm zu nähern, ich weiß nicht warum, ist eigenartig. Von ihm geht eine sehr starke Energie aus, und dann hat man immer dieses unglaubliche Gefühl, daß er jeden Gedanken liest. Seine Augen sind wie Magnete, Brillanten voller Liebe, sie verströmen Wissen und Kraft. Ich kann nicht aufhören, ihn zu betrachten und sehe, daß es den anderen genauso geht. Er bleibt sitzen, schier unbeweglich, zwei, drei Stunden lang, spricht nicht, tut nichts, läßt sich anschauen und bewundern, und gibt Darshan, die göttliche Vision, erklärt man mir. Bei allen geschieht innerlich etwas, ich kann es an den Gesichtern jedes einzelnen erkennen und an der Energie, die sich im Tempel aufbaut. Es wird ununterbrochen gesungen. Manchmal das Mantra von Babaji, OM NAMAH SHIVAY, manchmal andere Lieder, bis spät abends.

Nachts schlafen wir auf der Terrasse eines kleinen Gebäudes in der Nähe des Tempels, auf einer Strohmatte, oft in der Gesellschaft von Affen. Um vier Uhr morgens steht man auf, im Dunkeln, während aus allen Tempeln der Stadt die ersten andächtigen Lieder wieder erklingen. Es wird geduscht und ein wenig meditiert, jeder direkt in seiner Ecke, dann geht es in den Tempel zum Arati, dem Gebet. Gespannt erwartet man Babajis Ankunft. Er kommt aus seinem Raum und läßt sich auf seinem eigens für ihn hergerichteten, bescheidenen Sitz nieder. Der Tempel ist sauber, blitzblank, voller Blumen und duftet nach Weihrauch. Es gibt weder Frühstück, noch Abendessen, nur das Mittagessen und Süßigkeiten und Obst, was tagsüber verteilt wird. Eine Zeitlang wird morgens weitergesungen, während einige mit Babaji sprechen und zum Teil wird gearbeitet, beim Putzen geholfen, beim Kochen, beim Wasserholen aus dem Brunnen auf der Piazza in der Nähe des Tempels.

Ziemlich früh, um 12 Uhr, wird gegessen, dann legt man eine kleine Nachmittagsruhe ein und kommt gegen 17 Uhr wieder im Tempel zusammen, um beim Saubermachen zu helfen und alles für den Abend vorzubereiten. Nachmittags geht man an den Fluß, um zu baden, zum Jamuna, einem heiligen Krishna-Fluß. Bei Sonnenuntergang werden wieder Arati und andere Lieder im Tempel gesungen. Es ist eine sehr präzise und disziplinierte Routine und sie ermüdet mich ein wenig. Es ist sehr heiß, der Mai ist einer der heißesten Monate in Indien und oft kann ich nicht widerstehen und flüchte zum Basar, um etwas zu trinken.

15. Mai 72. Es fängt an, mir schwer zu fallen, hier zu bleiben. Die Routine ist so monoton, die indischen Männer behandeln mich schlecht. Babaji ist immer zauberhaft, aber weit entfernt, unnahbar und unerreichbar. Außerdem gelingt es mir kaum, mit irgend jemandem sprachlich zu kommunizieren. Dauernd hat man Durst bei der Hitze, das Brunnenwasser ist lauwarm und etwas salzig, nichts, was den Durst löscht. Wenn man zum Fluß geht, um zu baden, ist das recht seltsam: das Wasser ist trüb und schlammig, man weiß nicht so recht, wäscht man sich, oder macht man sich schmutzig. Morgens muß man Schlange stehen, um im Gästehaus duschen zu können. Abends im überfüllten Tempel schwitzt man Bäche, die Temperatur steigt auf 40 Grad. Babaji scheint dagegen immun zu sein.

Es gibt viele Witwen in der Stadt, alle sind in Weiß gekleidet und leben zusammengedrängt in verschiedenen Tempeln. Sie beten fortwährend, begleiten einander mit Zimbeln und anderen Instrumenten. Einige von ihnen sind sehr arm, mit abgenutzten, vergrauten Saris. Es kommt mir vor, als würde ich eine Szene eines dantischen Fegefeuers sehen. Man erklärt mir, daß Frauen in Indien, wenn sie verwitwen, nicht wieder heiraten können. Sie müssen der Welt entsagen und für den Rest ihres Lebens die Zeit im Gebet verbringen. Das erscheint mir grausam, voller Ironie denke ich an unsere westliche Frauenbewegung. Ich fange an, Heimweh zu bekommen; nach meinen Freunden, die in Neu Delhi sind, und frage Babaji, ob ich zu ihnen gehen kann. Babaji läßt mich gehen.

Neue Begegnungen

Delhi, 18. Mai 72. Ich fange an herumzureisen und mich ohne Angst zu bewegen, ich fühle mich wohl. Neulich, als ich auf den Zug wartete, legte ich, wie es die Inder tun, ein viereckiges Tuch auf den Boden und setzte mich friedlich hin, um zu warten, die Zeit nutzend, wie sie es tun, um das Leben zu betrachten und sich selbst. Die Züge sind ein Treffpunkt, heiter, vertraut, alle reden und erzählen sich alles. Mir gegenüber sind alle sehr neugierig, sie fragen mich, wo ich herkomme, wie es möglich ist, daß ich nach Indien gekommen sei, was ich suche. Sie bewundern mich dafür, daß ich den Westen, das Land des Wohlstandes, wo es das Glück des Materialismus gibt, aufgegeben habe, um hierher zu kommen und ihre Armut mit ihnen zu teilen. Sie fragen mich, ob ich den Seelenfrieden suche. Sie laden mich in ihre Häuser ein, bieten mir zu Essen an, ich erfahre ein großartiges Gefühl der Gastlichkeit und viel menschliche Wärme. Die Augen dieser Menschen sind warm und voller Liebe.

21. Mai 72. Seit einigen Tagen bin ich in Delhi. Die Stadt regt mich ein bißchen an. Im Crown Hotel, in der Altstadt von Delhi, treffe ich die Freunde wieder, Piero, Claudio, Shanti und einige neue, die gerade aus Italien angekommen sind. Das Hotel ist alt und schmutzig, sehr groß, drei Etagen, die Terrasse bildet das Endstück von Alt Delhi. Die Kreuzung von mehreren Straßen, hier vermischt sich eine große muslimische Moschee mit den Hindu-Tempeln. Es wirkt wie eine Tummelplatz der Zivilisation: Indien, Arabien, der Westen, China und Tibet, alles nicht weit weg. Die kleinen Straßen unten, ein ununterbrochenes Gewimmel von Menschen, Rikshas, Pferden, Kutschen, Kühen; die Autos kommen nicht bis hierher. Die Kühe sind heilig und sehr respektiert - der Verkehr stoppt, wenn sie mitten auf der Straße sind.

Die Westeuropäer haben ihr Lager auf der Terrasse aufgeschlagen und leben in den kleinen, heißen Zimmern, den Ventilator ständig eingeschaltet.

Genau wie in Bombay lebt man von Tee, Haschisch rauchen, von Fruchtsäften und Süßigkeiten aus Milch. Oft wird geduscht, um die Hitze zu überstehen. Ich fühle mich mittendrin in einer magischen Suche, trotz Schmutz und Unordnung. Die Leute hier sind alle wie ich auf der Suche nach etwas Echtem, Wahrem, bereit für das Abenteuer, für das Risiko, das Leiden, die Verdammnis, um den Weg zu finden. Viele haben sich von indischen oder tibetischen Meistern verzaubern lassen. Ich spreche über Babaji, über seine Schönheit, zeige Fotos. Shanti nimmt mich wie immer auf den Arm, er sagt, daß mich Babaji nur anziehe, weil er jung und schön sei. Er schlägt mir vor, mit ihm einen seiner Meister zu besuchen, Dr. Koshik: er ist ein normaler Mann, erklärt er mir, mit Frau und Familie, aber sehr weise und erleuchtet. Er ist ein Anhänger Krishnamurtis und nicht sehr dem Guru-Kult, dem Ausführen von Ritualen und Mantren zugetan. Ich entscheide mich, mitzugehen.

23. Mai 72. Shanti polemisiert weiter mit mir. Er fragt mich, was er mich denn lehre, Babaji? Ich habe Schwierigkeiten, ihm darauf zu antworten: das Mantra zu singen, sage ich, morgens früh aufzustehen. Dann erzähle ich eine Episode, die sich eines Tages in Vrindavan zutrug. Es war am späteren Morgen, der Tempel hatte sich geleert. Babaji hatte mich plötzlich zu sich gerufen. Allein mit ihm, das hat mich sofort nervös gemacht. Er sagte, ich solle mich hinsetzen und auch er blieb still sitzen. Ich nahm wahr, daß mein Geist in frenetische Bewegung geriet, unmöglich, ihn anzuhalten. Babaji sagte, ich solle OM NAMAH SHIVAY wiederholen. Ich versuchte es, aber selbst das schien mir schwierig, unecht. Dann plötzlich, für einige Bruchteile von Sekunden, stand mein Geist still und ich habe eine mir fremde Ruhe entdeckt. Babaji schenkte mir ein großes, breites Lächeln und stand auf. Von diesem Augenblick an dachte ich an diese Stille und habe von da an die Lehre begriffen, die er mir erteilt hat. Als ich Shanti diese Geschichte von dem Schweigen und der Stille erzählte, merkte ich, daß er beeindruckt war: in der Tat, er sagte, das ist es, was es zu lernen gibt, von allen Meistern.

Sonepat, 24. Mai 72. Mit Shanti und einer lebhaften Gruppe von Freunden sind wir in Sonopat bei Dr. Koshik. Der Arzt ist ein lieber Mann, mit einem schönen, buddhahaften Lächeln, leicht ironisch und mit einer inneren Glückseligkeit. Sein Haus und seine Familie sind sehr einfach und außergewöhnlich gastfreundlich. Wie überall in Indien: für die Gäste ist immer Platz, ganz gleich, wie viele es sind, es ist immer Essen im Überfluß da.

Mit ihm sitzt man vorwiegend in einer Art Meditation, man spricht auch über viele Dinge, aber friedlich und gelassen. Der Doktor bringt mir und meiner indischen Mission starkes Interesse entgegen, er stellt mich den Nachbarn vor. In seiner Nähe fühle ich großen Frieden. Ich zeige ihm die Fotos von Babaji und erzähle ihm von dem Leben im Tempel. Von Shanti weiß ich bereits, daß er nicht sehr an diese Methoden glaubt, aber ich spüre, daß er es respektiert. Er redet von den spirituellen Erfahrungen in seinem Leben, erzählt uns, wie er zu einer bestimmten Bewußtseinsform gelangt ist, einfach indem er stunden- und tagelang unter einem Baum gesessen hat, um den eigenen Geist zu beobachten, sein Selbst suchend, mit offenen Augen, bei vollem, klaren Bewußtsein. Nach einer Weile in seiner Nähe stelle ich fest, daß ich beginne, in der gleichen, subtilen Art zu lächeln. Ich fühle mich von dieser friedvollen Energie eingehüllt.

26. Mai 72. Ich bin wieder in Delhi, diesmal, um mit Piero und Claudio zuerst nach Rishikesh abzureisen und dann einen großen tibetischen Lama zu besuchen. Ich spüre, daß es gut für mich ist, andere Meister kennenzulernen, unterschiedliche Lehren, um so mit adäquaten, vergleichenden Maßstäben Babaji einschätzen zu können.

Rishikesh, 27. Mai 92. Wir sind in der Gruppe in Rishikesh angekommen. Rosa und ich haben im Zug Arm in Arm auf der gleichen Holzbank geschlafen.

Rishikesh ist schön, grün, an den kiesigen Ufern des Ganges gelegen. Wir sind in dem kleinen Ashram[6] von Swami Prakash Bharti, mitten in einem Mangowald. Unsere Anwesenheit ist erheiternd, und wir kochen ein großes Reisgericht mit Tomaten für die Inder, womit wir sie sehr glücklich machen.

Der Swami hat große, ruhige Augen, braun, warmherzig. Er macht mit uns das Spiel "wer kann länger in die Augen eines anderen schauen, ohne dabei mit den Wimpern zu zucken". Er gewinnt immer. Seine Augen sind wie das Wasser eines stillen Sees. Neulich ist ein etwas ältlicher Sadhu angekommen, mit sehr langem, geknotetem Haar, er ist groß und braun, sehr mager und geht ganz langsam, in speziellen Sandalen aus Holz. Der Swami erklärt uns, daß er ein Jahr lang im Zustand des Samadhi[7] gewesen war und die ganze Zeit über sei er in einer Höhle eingeschlossen gewesen, um zu meditieren, ohne zu essen, sogar den Atem, den Herzschlag anhaltend. Kann das möglich sein?

Rosa führt im Garten völlig nackt perfekte Yogastellungen vor. Der Swami feixt darüber, aber der andere Sadhu ist echt gleichgültig. Sie sind freund-

---

[6] Kloster
[7] Zustand der Erleuchtung

lich, sie bieten uns ständig etwas zu essen an und Tee, manchmal rauchen sie auch einen Joint.

Unaufhörlich duschen wir unter den Mangobäumen, um der Hitze zu widerstehen, und morgens gehen wir zum Fluß. Hier ist der Ganges wunderschön, der Strand weit und weiß, das Wasser sauber. Der Swami lehrt mich das indische Alphabet und Lieder. Er legt mir eine Rudraksha[8] um den Hals und sagt, er sei mein Guru. Aber ich spüre, er ist es nicht. Ganz sicher bin ich mir noch nicht, ob es Babaji ist, aber ich denke immer an ihn und betrachte ständig sein Foto. Es gibt da etwas in der Ausstrahlung und Erscheinung Babajis, das ich jetzt nicht mehr Schönheit nenne, sondern Reinheit, es ist eine Reinheit, die kein anderer hat. Es ist die Energie, dessen bin ich mir bewußt, eines engelhaften Wesens.

---

[8] Samen eines Shiva-Baumes

Tibetische Initiation
Lama Sakya Trinzin

Mussouri, 1. Juni 72. Heute sind wir aus Rishikesh in Mussouri angekommen, das hoch in den Bergen liegt. Piero, Claudio und ich. Wir wollen
im Happy Valley leben, einem kleinen tibetischen Dörfchen. Die beiden
haben sich entschlossen, herzukommen, um von Sakya Trinzin eine Einweihung zu empfangen. Er ist einer von vier Dalai Lamas, und sie haben
akzeptiert, daß ich dabei bin. Mir ist klar, daß das eine ernste Angelegen-
heit ist. Sie sagen mir, daß ich den Lama persönlich um Erlaubnis fragen
müsse, die Weihe zu erhalten. Inzwischen haben wir drei uns in einem
kleinen Zimmer mit Strohmatten auf dem Boden eingerichtet. Hier leben
nur Tibeter und ich finde sie sehr schön. Ihre orientalischen Gesichter ziehen mich an, mit den hohen Backenknochen, den Mandelaugen, die immer
fröhlich sind. Die Männer haben oft lange Zöpfe und sind sehr lieb. Einige
machen Stickarbeiten, viele beten unablässig mit großen Rosenkränzen.
Sie haben nicht so eine aufregende und eindringliche, lärmende Energie
wie die Inder. Sie sind friedlich, respektvoll, ruhig. Sie lächeln immer,
zwinkern einem zu, man fühlt sich beschützt. Wir gehen in ihren kleinen
Restaurants essen, und es ist eine Nahrung, die uns Italienern vertraut ist,
Gemüsesuppe, Nudeln: man fühlt manchmal eine heimatliche Schwingung.
In der Ferne sieht man die schneebedeckten Bergketten des Himalaja.
Einmal waren wir auch in der Stadt in einem Luxusrestaurant zum Essen;
aber auf Dauer bevorzuge ich die kleinen tibetischen Lokale, in denen es
nach Gemüse duftet. Ihr Brot, das Momo, ist weiß und weich, leicht.
Ständig trinken sie Tee, manchmal gesalzen, mit Butter. Die Frauen sind
elegant mit ihren langen, traditionellen Kleidern, viele tragen antiken
Schmuck aus Silber, Koralle, Türkisen.

3. Juni 72. Heute besuchten wir seine Heiligkeit Sakya Trinzin im tibetischen Kloster.

Jeder von uns darf einzeln eintreten und mit ihm sprechen. Ich bin aufgeregt, auch wegen meinem schlechten Englisch. Ich war verblüfft: der Lama
ist jung, dick und irgendwie mütterlich. Er hat ein breites, rundes Gesicht
und trägt große Ohrringe aus Türkisen. Er ist das perfekte Bild einer Integration männlicher und weiblicher Energie in menschlicher Gestalt, hat
große, grüne Augen, klar, liebevoll, ruhig. Ich habe mich verneigt und er

hat leicht seine Hand auf meinen Kopf gelegt. Auch seine Hände sind klein, grazil, er lächelt friedlich und ermutigend. Meine Angst vergeht.

Er sagt "Dio" zu mir auf italienisch und spricht von Mario, dem ersten Italiener, der vor einigen Jahren zu den tibetischen Lamas vorgedrungen ist. Er fragt mich, ob ich mich auf den Pfad des Dharma begeben wolle. Ich stammle, daß ich wahrscheinlich vom Hinduismus angezogen sei. Er stimmt mir zu. Ich bitte ihn trotzdem, ob ich am nächsten Tag zusammen mit Claudio und Piero die buddhistische Einweihung entgegennehmen dürfte. Er sagt ja und ich bin glücklich darüber. Diese Begegnung hat mich erleichtert, gestärkt.

4. Juni 72. Von einem großen Lama, dem Guru von Sakya Trinzin, werden wir heute eingeweiht. Es ist ein großer Segen, sagen sie mir. In der Tat, ich werde mit bewußt, daß mir besondere Dinge widerfahren, eines nach dem anderen, als würde diese ganze Reise von unsichtbarer Hand geführt.

Bei der Einweihung waren nur wir drei Westlichen präsent, alles andere waren tibetische Mönche und Lamas, in Gelb und Dunkelrot gekleidet. Acht Stunden hat die Zeremonie gedauert, den ganzen Tag. Es war sehr schwer, durchzuhalten, Geduld zu haben, mit den steif gewordenen Gelenken auf dem Boden sitzend, und das, ohne ein Wort dieser Sprache zu verstehen, ohne etwas über die verschiedenen Rituale zu wissen, die abgehalten wurden. Ich bin schon überwältigt von dem Klingeln der Glocken und dem starken Duft des Weihrauchs.

Die Tibeter singen auf eine besondere Weise, in tiefen und hochklingenden Tönen, die eine perfekte Harmonie bilden. Der letzte Moment der Einweihung bleibt mir eindrucksvoll in Erinnerung, als der Meister an jedem von uns vorbeiging und uns eine rote Kordel als Siegel des Rituals um den Hals legt. Ich bin bewegt von dem Lächeln, das mir der Lama gibt, weise, zwinkernd, lachend, als kenne und akzeptiere er mich schon seit langer Zeit. Erfüllt von etwas Neuem, einer unbeschreiblichen Kraft, gehe ich hinaus. Jetzt müssen wir die Einweisung üben und meditieren. 14 Tage lang. Dazwischen können wir Lama Sakya Trinzin aufsuchen, wenn wir wollen, für Erläuterungen, um Anweisungen zu bekommen. Ich fühle mich geehrt.

Seit heute haben wir uns zu dritt in unser kleines Zimmer zurückgezogen. Die Meditation ist komplex, sie besteht aus einer langen Aufzählung der verschiedenen Symbole eines Buddha-Ebenbildes, die jedesmal gelesen werden muß und aus einem langen Mantra, das mit Hilfe eines Rosenkranzes, Mala genannt, zu rezitieren ist.

6. Juni 72. Die größte Schwierigkeit besteht darin, sitzen zu bleiben. Claudio lehrt mich, wie man die Wirbelsäule aufrecht hält, die Beine kreuzt, ohne daß sie einschlafen. Unser westlicher Körper, der an Betten und Stühle gewöhnt ist, hat Mühe, auf dem Boden zu sitzen. Alle Muskeln tun weh. Die Inder dagegen sind unglaublich biegsam, geschmeidig, ob Männer oder Frauen. Seit alters her sind sie es gewohnt, in Kontakt mit der Erde zu leben. Sie gehen barfuß, essen mit den Händen, schlafen auf dem Boden, kochen und putzen immer zusammengekauert am Boden.

Das zweite Riesenproblem ist offensichtlich, den Geist zu beherrschen. Ich versuche es tapfer...

Wir haben den Lama wiedergesehen. Ich habe ihn gefragt, wie es kommt, daß Buddha immer auf einer Lotusblüte sitzend meditiert. Die Lotusblüte, antwortete er, sei ein Symbol unserer Seele: wie die Lotusblüte, diese wunderschöne Blume, ihre Blütenblätter öffnet, während sie auf der Wasseroberfläche - oft in dunklen, stehenden Gewässern - schwebt, so kann sich unsere Seele öffnen durch das Licht der Weisheit, indem sie sich über Finsternis und Ignoranz erhebt.

Delhi, 20. Juni 72. Wir sind erneut in Delhi und haben die ganze Clique wiedergetroffen. Wir finden uns immer wieder, zufällig, aber es ist, als hätten wir uns in Wirklichkeit verabredet.

Eigentlich sollten wir zurück nach Mussouri für eine weitere Einweihung, aber ich fange wieder an, an Babaji zu denken. Er ist immer noch ein Problem für mich. Er spricht nicht, er gibt mir keine Anweisungen, er bringt mich nicht zum Meditieren. Es scheint, als wäre es etwas, das auf dem Nichts basiert. Und doch stellt Babaji eine unbeschreibliche magische Anziehungskraft dar. Jedes Mal, wenn ich sein Foto ansehe, nehme ich ein intensives Licht wahr, bestimmt eine Halluzination.

22. Juni 72. Ich habe hohes Fieber bekommen und konnte nicht mit Piero und Claudio abreisen. Letzterer hat mir gerade eine kleine Shiva-Figur geschenkt, einen Gott des Yoga, möglicherweise ist Babaji der Gleiche?

Vrindavan, 27. Juni 72. Ich bin zu Babaji zurückgekehrt und erlebte eine starke Emotion. Diesmal hat er mich zu sich gerufen, um mit mir an der Schwelle des Tempels zu sprechen. Er berührte meine Armbänder und hat mich gefragt, warum ich alle diese Ornamente trage. Am Abend ließ er mich vor den Indern tanzen und sagte ihnen, ich sei ein Hippy. Dann betrachtete er die Tätowierung des kleinen OM-Zeichens, das ich auf meiner Hand habe und sagte zu mir: "Full power!", (stark!).

Delhi, 30. Juni 72. Warum weiß ich nicht, aber ich muß nach Delhi zurück. Ich bin unruhig und das Leben im Tempel ist zu schwierig für mich. Wahrscheinlich bin ich nicht bereit, die Freunde fehlen mir und ein freieres, bequemeres Leben.

Ich bin zu Babaji zurückgekehrt

Liebesgeschichte

Delhi, 5. Juli 72. Kaum angekommen, treffe ich Sitaram, einen der beiden Amerikaner, die mit Shanti in Almora waren. Ich klammere mich an ihn, weil diesmal in Delhi niemand ist und ich mich verloren fühle. Und so ist eine etwas verrückte Sache geschehen. Wir haben eine Liebesgeschichte angefangen. Ich weiß nicht einmal so recht, wie es überhaupt passiert ist. aber wir fahren jetzt zusammen weg, um uns ein Haus in den Bergen zu suchen.

Simla, 7. Juli 72. Wir sind in Simla, oben in den Bergen, und es regnet ununterbrochen. Mit großen Schirmen und barfuß laufen wir herum. Wir suchen ein Haus, in dem wir die Regenzeit verbringen können. Heute haben wir eine sehr schöne Stelle gesehen, am Ufer eines Flusses, mitten im Grünen.

11. Juli 72. Seit einigen Tagen sind wir in unserem neuen Haus eingerichtet, wir meditieren, kochen und gehen im Fluß baden. Sitaram hat immer einen kompletten Tempel und alle Darstellungen der indischen Heiligen im Gepäck, wenn er reist. Er hat verschiedene Gurus kennengelernt und weiß vieles, er bringt mir Englisch bei. Wir verstehen uns gut, aber ich kann Babaji nicht vergessen.

Vrindavan, 22. Juli 72. Hier bin ich also wieder in Vrindavan, um mich vor Babaji zu verneigen. Diesmal nimmt er mich sehr ernst zur Seite und sagt, daß ich jetzt nicht mehr ohne seine Erlaubnis weggehen kann; ich protestiere, zeige ihm das Foto von Sitaram und erzähle ihm von unserem Haus.

Er sagt, daß er mein Mann sei, das da sei nicht mein Haus, daß in Zukunft nur Haidakhan und Almora mein Zuhause sei. Die Sache beeindruckt mich und ich denke die halbe Nacht darüber nach. Aber mein Gepäck ist in Simla und deshalb werde ich zurückreisen, mit dem Versprechen, wiederzukommen.

Simla, 25. Juli 72. Erneut bin ich in Simla. Seltsamerweise funktioniert überhaupt nichts mehr. Das Bild von Babaji ist eine Art von Obsession geworden. Er hat mir ein Gemälde geschenkt, das er selbst gemalt hat, das den Tempel von Haidakhan darstellt, lieblich, naiv, ich betrachte es ständig.

Jedes mal, wenn ich ihn anschaute, sah ich ihn
umgeben von einem großen Licht.

Rückkehr zu Babaji

Vrindavan, 29. Juli 72. Ich bin nach Vrindavan zurückgekehrt, ohne zu wissen, daß heute Guru Purnima ist, der Vollmond im Juli, der in ganz Indien dem Guru gewidmet ist. Heute abend ließ mich Babaji die ganze Zeit im festlich geschmückten Tempel tanzen. Jedes Mal, wenn ich ihn ansah, sah ich ihn von einem großen Licht umgeben. Er hat einen Dänen angewiesen, mit mir zu tanzen. Der versuchte, mich anzufassen, aber ich bin ihm immer wieder ausgewichen: ich fing an, mich frei zu fühlen, ganz leicht.

Als ich mich vor Babaji verneigte, dachte ich diesmal, daß er wirklich und einzig mein Guru ist und daß es unnütz ist, noch weiter irgendwo sonst hinzugehen.

4. August 72. Babaji hat mich und viele Inder auf eine Reise mitgenommen. Wir sind nach Ambaji in den Staat Gujarat gefahren, um einen berühmten, uralten Tempel aufzusuchen, der der göttlichen Mutter geweiht ist. Ein unglaublicher Menschenandrang herrscht die ganze Zeit über und hunderte von Personen stehen Schlange, um vor Babaji Pranam[9] zu machen.

Stundenlang bleiben wir sitzen, um zu singen und Babaji anzusehen. Ich frage mich, wie das möglich ist, er bleibt einfach sitzen, wir schauen ihn die ganze Zeit an und er beobachtet nur. Da ist eine seltsame Anziehungskraft, magnetisch, schwer zu beschreiben. Aber viele Dinge spielen sich in seiner Gegenwart innerlich ab, als sei er ein großer Katalysator für gebündelte gemeinsame Energie. Seine Gesten, seine Bewegungen, seine Gestalt, sie drücken eine Harmonie und eine faszinierende Perfektion aus. Der Geist tritt in eine andere Dimension ein, in einen Zustand der Ruhe und innerer Betrachtung.

Die Inder verehren ihn offenbar wie einen Gott auf Erden, sie werfen sich ihm mit all ihrer Seele, ihrer Demut, ihren Bitten, ihren Hoffnungen zu Füßen. So sehr wünschte ich mir, wie sie zu sein. Weniger denkend und einfacher, reiner. Jedesmal, wenn ich mich vor Babaji verbeuge, entfesselt sich in meinem Geist ein Höllenlärm, in dem sich absurde und wider-

---

[9] sich zu verneigen

sprüchliche Gedanken überschlagen, manchmal gewalttätige und unangenehme. Ich hätte gerne mehr Frieden.

Ambaji, 10. August 72. Heute hat uns Babaji nach Koteshvar geführt, einem uralten Tempel inmitten des Dschungels. Die Konstruktion ist aus weißem Marmor mit vielen Muscheln und Statuen, die in den Stein eingemeißelt sind. Babaji wohnt in einem kleinen unterirdischen Zimmer.

Abends läßt er mich vor einer Hundertschaft von Menschen tanzen; die Inder vergnügen sich. Die meisten von ihnen kommen aus den umliegenden Dörfern und es sind einfache, primitive Leute. Viele von ihnen haben bis heute noch nie einen Menschen aus dem Westen gesehen. Sie betrachten mich, fassen mich an, sie werfen sich vor mir nieder. Ich muß auf mein Ego aufpassen.

Datha, 20. August 72. Wir sind heute in den Palast eines Maharaja umgezogen, eine echte Festung. Innen große, mit Tigerfellen dekorierte Räume.

Was mich am meisten beeindruckt, sind die Frauen: sie leben in Isolation, gehen nicht aus, sie sehen keine Männer, abgesehen ihre eigenen Ehemänner. Zusammengekauert halten sie sich alle in den Zimmern und Veranden auf. Es wirkt wie eine mittelalterliche Szene.

Vrindavan, 25. August 72. Nach Vrindavan zurückgekehrt, hat mich die Polizei gefunden. Mein Visum ist abgelaufen. Ich habe mich nie darum gekümmert, ja, aus einem anarchistischen Impuls heraus lebte ich genüßlich seit sechs Monaten hier, ohne die nötigen Papiere. Innerhalb von drei Tagen muß ich Indien verlassen. Ich laufe zu Babajis Tempel.

Er fragt mich, was ich tun möchte, ich sage ihm, daß ich gerne nach Nepal ginge, zu den tibetischen Lamas. Er lächelt, holt mich in sein Zimmer und sagt, ich dürfe ihm jetzt Fragen stellen. Es ist das erste Mal. Ich frage ihn, ob ich nach Italien zurückkehren werde. Er antwortet: "Du wirst das ganze Leben in Indien zu meinen Füßen bleiben." Ich frage ihn, wer ich in meinen früheren Leben gewesen sei. Er sagt, ich sei eine Inderin aus Almora gewesen, mit Familie, Kindern, und noch früher eine tibetische Königin und Schülerin Shivas. Er sagt, ich solle mir keine Sorgen machen, denn ich würde zu ihm nach Indien zurückkehren.

Unterwegs in Nepal

Kathmandu, 5. September 72. Mit einer zufälligen Reisebekanntschaft, einem sehr freundlichen Amerikaner, bin ich in Nepal angekommen. Ich fühle mich wirklich wie auf einer Abenteuerreise, auch, weil mein Geld quasi ausgegeben ist. Wir finden sofort in einem großen Haus außerhalb von Kathmandu ein Zimmer.

Es wird hauptsächlich von Amerikanern bewohnt, die seit langem schon in Nepal leben. Es ist ein schöner, sauberer Ort, mit einem großen Garten. Überall in dem kleinen Dorf Swayambhu gibt es Restaurants und tibetische Häuser. Auf dem Berggipfel sind Tempel, sowohl für Hindus, als auch Buddhisten, in denen die beiden Religionen friedlich nebeneinander existieren. Tag und Nacht werden die Glöckchen geläutet, überall sind Votivlampen und es duftet nach Weihrauch. Schwärme von Affen springen von einem Tempel zum anderen. Der Zugang zum Berg führt über eine große Treppe aus weißem Stein, wie bei einem langen Pilgergang, und es ist zudem Brauch, verschiedene Runden mit Verbeugungen um die Tempel herum zu machen. Ich verneige mich immer wieder vor den verschiedenen Buddhas der Vergangenheit, der Gegenwart, der Zukunft...

15. September 72. Das Nepal-Abenteuer ist faszinierend. Die Amerikaner, die in unserem Haus leben, sind alte Füchse des Orients, Experten in allem. Sie haben sich die Lehren der verschiedenen Meister, sei es der indischen oder tibetischen, zunutze gemacht. Sie schaffen es zu leben, indem sie Geschäfte organisieren, wie Teppichhandel und verschiedene Dinge. Sie haben Geld und sie behandeln einander gut. Es sind Luxus-Hippies, und in Nepal leben sie wie reiche Leute.

Im Weißen Haus, so heißt der Ort, in dem wir leben, organisieren sie oft große Parties, zu denen viele Westliche kommen, die in der Stadt leben. Es ist eine Menge Haschisch im Umlauf, man ist immer in einem etwas irrealen Zustand, aber sehr mystisch. Einige dieser Leute sind sehr schön, intensiv und ich sehe sie voller Bewunderung an. Ihnen gegenüber fühle ich mich wie ein kleines Mädchen, eine Anfängerin. Aber sie akzeptieren mich in ihrem Kreis. Tagsüber esse ich in den kleinen tibetischen Lokalen dort in der Nähe. Ich fühle mich heimisch. Die Tibeter sind immer freundlich und liebenswert. Ich entdecke auch die Anwesenheit einer großen italienischen Kolonie, einige sind Freunde von Freunden: im Unterschied zu den

Amerikanern sind sie Aufschneider, ohne Geld, und einige hängen an harten Drogen.

20. September 72. Ich probiere alles aus. Zum ersten Mal, seit ich unterwegs bin, fühle ich mich in der Zauberhöhle. Hier gibt es wirklich alles und ich versuche, alles auszuprobieren. Jeden Morgen stehe ich früh auf, Erinnerung an Babajis Lehre, und in der Morgendämmerung steige ich die langen Treppen zu den Tempeln hoch, auf den Gipfel des Berges. Von da oben ist die Sicht auf das noch schlafende Kathmandu, in einen rosa Nebelschleier gehüllt, schön und beeindruckend. Dann frühstücke ich mit den Freak-Freunden in einem der örtlichen Restaurants und mache einen schönen Spaziergang hinunter zur Stadt.

Kathmandu ist anziehend, am Tor zu mehreren Zivilisationen, hier treffen sich Indien, Nepal und Tibet. Die Nepalesen sind ruhig, lächelnd, farbenprächtig; auch hier stehen die Tempel der Hindus und Buddhisten friedlich nebeneinander. Ich besuche sie alle, laufe durch die Straßen des vollen Basars, ich gehe Mittagessen, wo ich gerade bin, es gibt so viele Lokale und sie sind sehr preiswert. Abends bin ich mit den amerikanischen Freunden zusammen und versuche auch ein bißchen etwas von dieser Kultur in mich aufzunehmen. Sie sind versnobt und überheblich, sie waren die ersten, die den Orient entdeckten und einen Weg fanden, profitable Geschäfte zu machen, es ist, als hätten sie schon immer alles gewußt.

Manchmal gehen wir zum Tanzen in eine Diskothek in der Stadt, eine Mischung aus Orient und Westen, Musik von den Rolling Stones und tibetische Trompeten. Ich vergnüge mich, habe Spaß, rauche Haschisch, tanze ausgelassen und fühle mich frei.

25. September 72. Letzte Nacht habe ich zu viel geraucht und es ging mir schlecht. Ich muß aufpassen, daß ich es nicht übertreibe, denn sonst ist es kein ganzes Vergnügen mehr. Ich bin zur indischen Botschaft gegangen, um ein neues Visum zu beantragen, aber für den Augenblick haben sie keinerlei Absichten, es mir zu geben. Sie haben nach Neu Delhi geschrieben und Erkundigungen nach mir eingeholt.

Abdullah, ein marokkanischer Junge, Schauspieler im 'Living Theatre', macht mir den Hof. Aber er gefällt mir nicht, ich habe sogar ein bißchen Angst vor ihm. Er ist ganz in Schwarz gekleidet, mit ungeheuren Augen. Er ist faszinierend, weil er so katzenhaft ist, von der Qualität eines Balletttänzers, biegsam, hexenmeisterhaft. Neulich abends sah ich ihm voller

Bewunderung beim Tanzen zu. Aber ich habe keine Lust auf Sex. Oft schaue ich mir das Foto von Babaji an, das neben meinem Bett steht, rein, weiß, strahlend und denke, daß ich gerne Brahmachari werden würde wie er. In diesen Momenten habe ich kein Bedürfnis nach einer körperlichen Beziehung.

2. Oktober 72. Ich habe kein Geld mehr und das ist jetzt ein echtes Abenteuer für mich. Oft habe ich mich gefragt, wie es die Leute aus dem Westen machen, die den Mut haben, sich in das Wagnis zu stürzen: sie reisen auf gut Glück, oft sitzen sie ohne einen Pfennig da. Und jetzt passiert es mir selbst.

Ich spüre, daß es eine Prüfung für mein Vertrauen in den Weg ist, den ich eingeschlagen habe, daß ich durchhalten muß. Es widerstrebt mit, meine Eltern um Geld zu bitten, die meine Entscheidung absolut nicht mit mir teilen, und es scheint mir auch nicht richtig. Heute hatte ich nicht einen Penny in der Tasche und die Mittagszeit rückte näher. Ganz zufällig hat mich jemand eingeladen. Ich bin ohne Fahrschein mit dem Bus gefahren, dem Hausbesitzer muß ich auch noch die Miete bezahlen. Endlich habe ich jemanden gefunden, der mir etwas geliehen hat.

25. Oktober 72. Eine lange Zeitspanne liegt hinter mir, in der ich unterwegs war, Haschisch rauchte und mit allen redete. Ich bin müde.

Gestern Abend fühlte ich mich richtig verstört. Als ich nach Hause kam, war Licht in meinem Zimmer. Piero saß auf meinem Bett, rasiert und mit glänzenden Augen. Ich bat ihn, mich mitzunehmen, raus aus der Stadt, zu den tibetischen Lamas. Ich sagte ihm, daß ich von dieser Art Leben enttäuscht sei. Er stimmt mir zu, es scheint, als habe er sich entschlossen, Mönch zu werden.

Lama Yeshe: Ich fand mich vor ihm sitzend, lachend, wie er,
ohne zu wissen, warum...

Lama Tubten Yeshe

Kopan, 2. November 72. Wir waren in Kopan, um Lama Yeshe zu treffen, den Guru von Piero und Claudio. Die Straße, die zum Kloster führt, ist sehr schön. Sie schlängelt sich durch Reisfelder und die grünen nepalesischen Hügel.

Kaum war ich in das kleine Zimmer eingetreten, in dem Lama Yeshe lebt, war es für mich, als sähe ich einen lebendigen Buddha. Rund, glücklich, strahlend, Weisheit versprühend - Liebe strömt aus allen Poren seiner Haut. Als er uns sah, schenkte er uns ein großes Lächeln, ein kosmisches Lächeln aus dem Herzen. Ich finde mich vor ihm sitzend wieder, auch ich, lachend, ohne zu wissen warum. Wie ein altes Wiedersehen in Glück und Erkenntnis. Alles drum herum ist relativ, aber wir sind eine einzige Bewußtseinsebene.

10. November 72. Ich habe mich entschlossen, für einige Zeit nach Kopan umzuziehen. Ein Freund stellt uns sein Haus zur Verfügung. Als ich zu dem Lama ging, um zum ersten Mal mit ihm zu sprechen, sagte er zu mir: "Hier wirst du das Dharma und den Frieden finden. In der Stadt ist viel Lärm." Tatsächlich wird mir klar, daß mich schon der Ekel überkam, über die Freaks, das Haschisch, im Leeren herumzutappen, die Sexspielchen.

Ich habe kein Geld mehr, aber Piero ist einverstanden, mir etwas zu leihen. Später wird etwas aus Italien kommen. Piero und ich installieren uns in dem neuen Haus, wir meditieren zusammen, kochen, waschen unsere Kleider. Die Routine ähnelt der in einem indischen Ashram. Wir stehen um vier Uhr auf und um fünf gehen wir zu Lama Zopa, einem jüngeren Lama, um fünf Lehren zu empfangen oder den Segen für den Tag. Es sind die fünf Lebensregeln, die die Basis des tibetischen Dharmas darstellen: nicht töten, nicht stehlen, nicht lügen, keine Rauschmittel nehmen, keine außerehelichen sexuellen Beziehungen.

Ich lebe mit Piero wie Bruder und Schwester, auch wenn ich mich von ihm und seinem intensiven Licht stark angezogen fühle.

26. Dezember 72. Piero hat sich entschieden, nach Indien zu gehen und Mönch zu werden, und ich habe mich zu einer Einsiedler-Meditation entschlossen, die drei Monate dauern wird.

Gestern waren wir zur Weihnachtsfeier in Kathmandu, im Haus der amerikanischen Freunde. Ich habe ein Gefühl von Überdruß empfunden, ich spüre, daß meine Freak-Zeit zu Ende ist. Diese Art Leben hat keinen Wert mehr. Genau wie vor einigen Monaten in Mailand fühle ich mich in einer Sackgasse. Die Ingredienzien sind immer die gleichen: Musik, Haschisch, Tratsch, Sex, mehr oder weniger mystische Phantasien und so viel Zeit- und Energieverschwendung.

Der Friede fehlt, der Geist ist ständig in einem zerstreuten Zustand, konfus, obskur, vernebelt, verqualmt. Ich habe den Wunsch nach Licht und Weisheit.

20. Januar 73. Seit fast einem Monat bin ich in Klausur, und es ist eine unglaubliche Erfahrung. Eingeschlossen in ein kleines Zimmer, in dem gerade genug Platz für einen Schlafsack und zum Sitzen ist. Ich mache neue und unerwartete Erfahrungen. Indem ich stundenlang das Mantra wiederhole, erreiche ich einen Zustand der Trance. In meinem ganzen Körper breitet sich eine elektrische Energie aus, die vor allem an der Vorderseite und auf der Kopfspitze wahrnehmbar ist.

Nach zwei, drei Stunden dieser Übung kehrt Ruhe und Stille in meinen Geist ein und ich sehe ein weißes und transparentes Licht in und außerhalb von mir. Manchmal wird mein kleines Zimmer völlig von diesem Glanz erhellt. Wenn ich ausgehe, um mich ein wenig in der näheren Umgebung abzulenken, laufe ich taumelnd, wankend, getragen von dieser Energie, wie über dem Boden schwebend.

Die wenigen Augenblicke, in denen ich aus dem kleinen Fenster sehe, bin ich bewegt von der Schönheit der Bergkette des Himalaja, schneeweiß in der Ferne, und von den Farben der Blumen.

22. Januar 73. Heute habe ich ein poetisches Lied für Babaji und Lama Yeshe geschrieben. Ich empfinde sie wie Körper einer einzigen Wesenheit, einer im indischen Körper, der andere im tibetischen. Sie repräsentieren den Archetyp des großen Meisters, der großen Weisheit und des Göttlichen, vor dem ich noch immer ein wenig Angst habe.

Lama Yeshe hat mich in die Gebote des tibetischen Buddhismus eingeweiht und gab mir einen Namen: Yeshe Wongmo, was bedeutet: Weihe der transzendenten Weisheit. Und dies beinhaltet die Einhaltung eines Lebens in Moral und Selbstkontrolle, genau das Gegenteil meines Lebensstils als Freak, den ich bis heute führte.

Ich bemühe mich, diese religiöse Aufgabe zu akzeptieren, die mich an die katholische Religion erinnert, der ich immer ablehnend gegenüberstand. Es scheint wirklich für mich der Moment gekommen zu sein, meine Lebensziele radikal zu ändern. Mir kommt sogar der Gedanke, eine buddhistische Nonne zu werden. Ich spüre deutlich die Tatsache der Relativität und das Unperfekte dieser Welt. Das Göttliche transzendiert es und versetzt es in eine andere Ebene der Wirklichkeit, "ans andere Ufer", wie es in den tibetischen Texten heißt, das Ufer des wahren Bewußtseins.

15. März 73. Ich bin im dritten Monat meiner Klausur, und die inneren Erfahrungen werden sehr intensiv. Auf meinem Altar steht neben dem Buddha ein Foto von Babaji, mit dem lieben Lächeln, mitleidsvoll, wie das eines Christus. Ich habe große Lust, ihn wiederzusehen. Vor dem Hintergrund dieser Erfahrung, die ich gerade mit dem Lama mache, verstehe ich jetzt viele der Lehren von Babaji, die ich damals nicht in der Lage war, aufzunehmen. Die stärkste Verwirklichung liegt darin, auf viele der Wünsche und Attraktionen dieser Welt zu verzichten, um den spirituellen Pfad einschlagen zu können. Ich schneide mir die Haare und habe Spaß daran, mich in den Farben der tibetischen Mönche zu kleiden.

25. März 73. Die Klausur geht zu Ende, und ich spreche mit Lama Yeshe über meine Erfahrungen.

Er scheint sehr zufrieden mit meinen Übungen zu sein und sagt, ich hätte Samadhi erfahren, den Zustand des transzendenten Bewußtseins, wenn der Geist in einen Zustand der Stille eintritt und für die Wahrnehmung einer anderen Dimension bereit ist. Zweifellos fühle ich mich völlig anders nach dieser Meditation und denke auch oft an Babaji, den ich jetzt in einer anderen Perspektive sehe. Heute verstehe ich die Bedeutung vieler "Bußen", die er mir auferlegte und gegen die sich ein Teil von mir auflehnte. Auch er versuchte mich den Abstand zu physischer Bequemlichkeit zu lehren, mir den Zustand reinen, spirituellen Bewußtseins einzuflößen. Das ganze Dasein erscheint wie in einer einzigen Projektion, wie die eines Filmes auf eine große Leinwand, oder wie ein Traum. Während unser Geist Kraft und Reinheit zurückgewinnt, säubern wir ihn von allen Illusionen und bringen ihn aufs neue zu Transparenz, wie einen Spiegel, um die Realität im eigentlichen Sinne zu reflektieren. Unsere Bindung an die Stufe des physischen und materiellen und unsere egoistischen Wünsche sind es, die uns daran hindern, wirklich zu sehen. Die Meditation besteht darin, den Geist in seinen ursprünglichen Zustand zurückzuführen, sie leert ihn, befreit ihn von allen unnützen Gedanken und Phantasien.

Es ist ein sehr schwieriges Unterfangen: der Geist rebelliert, er will fortfahren zu agieren, zu denken, zu wünschen, zu wollen. Ich fühle mich jetzt zur Suche nach der Wahrheit berufen, ich war es immer, auch angesichts meiner Sturm- und Drangzeiten als Mädchen. Die tibetischen Lehren sind sehr wertvoll für mich, eine Schule für meinen Geist. Ich spüre, daß es Babaji ist, der mich absichtlich hierher geschickt hat, um mich vorzubereiten. Seine Methode, nur mit dem Herzen und mit Hingabe, konnten für mich nicht ausreichen. Mein westliches Denken braucht auch Erklärungen.

2. April 73. Ich besuche, nachdem die Klausur beendet ist, einen einmonatigen Kurs bei Lama Zopa. Kopan hat sich plötzlich mit Menschen gefüllt, über hundert, aus allen Teilen der Welt. Es ist der zweite Kurs über Dharma Buddhisten, den die Lamas abhalten. Auch Lama Yeshe ist dabei, aber nur gelegentlich mit der einen oder anderen seiner mitreißenden Reden.

Es ist sehr interessant, auch wenn die einzelnen Sitzungen ziemlich lange dauern, man muß konsequent sein. Der Lama erklärt uns sehr genau und schulmäßig, sehr klar, was der Geist ist und seine Mechanismen, was Karma, Dharma bedeutet. Es gibt wertvolle Unterbrechungen, bei denen gemeinsam meditiert und debattiert wird. Ich entscheide, einen Dosier darüber anzulegen. Es ist das erste Mal, daß ich endlich eine bestimmte Klarheit habe, und mein Geist erhält spirituelle Nahrung.

Kathmandu, 29. April 73. Heute, als ich nach der Beendigung meiner Klausur nach Kathmandu hinunterging, habe ich einen schrecklichen Freßanfall bekommen, eine Art Revolte meiner ganzen Persönlichkeit gegen all die Mühsal und Selbstkontrolle. Ich bin über die fettigen Süßigkeiten hergefallen, die mir schrecklich schlecht bekommen sind. Ich kam mir schwach und dumm vor.

Rückkehr nach Indien

Delhi, 2. Mai 73. Mit dem Flugzeug bin ich wieder nach Indien eingereist, mit dem Geld, das überraschend aus Italien kam. Sie haben mir das Visum nicht zurückgegeben, nur ein Transitvisum. Aber ich erinnere mich an das Versprechen von Babaji, daß ich zu ihm zurückkommen werde. Dafür habe ich heute hier im Hotel ein Räucherstäbchen vor einem seiner Fotos angezündet und ich habe meinen Paß verbrannt. Ich will frei sein, befreit von den Zwängen dieser dummen Gesetze. Ich will bei meinem Guru in Indien bleiben und es gefällt mir, mutig zu sein. Die Revolution in meinem Leben muß ich jetzt, im Alltag, verwirklichen.

Heute mache ich mich auf die Suche nach Babaji in Vrindavan. Ich weiß nicht, wo er ist, aber er hatte mir gesagt, ich würde ihn dort wiederfinden. Deshalb entschließe ich mich, es zu versuchen. Er hatte auch gesagt, daß ich nach meinem Nepal-Aufenthalt mit ihm zusammensein werde, ohne Visaprobleme... ich habe sie nicht mehr, nicht mal mehr den Paß...

Vrindavan, 8. Mai 73. Ich bin in Vrindavan, und das Treffen mit Babaji war sehr intensiv. Er hat mich ohne jegliches Erstaunen empfangen, als habe er mich erwartet, und hat mich sofort nach dem Visum gefragt. Als ich ihm sagte, daß ich alle meine Dokumente verbrannt habe, sagte er: "Jetzt bin ich dein Visum und dein Paß." Er lächelt, als er mich in tibetischer Kleidung und dem Bild des Dalai Lama um den Hals sieht. Er schickt mich unverzüglich zum Basar, um einen weißen Sari zu kaufen und mir die Haare scheren zu lassen.

Heute früh ist auch er glatt geschoren aus seinem Zimmer gekommen und trug ein kleines goldenes Kettchen, das ich ihm vor einem Jahr geschenkt hatte. Zum ersten Mal gab er mir das Chandan[10] auf die Stirn und sagte: "Jetzt bin ich dein Guru."

Ich bin sehr aufgewühlt, benommen. In zwei oder drei Tagen werden wir nach Haidakhan abreisen, und ich spüre, daß erst jetzt der wahre Weg mit ihm beginnt. Ich habe ein Jahr gebraucht und so viel Herumirren, um mich endlich Babaji zuzuwenden und ihm zu vertrauen, ich mußte auf viele

---

[10] Sandelholz-Paste, die in drei Strichen auf die Stirn aufgetragen wird

Dinge verzichten, auf meine Wünsche, oder zumindest auf das Verlangen danach, daß sie in Erfüllung gehen.

... und dann führte Babaji in aller Stille ein kurzes Feuerritual aus, nur das Geräusch der Flammen...

Training in Haidakhan

Haidakhan, 13. Mai 73. Wir sind wieder in Haidakhan und ein hartes, schwieriges Training hat begonnen: es ist Mai, sehr heiß und Babaji läßt uns sehr viel arbeiten, in einem intensiven Rhythmus. Wir müssen unzählige Wassereimer die Treppen hochtragen, überall sauber machen, kochen, Holz aus dem Wald holen, die riesigen schwarzen Kochtöpfe im Fluß spülen. Augenblicklich bin ich die einzige Europäerin und manchmal auch die einzige Frau.

Ich muß die ganze Küchenarbeit machen, den Tempel ausfegen, überall putzen. Ich ringe mit meiner Faulheit und bin manchmal erschöpft. Babaji will, daß ich nachmittags bei einem indischen Lehrer Hindi lerne.

15. Mai 73 Ich bin über die plötzliche Veränderung von Babaji hier in Haidakhan überrascht. Er hat seine frühere Art von Vrindavan verloren und zeigt sich jetzt als strenger Meister, schimpft mit jedem, schreit Befehle und alle rennen erschreckt, auch ich.

Ich bin betroffen von dem Gefühl des Dienens, das die Inder haben, von ihrer Demut: Sie laufen für Babaji, bereit, sich für ihn ins Feuer zu stürzen. Sie tun alles, was er sagt, mit ganzer Kraft und großem Gehorsam; sie arbeiten bis zur völligen Erschöpfung, ziehen sich aber nie zurück. Ich bemühe mich, so zu sein wie sie. Mir wird klar, daß ich voller Widerstände und Unvermögen bin. Ich fühle, daß Babaji vor allem an diesem letzten bei mir arbeitet. Plötzlich fällt mir meine Jugendzeit ein: meine Studien im Gymnasium gerieten durch meine Faulheit völlig aus dem Gleis. Ich fühlte mich schlecht, versuchte, mich zu überwinden, aber spürte in mir eine große Schwachheit, die mich davon abhielt, mich zu konzentrieren und zu studieren. Jetzt muß ich mich damit auseinandersetzen, aber ich bin entschlossen, mich allem zu stellen. Ergriffen bin ich auch über die Aufmerksamkeit der Inder für die Bedürfnisse der anderen: sie dienen Babaji und auch den Personen, die ihn umgeben, mit der gleichen Hingabe.

Babaji erteilt mir gleich ein Lektion: gestern gab er mir einen großen Teller voll Prasad[11] in die Hand, Obst, Süßigkeiten zum Verteilen. Gleich fühlte ich mich stolz darauf, aber er sagte ganz ernst zu mir: "Babaji heißt allen

---

[11] gesegnete Speise

Menschen dienen". Im Kontakt mit diesen Menschen, arm, einfach, gütig, rührend, muß ich Liebe und Demut lernen.

25. Mai 73. Heute hat mich Babaji an die Seite von Satya gerufen, einer Frau aus Bombay, und er sagte, daß ich jetzt alles von ihr lernen und wie eine Inderin werden müsse.

Ich lerne, mich zu kleiden, wie man sich hinsetzt, wie man steht, geht, ich muß mein Leben neu anfangen, alles ganz von vorne, wie ein kleines Mädchen.

Satya ist auch Grundschullehrerin und bei ihr muß ich Hindi lernen. Babaji sagte mir außerdem, ich müsse mit ihr essen und schlafen, im symmetrischen Gleichklang mit meiner indischen Schwester. Satya ist schön und seltsamerweise hat sie beschlossen, nicht zu heiraten; sie kleidet sich in Weiß, wie die Inderinnen, die dem Weltlichen entsagt haben, und sie scheint mit Seele und Körper Babaji geweiht zu sein. Ihr Name, Satya, bedeutet Wahrheit. Wir haben gleich mit dem Experiment begonnen, eng umschlungen unter den Tempelsäulen schlafend. Es gibt weder Matratzen, noch Decken, wir legen uns auf eine Strohmatte, decken uns mit dem Sari zu, den wir dann am nächsten Tag waschen; auch ich kleide mich jetzt in Weiß.

2. Juni 73. Es ist sehr heiß und der Tag ist von einem präzisen, engen Rhythmus geprägt. Wir stehen vor vier Uhr morgens auf, nach dem Klang von Prem Babas Trompete, und springen zum Baden in den Fluß. Es ist die schönste Stunde im Sommer, wenn der frische Nachtwind durch das Tal bläst, wenn der Mond leuchtet und der Fluß silbern zwischen den weißen Steinen glitzert. Dann geht es hoch zum Tempel und einige von uns haben das Privileg, sich an das Dhuni von Babaji setzen zu dürfen; es ist klein und bietet nur vier oder fünf Leuten Platz, aber uns ist es fast immer erlaubt, zusammen mit Guard Sahib, einem älteren Inder, der Mahatma Gandhi ähnlich sieht. Babaji trägt ein wenig von der Asche auf unsere Stirn auf und dann beginnt das berühmte Ritual der Feuerzeremonie, in der Stille, nur das Geräusch der knisternden Flammen, der Wind, die Vögel, die im Sonnenaufgang singen. Das Bewußtsein erhebt sich automatisch in eine andere Dimension, man fühlt sich leer und leicht. Manchmal strenge ich mich an, mich in eine völlige Ruhe zu versetzen und erreiche einen Zustand von äußerster Spannung und Angst: ich spüre, daß mich Babaji aufmerksam beobachtet.

Neulich war ich angespannt und er rief mich zu sich, hieß mich neben ihn sitzen und stellte mir eine Frage: "Wer bist du?" Ich wußte nicht, was ich antworten sollte. Er sagte mir, ich müsse immer antworten, ich sei die Schülerin von Babaji. Damit schmeichelt und stärkt er mich. Es ist auch eine der ersten Sätze in Hindi, die ich lernen muß.

Gegen acht Uhr morgens, nach dem Arati - ohne Frühstück - fangen wir an zu arbeiten. Wenige Dinge sind es, grundsätzliche, zum Überleben: in den Wald gehen und Holz sammeln, Wasser vom Fluß holen, Gemüse schneiden, das Mehl für den Chapati kneten, überall putzen. Gegessen wird nur einmal am Tag, mittags, kein Tee, kein Kaffee, nichts ist mit Teashop. Nach dem Mittagessen wird geruht und dann geht es an den Fluß für das zweite Bad und um die eigenen Kleider zu waschen. Der Nachmittag ist frei und entspannter, manchmal nebenbei ein wenig Saubermachen. Ich nutze ihn, um mit Satya Hindi zu lernen. Ich habe nur ein kleines Notizbuch, in das ich die Worte eintrage, die sie mir in einer Mischung von italienisch und englisch erklärt. Am Abend ist Arati und dann sitzt man noch ein Weilchen still bei Babaji. Schon vor neun Uhr gehen wir schlafen, ohne Abendessen, und manchmal habe ich schrecklichen Hunger.

5. Juni 72. Babaji hat mit mir geschimpft. Er will, daß ich schneller arbeite. Ich muß die Stufen des Tempels mit zwei Eimern, randvoll mit Wasser, hochsteigen. Gestern habe ich gezählt, es waren 50, die ich geschleppt habe. Dann wieder, wenn ich zu schnell gehe, sagt Babaji zu mir, ich solle langsam machen: es ist schwer zu verstehen, was er will, aber es geht um einen Rhythmus, den es zu finden gilt, eine Harmonie. Ich erinnere mich, als er mich tanzen ließ, in Vrindavan, auch da ging es darum, einen Fluß zu finden, es zu schaffen, mit Rhythmus und den richtigen Bewegungen für das Göttliche zu tanzen. Manchmal packen mich Zweifel, ob das alles wirklich existiert, Gott zum Beispiel, ob Babaji wirklich so groß ist, wie sie ihn beschreiben.

Die Inder sagen mir immer wieder: "Babaji ist Bhagwan", Gott selbst. Manchmal fürchte ich verrückt zu werden. Ich war immer eine überzeugte Atheistin, wo wird das enden?

7. Juni 73. Plötzlich tauchen aus meinem Unterbewußtsein große Widerstände auf. Es passiert mir, wenn ich mich Babaji nähere, daß ich immer wieder lästere, ihn verwünsche. Richtig peinlich ist das, weil ich sicher bin, daß er meine Gedanken lesen kann. Es ist mir gestern den ganzen Tag passiert, jedes Mal, wenn ich versuchte, vor ihm Pranam zu machen, oder mich ihm zu nähern. Manchmal, wenn er spürt, daß ich aufgewühlt bin, erlaubt er nicht, daß ich in seiner Nähe bin und sagt brüsk auf Englisch: "You go!" (Geh'!).

Sofort spüre ich eine große, unerklärliche Trennung. Ich erinnere mich an die Worte von Lama Yeshe in Nepal, als ich versuchte zu meditieren und diese bedrohlichen Gedanken wahrnahm. "Das ist das Ego, das mit Ablehnung opponiert. Ein gutes Zeichen. Das Ego will nicht sterben und schützt sich, indem es negative Gestalten erfindet." Ich spüre die ganze Last meines atheistischen Karmas auf den Schultern.

10. Juni 73. Es scheint mir, als würde Babaji sehr viel von mir verlangen, bis an die Grenzen meiner Kräfte. Er gönnt mir nicht einen Augenblick Ruhe, ich fühle mich jeden Moment beobachtet. Abends bin ich so müde, von der Hitze und all der körperlichen Arbeit, daß ich mich erschöpft auf die äußere Ringmauer des Tempels werfe, ein kleines Baumwolltuch auf dem Stein ausgebreitet. Die Sterne am Tropenhimmel sind enorm, sie leuchten zwischen den großen Bananenblättern hervor. Bevor mir die Augen zufallen, schaue ich ein letztes Mal zum Gipfel des Kailash vor mir, dem heiligen Berg Shivas.

Shiva und Buddha: der Buddhismus ist ein weicherer Weg, der Weg der Mitte, wie sie es nennen. Shiva ist extrem, gewalttätig, revolutionär und ich weiß, daß es genau das ist, was mich anzieht. Man arbeitet sehr auf der Basis der Attacken des physischen Körpers und seiner Abwehr. Die Lamas haben mir die komplizierte Geschichte des Karmas und die Gesetze der Abhängigkeiten, die die Wünsche hervorrufen, erklärt. Aber mit Babaji werden die Abhängigkeiten in der Praxis deutlich, im Alltagsleben, an der eigenen Haut, in eher gemeinsamen Aktionen; eine konkrete und aktive Meditation. Die starre Routine und die ganze Anstrengung versetzen mich automatisch in einen Zustand der Leere. Besonders am späten Abend, wenn ich erschöpft bin, und ganz früh morgens.

Manchmal, während eines Morgenrots oder bei kristallklaren Sonnenuntergängen, vom frischen Wasser im Fluß wiederbelebt, der Geist noch unberührt von der Nacht, fühle ich mich wie ein Kind, das seine verlorene Unschuld wiedergefunden hat. Ich sehe mich, eingehüllt in die Decke, zu Füßen dieses großen, mysteriösen, perfekten Wesens; wie eine Seele, die den Pfad wiederentdeckt hat und dieses große Wort: der Guru. Die Inder erklären mir, daß die Gnade des Guru alles bedeute und wir ohne ihn das Bewußtsein nicht erweitern können. Wir müssen ihm, sagen sie, blind vertrauen und gehorchen. Dieses autoritäre Konzept ist schwer annehmbar für mich, ausgerechnet ich, immer auf den Barrikaden, gegen jegliche Autorität kämpfend. Ich hatte in Mailand sogar eine autoritätslose Zufluchtsstätte ins Leben gerufen. Mailand..., zum jetzigen Zeitpunkt, eine weit entfernte Realität.

15. Juni 73. Ich hab' keinen Pfennig, aber es beunruhigt mich nicht mehr so sehr. Ich bin in Babajis Händen: er gibt mir Essen und Unterkunft und eine Rupie hin und wieder, um ein Stück Seife zu kaufen, damit ich die Kleider waschen kann. Ich habe zwei Sari und einen wasche und trockne ich jeden Tag; einen Schal, eine Decke, keine Schuhe - ich brauche keine -, ein Baumwolltuch, auf dem ich sitze und mich schlafen lege und einige Tampax. Mein Kopf ist glatt geschoren, kein Bedarf also für einen Kamm, als Zahnpasta benütze ich die Asche aus der Feuerstelle: Eine schöne Vereinfachung des Lebens.

Gestern ist ein Drama um meine Menstruation geschehen. Ich hatte die Mensis und stand mit einer alten Inderin zusammen in der Küche beim Kartoffelschälen. Ich erzählte ihr, daß ich müde sei wegen meiner Menstruation. Prompt fing sie an zu schreien. Sie hat mich am Arm gepackt und vor Babaji gezerrt. Auch er sagte mir dann, daß ich auf keinen Fall in den Tempel dürfe.

Das alles ist neu für mich. Ich erklärte Babaji, meine Mutter habe mir beigebracht, daß die monatliche Blutung eine natürliche Sache und nichts Schlechtes sei. Die indischen Mütter würden ihre Töchter anders anleiten, entgegnete er. Ich solle mich isoliert unter ein provisorisches Zelt setzen. Ich fühle mich gedemütigt. Mir wird erklärt, daß das in Indien seit jeher so gehandhabt werde: die Frau wird für die vier oder fünf Tage als unrein angesehen und muß sich absondern. Sie darf weder in den Tempel noch in die Küche. Babaji hat noch hinzugefügt, daß ich nicht in die Nähe der Männer darf und auch nicht mit ihnen sprechen soll. Das scheint mir ein wenig übertrieben, als sei ich sexuell unrein. Aber ich muß auch das akzeptieren.

18. Juni 73. Heute hat sich Babaji einen schönen Scherz mit mir erlaubt. Ich saß neben ihm auf den Boden und plötzlich stiegen in mir Gedanken an Sex auf. Das ist mir sehr peinlich. Seit einigen Tagen passiert es mir immer wieder: Jedes Mal, wenn ich Babaji näher komme, fange ich an, an Sex zu denken, an nichts Besonderes, es ist nur eine Art Neugier. Sie haben mir gesagt, daß Babaji ein Brahmachari ist: ob es denn wahr ist? Ob er nicht zumindest sexuelles Verlangen hat und ein entsprechendes Organ? Wer weiß, ob er mich begehrt? Gedanken dieser Art, die mich vor Scham fast in den Erdboden versinken lassen, denn er durchschaut sie. Und so war ich heute neben ihm gesessen, hart gegen meine sexuellen Gedanken ankämpfend, und da nimmt Babaji meine Hand, legt sie auf sein Glied und sagt mit einem hämischen Grinsen zu mir: "Gefällt er dir?".

Ich hätte mich vergraben wollen, ich kam mir so erbärmlich vor mit meinen begrenzten menschlichen Bedürfnissen. Als ob das noch nicht genug gewesen sei, hat er mich kurz darauf gefragt: "Bist du ein Hippy?". Und so sehe ich mich jetzt auch im Zusammenhang mit dieser verirrten Kultur, die ich mit mir herumschleppe: Sex, Drogen und Rock-und-Roll.

Die Inder nennen uns alle Hippies, mit Verachtung. Ihre Kultur ist sehr moralisch und traditionell: die Hochzeit, die Familie, die weibliche Unschuld. Was mir am meisten mißfällt, ist, daß ich Babaji, der sehr rein ist, meine westlichen Schwingungen einer Frau, die den schnellen, lockeren Sex gewohnt ist, aufbürde.

Ich habe es in der Vergangenheit nicht übertrieben mit dem Sex, aber jetzt würde ich gerne ganz darauf verzichten, mir wird bewußt, daß der eine Teil ein fest an den physischen Körper gebundenes Bewußtsein ist und schwer abzuschütteln. Aber ich bin dazu bestimmt, es zu versuchen. Die Gegenwart von Babaji ist der Katalysator für eine machtvolle Energie, die mir die Begeisterung und die Kraft geben wird, außergewöhnliche Veränderungen zu vollbringen.

Sicher ist: alles auf dieser Reise durch Indien, die jetzt schon über ein Jahr dauert, ist außergewöhnlich: vom revolutionären Freak bin ich dabei, mich in eine indische Nonne zu verwandeln.

21. Juni 73. Babaji hat die sexuellen Spielchen wieder aufgenommen. Diesmal nachdrücklicher. In der Nacht hat er sich mit mir am Flußufer verabredet und fing an, mich überall anzufassen, kalt, unsensibel, ohne Verlangen, und er brachte damit meine romantischen sexuellen Vorstellungen auf den Nullpunkt. Ich bin verstört und zweifle an ihm. Ich denke, daß er vielleicht dieser gewöhnliche Typ eines indischen Baba ist, der Sex und Geld von den westlichen Menschen will; aber ein Teil von mir weiß, daß er mir lediglich den Spiegel meiner Begierden vorhält, um mir zu helfen, sie zu überwinden.

Heute bei Sonnenaufgang sah ich ihn vom Baden zurückkommen, wunderschön und leuchtend, frisch vom Wasser des Ganges, mit seinem großen mitfühlenden Lächeln. Ich dachte an Jesus, als er, von seinen Jüngern begleitet, an den Ufern des Jordan wandelte. Ich habe gespürt, daß diese Spiele mit dem Sex nur für mich gedacht waren. Er steht darüber. Er hat mich sofort zu sich gerufen und sagte mit liebevoller, zärtlicher Stimme. "Gori, du bist meine Schülerin."

26. Juni 72. Ich bin erschöpft. Dies ist der heißeste Monat im Jahr, wenn sich vor dem Monsunregen die ganze Hitze staut.

Im Tal ist es immer windig, und auch das ist sehr ermüdend, am Morgen ist es kalt, trotz der Hitze des Tages.

Heute fühlte ich mich plötzlich so miserabel, wie ich da so auf dem Boden kniete, mit dem Besen in der Hand, mit rasiertem Kopf, das schmutzige Weiß meines Saris - ich kann ihn immer noch nicht gut anlegen -, genauso wenig gelingt es mir, mich so graziös zu bücken wie die Inderinnen. Die Beine tun mir ständig weh, obwohl ich mich zum Meditieren hinsetze. Prem Baba schimpft dauernd mit mir und auch die anderen Inder brüllen in dieser Sprache, die mir noch fremd ist. Ich muß die ganze Küchenarbeit verrichten und nach dem Mittagessen am Fluß all die schweren schwarzen Kochtöpfe spülen, die ich auf dem Kopf transportiere. Hin und wieder ist Tara Devi da, die mich tröstet und mir Unterricht gibt, sei es in Englisch oder Hindi. Babaji scheint so weit entfernt und die Inder so laut und aufdringlich. Auch Satya will jetzt ständig bei mir sein, aber ich fühle mich zum Ersticken und trauere meiner Unabhängigkeit nach.

Nachdem ich heute alle Kochtöpfe im Fluß gespült hatte, war ich so müde, daß ich direkt am Ufer auf den Steinen eingeschlafen bin. Als ich aufwachte, sah ich Babaji. Er trug die Töpfe, einen nach dem anderen, die Tempeltreppen hoch; als ich ihn erreichte, sagte er zu mir: "Ich helfe dir." Manchmal genügt ein einziges Wort von ihm und man ist für alles entschädigt.

Am Nachmittag hat der alte Guard Sahib gesagt, er würde mir die Büroarbeit beibringen. Guard Sahib lebt in einem winzigen Zimmerchen, es ist ein Quadratmeter groß, vor Babajis Dhuni. Babaji liebt ihn sehr und spricht friedlich mit ihm von morgens bis abends. Er ist sehr langsam und pedantisch und führt Babajis Korrespondenz. Er lehrt mich, Briefmarken aufzukleben, exakt, genau, gerade. Er gibt mir eine Basisausbildung: nie

Geld von jemandem anzunehmen, der im Büro auftaucht, nicht einmal 50 Cents, auch nicht aus Versehen, sondern vielmehr etwas zu geben.

Babaji will auch, daß ich morgens um fünf die Inder in Hatha Yoga unterrichte.

Das Grundlegende, das ich jetzt lernen muß, ist Demut: mit diesen einfachen Menschen leben, ihnen dienen, alles teilen.

Wir sprechen im Westen von Armen, aber nur hier in Indien existieren sie wirklich und sie sind fast Heilige. Es sind gute Menschen, demütig, die Liebe, die sie geben, ist einfach und spontan, sie erwärmen einem das Herz. Babaji liebt sie alle ohne Unterschied, ob arm oder reich, er ist in der Lage, sich auf jeden mit einem bestimmten Gesichtsausdruck und unterschiedlichen Gebärden einzustellen, wie ein Chamäleon. Ganz sicher ist es seine Liebe, die einen am meisten berührt, sein unaufhörliches Geben, ohne je etwas für sich selbst zu verlangen, er kümmert sich um alles und um jeden.

Gestern hat Tara Devi Babaji gefragt, an was er denke, wenn er morgens alleine meditiert. Er hat ihr geantwortet: "Ich denke an euch alle, daran, was ihr braucht, was ihr essen werdet." Ein großer Vater und eine sorgende Mutter vereint in dem engelhaften Körper eines Jünglings.

Babaji hat die Hände einer Frau, weich, schmal; seine Berührung, auf den Kopf manchmal, oder auf der Schulter, hat eine magnetische, elektrisierende Wirkung. Seine Füße dagegen sind die eines Kindes, zart, rundlich. Alle wollen sie berühren. Die Schriften berichten von den Lotusfüßen des Guru, den Trägern jeglicher Gnade. Sie werden verehrt, denn sie repräsentieren die Präsenz auf Erden, mitten unter uns, um uns zu erretten.

29. Juni 73. Nie habe ich einen Platz für mich, wo ich friedlich sitzen oder meditieren kann. Ich schlafe immer in Ecken, zusammen mit Satya und den Indern. Mit Spaziergängen am Fluß flüchte ich mich manchmal. Ich setze mich ans Ufer und gebe mich dem Geräusch des fließenden, klaren Wassers hin. Nur glatte Steine, Sonne, Berge. Jetzt, wo es so warm ist, gehe ich bei Sonnenuntergang baden und oft sehe ich, daß auch Babaji badet, weit weg, mit einigen Indern. Sie waschen ihn, ziehen ihn an, wie eine Statue. Ich wäre gerne bei ihm, aber ich fühle mich noch nicht bereit. Oft jagt mir Babaji Angst ein. In seiner Gegenwart wird mein Geist aufgewühlt. Es ist eine Mischung von Erwartung, Wünschen, der Scheu, abgewiesen zu werden, nicht geliebt zu werden.

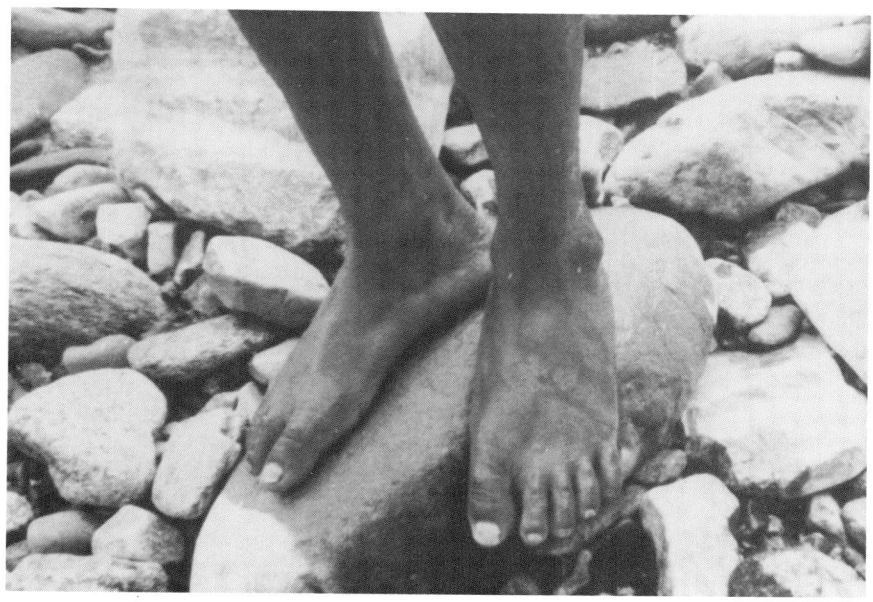

In den indischen Schriften ist die Rede von den Lotusfüßen des Guru,
Träger jeglicher Anmut und Gnade.

Ich verstehe, daß er mir nur dann etwas gibt, wenn ich ruhig bin und nichts
erwarte.

Seit einigen Tagen bin ich mit Gartenarbeit beschäftigt. Jedesmal, wenn er
vorbeikommt, wünsche ich mir, von ihm gesehen, beachtet, gewürdigt zu
werden. Und so fragt er mich immer: "Was machst du?" Am Anfang habe
ich versucht, ihm stolz zu antworten, daß ich gerade dies oder jenes tue;
dann habe ich gelernt, zu sagen, daß es nichts ist, was ich da mache und er
schien mit dieser Antwort zufrieden. Es ist eine Lektion für mein Ego: man
soll sich nicht brüsten, was immer man tut, es ist eine Pflicht, nichts jedoch
vor dem Angesicht Gottes.

Aufmerksam beobachte ich den alten Guard Sahib wie er möchte ich sein,
demütig dienend. Er war Eisenbahninspektor während der englischen Be-
satzungszeit. Wie gerne würde ich es schaffen, so ruhig mit Babaji zu sprechen wie er. Er redet fast nie mit mir. Nur Gesten und ein paar Wortfetzen.
Oft aber kommuniziert er durch Blicke mit mir. Seine Augen sind

Lichtsplitter, zärtlich und intensiv zur gleichen Zeit, streng und kindlich, transparent.

Früher habe ich in meinem Leben immer versucht, in allen Situationen mitzumischen, gesehen zu werden, immer in der ersten Reihe: jetzt muß ich lernen, die Letzte der Letzten zu sein, aber die Herausforderung gefällt mir.

Kürzlich war ich sehr müde, den ganzen Morgen hatte ich mit den Inderinnen Kuhmist im Wald eingesammelt. Nach der Rückkehr war ich ein bißchen beleidigt und sagte Babaji durch einen indischen Übersetzer, daß ich gerne ein wenig mehr Zeit für mich hätte. Und er antwortete, mir das Beispiel von Mahatma Gandhi vorhaltend, der, bevor er die Engländerin als seine Schülerin akzeptierte, sie erst für einige Monate die Toiletten putzen ließ. Er fragte, ob ich denn kein Karma hätte, das es zu reinigen gelte; und fügte hinzu, daß, wenn Babaji in diese Welt kommt, es unter Millionen von Menschen, die sich ihm nähern, nur einer möglich sei, seine Jüngerin zu werden. Völlig perplex frage ich mich, ob ich in der Lage wäre, diese einzige Person zu werden; wie es aussieht, wohl nicht.

30. Juni 73. Tara Devi erklärt mir, daß es ein großer Unterschied ist, ein Anhänger oder ein Schüler von Babaji zu sein. Anhänger sind all die, die ihm folgen, die ein bestimmtes Vertrauen zu ihm haben, an ihn glauben, ihn verehren. Wenige aber sind Schüler, denen er die Initiation gibt und für die er Guru ist.

Ich bin stolz darauf, daß Babaji mit mir öfter wieder einen alten Scherz macht: Er fragt mich: "Wer bist du?" Und ich muß antworten: "Ich bin Babajis Schülerin." Dieser kurze Satz, fast kindlich, reicht mir, um mich akzeptiert zu fühlen. Vor ihm wird man wieder ein Kind, klein vor seiner unermeßlichen Größe.

2. Juli 73. Jeden Tag lerne ich ein bißchen Hindi und oft bringt mir Babaji geduldig all die Grundworte bei. Er hat eine weiche, tiefe Stimme, wenn er spricht. Ich muß mein ganzes Leben neu beginnen, ganz von vorne, wie eine Fünfjährige. Es ist ein faszinierendes Abenteuer.

Die sexuellen Spielchen haben ziemlich bald aufgehört, ich habe die Lehren daraus schnell aufgenommen. In diesem Punkt fühle ich mich jetzt ruhig, ja ich bin entschlossen, Brahmachari zu werden. Ich stärke diesen Wunsch, meine ganze Energie und Liebe ihm zu weihen, dem Göttlichen. Die christlichen Klosterfrauen kommen mir in den Sinn, Bräute Christi;

auch ich fühle mich wie eine spirituelle Braut Babajis. Auch Satya sagt, sie fühle sich im spirituellen Sinn mit Babaji verheiratet, das heißt mit Gott. Wenn man Gott intensiv liebt und ihn dann sogar noch in physischer Gestalt bewundern kann, bleibt kein Platz mehr für eine spezielle menschliche Liebe. Was bleibt, ist eine universelle Liebe zu allen in gleicher Weise, Männer, Frauen, Kinder. Schon in Italien war ich in der letzten Zeit der Wiederholungen physischer Kontakte manchmal so weit von Liebe entfernt, überdrüssig geworden. Meine Beziehung zu Guiliano hat immer spirituellere Züge angenommen. Besonders während wir die gemeinsamen Erfahrungen mit Rauschmitteln machten, fühlten wir beide, daß die wahre Bindung zwischen uns weit über dem Körperlichen stand. Einfach nur Hand in Hand hatten wir uns mystischen und unmißverständlichen Visionen hingegeben. Der Sinn des Lebens liegt weit darüber: im Reich des Bewußtseins und des Geistes.

3. Juli 73. Manchmal habe ich einen richtigen Heißhunger - es wird nur alle 24 Stunden gegessen. Kein Frühstück, kein Abendessen, keine Getränke, nur frisches Wasser. Das Sadhana[12] von Babaji ist sehr streng. Auf der einen Seite strömt unendliche Liebe, auf der anderen fordert er das Äußerste von uns und große Entbehrung. Die Bedürfnisse des täglichen Lebens sind auf ein Minimum reduziert, gerade so viel, wie man zum Überleben braucht.

Er sagte uns, daß er das mit uns trainiert, weil es in der nahen Zukunft einen großen Krieg in der Welt gäbe und nur der überlebe, der es schafft, mit zwei Chapati[13] und einigen Kartoffeln auszukommen. Mir ist klar geworden, daß es wenige Dinge sind, die man wirklich braucht, besonders in einem warmen Land wie Indien. Eine Mahlzeit am Tag, einfach wie hier: Brot, Reis, Gemüse, Linsen; zwei Stückchen Stoff, um sich zu bedecken, eine Strohmatte, eine Decke, einen Lota, den Wasserbehälter, für die eigenen körperlichen Bedürfnisse. Es gibt keine Bäder oder Toiletten, man duscht im Fluß und das andere erledigt man zwischen den Steinen. Gekocht wird an der Feuerstelle im Freien und geschlafen wird zusammengekauert, an irgend einem Platz. Schuhe sind unnötig, man kann bestens barfuß gehen, auch Koffer braucht man nicht, es reicht, sein Bündel zu schnüren. Mutter Indien ist eine große Meisterin des Einfachen. Deshalb wieder-

---

[12] Übungsweg
[13] Fladenbrot

holt Babaji immer wieder diese drei Worte: Wahrheit, Einfachheit, Liebe: die Essenz seiner Lehre.

4. Juli 73. Mein Geist wehrt sich gegen das Mantra. Babaji sagt, daß ich es die ganze Zeit wiederholen muß. Om Namah Shivay, ich verneige mich vor Shiva. Manchmal kommt es mir vor wie ein mechanischer Trick, dann wieder spüre ich die Kraft. Der Geist jedoch will nichts davon wissen und rebelliert. Die Gedanken sind stärker als das Mantra. Babaji ermahnt mich: "You repeat, repeat all the time", wiederhole es, wiederhole immer.

Lama Yeshe hatte mir gesagt, daß das höchste Mantra jenes ohne Worte sei, die Stille des Geistes, aber er hatte auch ergänzt, daß es äußerst schwierig ist, diesen Zustand zu halten, deshalb sei ein Mantra notwendig.

Babaji wird als Avatar betrachtet, eine göttliche Inkarnation.

Manchmal lehne ich mich auf, ich will keine Spiele oder Geschwätz, ich möchte die Wahrheit, die ganze und sofort. Natürlich bilde ich mir das nur ein.

Auch all das ununterbrochene Singen, stundenlang, gefällt mir nicht. Ich will nur meine Augen schließen können und meditieren. Meine Erfahrungen des Meditierens in Nepal erscheinen mir manchmal sehr viel erhabener als diese Rituale.

Andererseits beginne ich die Bedeutung der Worte zu verstehen, die wir singen. Sie sind sehr schön. Speziell eine Strophe berührt mein Herz: "Oh Shankar, Ebenbild der Barmherzigkeit, wir sind in Verwirrung und Schmerz versunken, habe Mitleid." Die Lamas sprechen immer davon, man soll bei dem Guru Zuflucht suchen oder bei Buddha. Mehr oder weniger erleben wir alle irgend einer Art von Leid, sei es körperlich oder geistig, aber nur durch die Gnade des Guru können wir das höhere Bewußtsein erreichen; denn die Selbsttäuschung ist die Wurzel der Ursache für jegliche Art des Unglücklichseins. Die Geschichte ist komplex, die Inder und Tibeter glauben an das Karma und die Reinkarnation. Nach dieser Theorie werden wir geboren und sterben wir in einem unendlichen Kreislauf, der abhängig ist von den Wünschen und Aktivitäten, die wir vollenden konnten. Unsere Wiedergeburt ist abhängig von den Taten, die wir in früheren Leben vollbracht haben, einem nicht abgeschlossenen Karma, das wir zu Ende bringen müssen, einem Verlangen, das nicht erfüllt wurde. Die karmischen Taten können sowohl positiv, als auch negativ sein. Negativ sind all die, die weiteres Verlangen schaffen oder anderen Lebewesen schaden, positiv dagegen sind solche, die uns zur Weisheit führen und folglich zur Befreiung vom Kreislauf von Tod und Wiedergeburt. Unser Ego oder unser Bedürfnis nach Selbstbestätigung ist die Wurzel der Existenz von Samsara, dem Zyklus von Leben und Tod, der sich bei tieferer Analyse lediglich als eine Erscheinung unseres Geistes, als eine Illusion herausstellt, vergleichbar mit der eines Traumes. Meister inkarnieren sich, um uns den Pfad zur Wahrheit aufzuzeigen. Ohne sie sind wir so von dem Film, den uns unser Geist vorführt, eingenommen, daß es uns unmöglich ist, davon loszukommen.

Babaji wird als ein Avatar betrachtet, eine göttliche Inkarnation. In manchen Augenblicken habe ich klare Zweifel an der Wirklichkeit dieser ganzen Geschichte, aber es sind nur Momente. Ich folge dem Ruf meines Herzens und letztlich handelt es sich um einen Akt des Glaubens, wie es immer schon in allen Religionen gelehrt wurde, um eine Offenbarung, die den tieferen Teil unseres Wesens betrifft.

Ich habe übrigens bis jetzt schon so viele Zeichen erhalten und Geheimnisvolles erfahren, daß es schwierig für mich ist, noch zu zweifeln. Den größten Beweis gibt mir Babaji tagtäglich mit seiner telepathischen Fähigkeit, meine Gedanken zu lesen. Wo kommt diese telepathische Kraft her, die über die rationale Kommunikation hinausreicht, wenn nicht von einer erweiterten Bewußtseinsebene?

7. Juli 73. Gestern Nachmittag hat mich Babaji zusammen mit einem kleinen indischen Jungen auf einen langen Spaziergang mitgenommen. Wir sind bei einem alten englischen Bungalow angekommen, der einen herrlichen Ausblick auf das Tal freigibt. Babaji ließ mich den Schal auf dem Boden ausbreiten und wir setzten uns hin. Liebevoll hat er mir in die Augen gesehen. Ich habe mich rein gefühlt wie ein kleines Mädchen, ich bin selbst überrascht. Ich frage ihn, warum man eigentlich die ganze Zeit das Mantra wiederholen muß, manchmal käme es mir vor wie eine unechte Formel; er fing an, ein Liedchen zu singen, dessen Worte beinhalten, daß das Mantra Amrita, göttlicher Nektar, sei. Er hat für mich noch ein anderes Lied gesungen: "Eines Tages wird Indira Gandhi nicht mehr da sein, dafür aber Gora". Ich fühle mich immer stärker an ihn und dieses indische Land gebunden.

Jemand hat Babaji gefragt, was seine Botschaft für die Welt sei. Er hat geantwortet: "Wahrheit, Einfachheit, Liebe." Es klingt so einfach, aber das ist es nicht. Was ist die Wahrheit? Was ist Liebe? Alle Philosophien und Religionen der Welt haben versucht, eine Antwort auf diese Fragen zu finden und die Menschheit, die Utopisten, versuchten schon immer, eine Gesellschaft auf diesen Prinzipien zu begründen, aber es scheint unmöglich zu sein.

Babaji hat mich einmal zu sich gerufen und gefragt, ob ich in Philosophie promoviert habe. Nicht ohne einen gewissen Stolz habe ich es bejaht. Daraufhin sagte er ironisch: "Ich bin ein Jüngling aus den Bergen, ohne Bildung." Die Weisheit in Indien erschöpft sich nicht in rationalem Denken und intellektuellem Wissen, sondern bezieht die Intuition ein, die aus einer tieferen Wirklichkeit der eigenen Seele kommt: nicht selten trifft man sehr einfache Sadhus[14], die zur letzten Wahrheit, zum eigentlichen Sinn des Lebens vordringen konnten, indem sie mit Yoga bestimmte Fähigkeiten der Wahrnehmung entwickelten. Ich erinnere mich an Lama Yeshe, der mir eines Tages in Nepal sagte, daß wir vom Westen, wenn wir von Geist sprechen, den Kopf, den Verstand meinen, während die Tibeter das Herz einbeziehen.

10. Juli 73. Jetzt fühle ich mich wirklich wie eine Art Nonne, ausgerechnet ich, wer hätte das gedacht? Auch Babaji, kahl geschoren, - er hat ein bißchen zugenommen -, gibt sich den Anschein eines japanischen Zen-Mönches, er scherzt, er spielt, aber er ist sehr streng.

Der Monsun beginnt, die Jahreszeit des Regens. Wir werden wieder nach Vrindavan umziehen müssen, denn hier ist kein Platz zum Schlafen. Vorgestern fing der Regen an. Wir haben die ganze Nacht auf den Beinen verbracht, unter den Tempelsäulen, durchgeweicht von der Nässe. Es blieb uns nur übrig, die ganze Zeit Om Namah Shivay zu singen, aber es geht eine seltsame Erregung davon aus. All das scheinen Prüfungen der Ergebenheit der Hingabe zu sein. Auch Babajis Dhuni war nicht vor dem Wasser geschützt und es wurden Plastikbahnen an den Seiten angebracht. Das Tal ist faszinierend, vom Donner und dem Wind durchzogen, wild.

Gestern hat es wieder die ganze Zeit geregnet und der Fluß ist angeschwollen. Für die Nacht ist ein provisorisches Zelt errichtet worden, aber überall tropft es herein, und alle saßen im Nassen. Eine alte Dame aus Bombay teilte ihren Regenmantel mit mir. Es ist plötzlich kalt und die Berge wirken bedrohlich.

Almora, 12. Juli 73. Heute reisen wir mit Babaji ab, um nach Almora zu gehen. Babaji will, daß ich für einige Zeit im Haus von Tara Devi bleibe. Sie hat ein schönes Haus, im Stil eines Schweizer Landhauses, mit großem Garten. Ihr Mann hat es gebaut.

Es gibt jede Art von Komfort, einen Koch, einen Gärtner. Ich fühle mich wie eine englische Kolonialistin. Ich bin ein bißchen geschwächt und sehne mich danach, auszuruhen. Es gibt eine gut ausgestattete Bibliothek mit spirituellen Büchern und ich profitiere davon und ich kann auch Hindi lernen.

---

[14] Wandermönche

Babaji, rasiert, ein bißchen dicker, gibt sich den Anschein eines japanischen Zen-Mönches

Almora ist ein Städtchen mit einer alten Tradition. In der Vergangenheit sind hier viele Sadhu und Heilige durchgekommen, auf ihren Pilgerreisen zum Kailashberg in Tibet. Verschiedene Meister leben heute noch in dieser Gegend, wie Guru Lama, ein Tibeter, Lama Anagarika Govinda, ein Deutscher, und Sunya Baba, ein Däne. Tara Devi kennt sie alle und weiß viele interessante Geschichten zu erzählen. Ich fühle mich wie daheim bei einer spirituellen Großmutter und spüre, daß mir Babaji nach dem Sadhana der letzten zwei Monate in Haidakhan diese Ferien gegeben hat.

18. Juli 73. Heute bin ich Marco und Zizi begegnet, ich konnte es kaum glauben. Babaji war zu Besuch in Almora und sie sind gekommen, um ihn zu sehen.

Die zwei ersten von 'der Straße' in Italien, die zu Fuß nach Indien aufbrachen, in den sechziger Jahren, auf gut Glück. Zizi hatte ich das erste Mal gesehen, als sie am Straßenrand in einer Seitenstraße von Brera saß, häkelnd, mit bunt gefärbten Haaren, wie eine Joker- Zigeunerin gekleidet, mit einem Nasenring. Zusammen mit ihr und Marco hatte ich die ersten indischen Mantren in den Straßen von Mailand gesungen, abends durch die neblige Stadt ziehend. Wie magische Glühwürmchen versuchten wir, Lichtsäulen hervorzubringen im dichten, schweren und beängstigenden Dunkel der Stadt. Mit ihnen haben wir uns in den verschiedenen Kommunen wiedergefunden, Haschisch rauchend, von Indien träumend, von Hoffnung. Sie erzählen mir, daß sie jetzt in Dina Pani leben, einem Ort außerhalb von Almora, mitten im Wald, mit Höhlen und Hütten, in denen einige westliche Sadhus leben.

Die Sache reizt mich. Ich habe schon genug von meinem bürgerlichen Villenleben und frage Babaji, ob ich für eine Weile dorthin gehen kann, solange er auf Reisen ist. Er erlaubt es.

Erfahrung in Dina Pani

Dina Pani, 25. Juli 73. Seit ein paar Tagen bin ich in Dina Pani und woh-
ne in einer kleinen Hütte mitten im Wald, neben einem Platz mit großer
Feuerstelle, den die jungen Leute errichtet haben, die hier leben: Sandro,
ein Italiener, Motima, eine kleine Australierin, Uma, ein Ex-Fotomodell
aus Holland, Shivji, ein Chinese, Shambo, ein Kanadier. Sie leben wie
Sadhus, mit einem einzigen Stückchen Stoff bedeckt, immer in den Wäldern oder an ihren Dhuni, in Selbstbetrachtung. Zwei von ihnen schlafen in
kleinen Höhlen, die sie aus dem Fels geschlagen haben. Sie versuchen
nach genauen Reinheitsgeboten zu leben. Im Morgengrauen stehen sie auf,
baden in einem nahegelegenen Bach, zünden das Feuer an und pflücken
Blumen für das erste Morgengebet. Dann kochen sie einen Topf mit Tee
und braunem Zucker. Sie trinken und essen nichts, ohne es vorher dem
Feuer, das sie als heilig betrachten, dargeboten zu haben. Ab und zu rauchen sie im Kreis eine rituelle Pfeife, begleitet von einem Gebet, oft wird
gemeinsam in der Stille meditiert, oder sie beobachten einfach die knisternden Flammen. Über der Kohlenglut kochen sie Kartoffeln und backen
ein großes, rundes, dunkles Brot. Sie baden nackt in einem wunderschönen
kleinen See unterhalb, in totaler Unschuld, eine Art Paradies auf Erden,
und mir wird klar, sie stehen über der sexuellen Energie. Es ist eine sehr
reine Atmosphäre, intensiv, wie von einem anderen Planeten.

Sie haben mir das schönste und zivilisierteste Fleckchen der Hütte gegeben, gerade so groß wie mein Körper; eine Katze schläft nachts bei mir,
um meinen Hals gerollt. Es ist ein Schutz, sagen sie mir, vor Skorpionen,
Schlangen und den Mangusten. Ringsum sind Pinienwälder, üppig jetzt
durch den Monsun. Wir laufen in riesig hohem Gras. Es seien viele
Schlangen hier, erzählen sie mir, aber seltsamerweise habe ich überhaupt
keine Angst. Als Kind schlief ich nachts nicht, wenn eine Spinne im Zimmer war. Wahrscheinlich gibt es auch Tiger und Leoparden in der Umgebung, aber ich fühle mich in jedem Augenblick von Babaji beschützt.

Untereinander herrscht vollkommene Brüderlichkeit, alles wird geteilt.
Diese jungen Leute leben in einer solchen engelgleichen und transzenden-
ten Art, daß ich sogar befürchte, sie mit meinen Frauenkörper zu stören.
Aber mir ist bewußt, daß mich Babaji gründlich gereinigt hat, ganz beson-

ders mit seinen sexuellen Spielchen in Haidakhan, indem er mich wahrnehmen ließ, daß Sex eine etwas lächerliche Sache ist und dazu unnötig.

Es wird auch wenig gegessen, meistens einmal am Tag, man übt sich darin, wie die indischen Sadhu, sich von den Abhängigkeiten des physischen Körpers zu befreien, vom Hunger, der Kälte und Hitze, von Müdigkeit und allen Bequemlichkeiten. Ich bin voller Bewunderung und wie verzaubert. Ich befreie mich von dem Sari, der hier überflüssig ist und schlinge wie sie einen kleinen weißen Stoffetzen um den Hals, das Essentielle. Abends hülle ich mich in meine rote tibetische Decke und lege mich mit der Strohmatte auf die Steine. Wenn ich tagsüber Hunger bekomme, trinke ich ein Glas Milch im Teashop oben auf dem Hügel.

Prem Singh, der alte Mann, der den Teashop betreibt, hat großen Respekt vor uns allen, auch wenn wir kein Geld haben. Er schenkt uns sogar oft Mehl und Gemüse.

30. Juli 73. Heute funkelt der Himalaja regelrecht im Sonnenuntergang zwischen dicken roten Regenwolken: ringsum ist das Land strahlend und sauber, fruchtbar durch den Monsun. Einige Gemüsearten und Blumen schießen rasant und gigantisch auf, die Kühe geben viel Milch; es ist die Jahreszeit des Überflusses in Indien, des Wassers, des Grünens. Das indische Land ist eine große, freigiebige Mutter, in der Lage, alle zu ernähren. Man sagt mir, daß sich die Yogi und Sadhu in dieser Zeit zu langen Meditationsphasen zurückziehen, in denen sie zwei oder drei Monate lang nicht ins Freie gehen.

8. August 73. Ich habe einen sehr wichtigen Zeitabschnitt durchschritten und Zeit und Freiraum gehabt, um mich in Meditation zu üben. Babajis Gegenwart ist kontinuierlich da, eingeimpft, auch die anderen spüren sie in meiner Nähe: für mich ist sie fast eine Besessenheit. Zeitweise fühle ich ihn in mich einkehren, wie ein eindringliches Licht, mir ist, als würde ich er werden, es scheint eine Einbildung zu sein, aber es ist auch Realität.

Shankar ist angekommen, ein Engländer, Schüler von Nantin Baba. Er ist wie ein Wandermönch gekleidet, mit langen, auf dem Kopf zusammengerollten Haaren. Er erzählt uns von seinem Guru, der zudem ein berühmter ayurvedischer Arzt ist. Er spricht über Heilkräuter und Diäten, die heilen. Er persönlich lebt nur von Obst und Gemüse und kocht für uns große Portionen Kartoffeln mit Äpfeln. Nantin Baba meditiert monatelang isoliert in den Wäldern und auch Shankar mußte lange Meditationsphasen absolvieren. Das einzige, was ihn an dieser Diät nervt: man ist immer ausgehungert.

30. September 73. Meine Zeit in Dina Pani geht zu Ende, so auch der Monsun. Die Luft ist jetzt rein und frisch, der Boden fruchtbar und reich. Gestern war der Mond von einem großen schillernden Regenbogen eingerahmt. Morgen wird Babaji in Almora ankommen und ich gehe, um ihn dort zu treffen.

Almora, 5. Oktober 73. Babaji ist nach Almora zurückgekommen und ich war da, um ihn zu sehen, mit einer starken Emotion in mir. Ich fühle mich jetzt noch reiner, noch mehr bereit. Heute ist Divali, ein Festival des Lichts in Indien, das den Herbstanfang signalisiert. Wir sind mit Babaji in einer alten Landfabrik und er läßt mich Hunderte von Kerzen anzünden, eine nach der anderen.

Mir kommt ein altes indische Lied in den Sinn: "O Sat Guru, zünde in mir das Licht an, von deinem Licht."

Winter in Haidakhan

Haidakhan, 9. Oktober 73. Hier sind wir also, zurückgekehrt nach Haidakhan, bereit, dem Winter zu begegnen. Wir sind wenige und wir werden im Freien schlafen müssen, in der Kälte. Babaji schenkt mir eine große schwarze tibetische Decke, warm und schwer. Ich bin gerührt.

In diesem Moment bin ich die einzige Frau, die ständig hier ist, und die einzige aus dem Westen, und ich muß die ganze Küchenarbeit zusammen mit Jaimal und Prem Baba machen. Die Nächte sind schon kalt, aber wir wärmen uns morgens und abends am großen Dhuni von Prem Baba auf. Babajis Dhuni gibt es nicht mehr. Sie haben für ihn ein kleines Zimmer errichtet und dort, wo seine Feuerstelle war, haben sie eine große Halle gebaut für die Kirtans[15]. Schade, das Dhuni war viel romantischer. Aber es kommen jetzt mehr und mehr verschiedene Besucher.

Da gibt es jetzt auch einen anderen Inder, der ständig hier ist, Joshi Baba, ein Ingenieur aus Almora, der Sadhu geworden ist, und dem Babaji erlaubt, völlig nackt bleiben zu dürfen. Er ist ständig in einem Zustand tiefer Meditation: sogar während er ißt, versinkt er in Kontemplation, den Bissen halb im Mund, und man muß ihn aufrütteln. Wir sitzen zusammen am Feuer und ich frage mich, ob es ich es schaffe, in einem Zustand ohne Denken zu bleiben. Man sieht, daß er sich tapfer darin versucht.

15. Oktober 73. Babaji macht derzeit jeden Abend ein sehr unterhaltsames Spielchen: er ruft Joshiji in die Halle, vor alle, und bittet ihn, das Stück Stoff abzulegen, mit dem er sich manchmal noch bedeckt, und sich vor der Menge zu entblößen. Er befolgt die Anweisung mit der Unschuld eines Kindes. Die indischen Frauen und Mädchen lachen verschämt, in Grüppchen stehend, und Babaji betrachtet sie mit einem hämischen Lächeln. Da fällt mir mein Großvater ein, Nudist, der die ganze Familie dazu anwies, nackt im Garten herumzulaufen, um ihnen das Natürliche daran beizubringen.

Joshiji seinerseits ist sich seines physischen Körpers wirklich nicht bewußt. Manchmal sehen wir ihn betend, mit gefalteten Händen, nackt, auf-

---

[15] Lobpreis-Gesänge

recht im Fluß stehen, stundenlang. Er spricht nur von Gott. Er sucht ihn verzweifelt.

24. Oktober 73. Ich betrachte das Licht der Fackeln über den Stufen, den zarten Nebel der Nacht, das Bad im Dunkeln, wie ein geheimes Ritual; wir beobachten Babaji, der leise im Wasser singt.

Er lehrt uns, stark zu sein. Sein Körper taucht aus dem Wasser des Flusses auf und erhebt sich manchmal aus dem Dunkel. Er strahlt eine Aura von Kraft, von Mut aus, will, daß man die Naturelemente, die Träger einer übergeordneten Energie, besiegt.

25. Oktober 73. Im Herbst ist Haidakhan völlig anders. Nach dem Monsun sind die Berge smaragdgrün, der Fluß ist angeschwollen und der Himmel ist kristallklar. Die Luft ist sehr rein, frisch und stimulierend, man fühlt sich nicht müde wie in der Hitze des Sommers. Das ist jetzt richtiges Bergleben, auch wenn man morgens ein bißchen unter der Kälte leidet.

Erneut ist Babaji verändert, weicher, verfügbarer, nahbar, ich fühle, daß es der Beginn eines neuen Trainingsjahres ist.

Ich muß weiterhin die Küchenarbeit erledigen, aber sie fängt an, mir zu gefallen. Babaji ist dabei, mich zu lehren, Frau und Mutter zu sein, zu dienen, indem ich den anderen Nahrung gebe. Er selbst bringt mir bei, wie man Chapati zubereitet.

Ich denke an meine Vergangenheit, an meine Ungeduld, meine Faulheit, meinen Egoismus und spüre mehr denn je, daß ich hier bin, um mich zu reinigen.

Babaji ist ein fähiger Meister; nicht einer unserer inneren Vorgänge entgeht ihm, er arbeitet mit jeder Einzelheit unseres täglichen Lebens, um unseren Verstand zu lehren, immer konzentriert und positiv zu sein.

Er ist sehr stark, und so, wie er nicht mit der Wimper gezuckt hat, als es so heiß war, geht er auch mit der Kälte um. Er zieht nur ein Wollhemd an und eine Decke, keinen Schal. Morgens um halb vier taucht er in das kalte Wasser des Gotama Ganga ein und bleibt für eine Weile im Wasser sitzen.

1. November 73. Heute ist Babaji in die Küche gekommen und schickte sich an, ein großes rundes Brot zu machen, eine Art Pizza. Er mischte alles unter: Gemüsestreifen, Gewürze, gelbe Curcuma, etwas Köstliches. Oft während der Mahlzeiten hat er Freude daran, wie eine großzügige, in Liebe aufblühende Mutter, mit den Händen Halwa zu verteilen, die Süßigkeiten aus Grieß.

4. November 73. Wir waren mit Babaji auf dem Gipfel des höchsten Berges der Gegend hier, dem Siddheshvar. Am Nachmittag sind wir losgewandert und nachts haben wir Rast gemacht, um in einer Fabrik zu schlafen. Wir lagerten alle zusammengedrängt am offenen Feuer in dem kleinen Zimmer, müde, hungrig; aber Babaji war voller Energie, wie immer, mit funkelnden, leuchtenden Augen, nie schläfrig. Er gibt uns fortwährend Liebe, wie eine unerschöpfliche Quelle. Wir haben den ganzen Weg hin und zurück barfuß über spitze Steine zurückgelegt; aber neben ihm spürt man nichts, verliert man völlig das Bewußtsein für den Körper.

Auf dem Gipfel waren wir die ganze Nacht um ein großes Feuer, teils in Decken gehüllt, wach geblieben, und Babaji redete und scherzte ein wenig mit jedem. Irgendwann, als er mich direkt ansah, habe ich eine Szene wiedererlebt, wie vor tausend Jahren: der große Guru Babaji im Wald mit seinen Jüngern. Es erscheint wie ein Traum.

15. November 73. Ich gewöhne mich langsam an den Gehorsam: man muß zu Babaji einfach immer ja sagen, was immer er auch verlangt.

Das kann recht gefährlich sein, ich denke hier an Hitler oder an die Manson-Geschichte in Amerika. Auch ihre Anhänger glaubten an diese Persönlichkeiten und gehorchten ihnen blind. Wer kann sich vor schlechtem Einfluß schützen? Es ist schwierig und eine Frage des eigenen Herzens, lernen, dem zu vertrauen, was wir tief in uns selbst spüren. Mir kommt ein Satz aus dem Evangelium in den Sinn: "An ihren Taten werdet ihr sie erkennen..."

18. November 73. Ich beginne ernsthaft morgens und abends zu meditieren, trotz Karma Yoga[16], der physischen Arbeit.

Das eiskalte Bad am Morgen belastet mich sehr, jetzt, wo es kalt ist, aber sofort, nachdem ich mich abgetrocknet habe, breitet sich eine große Energie in meinen ganzen Körper aus. Mit lauter Stimme singe ich das Mantra und betrachte die Sterne. Om Namah Shivay, ich verneige mich vor Shiva dem Herrn, Babaji, ich bin in deiner Hand... Dann springe ich manchmal in die Decke und setze mich ans Feuer zu Prem Baba und den wenigen anderen. Der Geist ist leer morgens, rein wie der Wind des Tals, ich konzentrie-

---

[16] Yoga der Hingabe an Gott durch Arbeit

re mich auf das Feuer, das Licht, das Symbol, denke an meine Seele, an die Flamme der Hingabe, die wir in unser Herz einkehren lassen müssen.

Die Inder sprechen ständig von Hingabe, von Bhakti. Der Pfad, den Babaji weist, beruht auf der Fähigkeit unseres Herzens, das Göttliche herbeizusehnen, es zu lieben. Er präsentiert sich in dieser so schönen und reizvollen menschlichen Gestalt, um in uns Anziehungskraft und Verlangen nach ihm zu wecken: aus der menschlichen Liebe wird allmählich Liebe zu Gott. Wie in einem Prozeß alchimistischer Transmutation. Jetzt wiederhole ich das Mantra die ganze Zeit, beim Meditieren, mit geschlossenen Augen, aber auch wenn ich gehe, arbeite, esse und schlafe. Es ist wie ein Zaubersatz, der sich meiner bemächtigt hat, eine Energie, mit der ich mich identifiziere, der Geist Shivas, des großen Yoga-Meisters, des Gurus aller Gurus, Babaji.

1. Dezember 73. Wir leben viel am Feuer, jetzt, da es Winter ist. Sogar die Arbeit in der Küche ist angenehm in der Nähe der Flammen. Tagsüber ist die tropische Sonne sehr warm, frühlingshaft, nachts gibt es große Klimaumstürze, die Temperatur sinkt deutlich spürbar.

Haidakhan ist öde und erinnert mich an die mystischen Berge von Shangrilà, die in den tibetischen Schriften beschrieben sind. Das Tal ist kahl, stets durchzogen vom Wind und von Pferden. Die Leute von den Dörfern ringsum sind Gebirgsmenschen mit von Luft und Sonne ausgedörrten Körpern, mager und ausgetrocknet, wie abgelagertes Holz. Die Frauen, Bäuerinnen und Experten, sie sind die Mutter Erde, die sich aufzehrt, in der Arbeit, aber immer voller Liebe und Harmonie. Die indische Mutter, eine der ärmsten Fleckchen der Erde, und doch eine der großzügigsten.

Gestern hat Babaji gesehen, daß ich in der Kälte schlafe, ganz im Freien, und ist gekommen, um mir einen Unterschlupf zum Schutz zu bauen, aus Pfählen und Vorhängen. Er hat ihn mit seinen eigenen Händen errichtet, mit Gewandtheit und der Einfachheit und Liebe eines Vaters. Hier in Haidakhan verändert sich die Beziehung zu ihm sehr. Babaji ist nicht mehr die entfernte Statue, die auf ihrem Thron sitzt, von den Anhängern bewundert und gefürchtet: jetzt nimmt er an unserem täglichen Leben teil mit einer rührenden Demut. Er ist uns nah, wie ein bester Freund; ein Gott, der für uns Fleisch geworden ist, um den menschlichen Weg und die Bedingungen mit uns zu teilen.

3. Dezember 73. In unserer Gruppe sind jetzt noch einige andere Persönlichkeiten, einfache und hingebungsvolle Menschen. Einer von ihnen ist Jaimal, ein armer Brahmane aus Haldwani, dem nächstgelegenen Städtchen. Er arbeitet den ganzen Tag, allen dienend, und führt glücklich die niedrigsten Dienste aus, immer zufrieden, heiter, locker, ohne irgend etwas für sich selbst zu beanspruchen. Es ist kalt, und Jaimal legt sich noch nicht einmal ein Wolltuch um. Ich schenke ihm einen Schal, den er lediglich um den Hals wickelt, zum Schutz vor dem Wind. Ich fühle, daß Menschen wie er dazu bestimmt sind, für Babaji, für Gott ins Feuer zu springen, in jedem Augenblick bereit dazu. Ich frage mich, wo der Glaube solcher Menschen herkommt. In diesem Zusammenhang fallen mir immer wieder unvermeidbar die Worte aus dem Evangelium ein: "Selig sind die Armen im Geiste, denn ihrer ist das Himmelreich."

Ironie des Schicksals für jemanden wie mich, aufgewachsen mit einer völlig atheistischen Bildung. Babaji selbst erinnert mich ständig an das Ebenbild Jesu, mit der Einfachheit seiner Lehre, mit seiner physischen Erscheinung, mit seiner Botschaft der Güte, seinem täglichen Opfer für uns. Worte, die ich früher als sehr banal von mir gewiesen hätte, die jetzt aber so wahr und lebensnah sind. Wahrscheinlich ähneln sich alle Religionen in puncto Klarheit und Einfachheit ihrer Botschaften, nur wir sind es, die komplizieren und die verfälschten Theorien lieben, verstandesmäßig, von unserer Zivilisation zurechtgelegt. Welcher Zivilisation? Die des blinden Materialismus, der Gewalttätigkeit und der Kriege? Hier im indischen Wald gibt es eine Ecke, in der Friede und Liebe zwischen den Menschen herrscht, real, gelebt, ein Lichtblick.

6. Dezember 73 . Wir essen nur mittags, und im Winter ist das besonders hart. Ich habe oft schrecklichen Hunger, hauptsächlich morgens, manchmal zittern mir die Beine vor Schwäche. Heute habe ich darüber mit Babaji gesprochen, ich habe ihm gesagt, wie ich mich fühle. Er hat geantwortet, daß es besser ist, wenn ich mich schwach fühle, so würde ich nicht unruhig werden und keine Lust verspüren, wegzugehen. Ich glaube, ich muß wohl jedes Verlangen abstellen. Er schenkt mir ein kleines Gefäß mit Honig. Wenn ich Hunger hätte, sagt er, könne ich einen kleinen Schluck davon trinken. Mir ist dabei klar geworden: wenn man bei Babaji ist, genügt manchmal ein kleiner Bissen Nahrung und der Hunger vergeht, die Müdigkeit, alles. Es gibt ein indisches Lied, das von den heiligen Füßen des Gurus handelt, schon bei ihrem Anblick, heißt es darin, wird die Seele be-

Einige indische Schüler kommen jetzt regelmäßig aus Haldwani, Muni-
raii und der Priester von Babaii, Shastriii...

freit von jedem Problem und jeder Schwierigkeit, die auf ihr lastet. Es genügt, sich zu den Füßen des Meisters zu flüchten und sich ihm anzuvertrauen.

10. Dezember 73. Heute habe ich wieder dieses schreckliche Verlangen nach Essen gehabt. Babaji rief mich zu sich und hat mir eine große Tüte voll weißer Zuckerwürfel geschenkt. Ich setzte mich ans Flußufer und aß sie alle auf einmal gierig auf. Wie ein kleines Tier fühle ich mich, dumm, schwach, in solchen extremen Situationen sind wir mit unserer Armseligkeit, unseren menschlichen Bedürfnissen konfrontiert. Sie sind manchmal so jämmerlich und dabei so beherrschend.

Swamiji, ein alter Inder, der der Welt entsagt hat und in Haidakhan lebt, unterrichtet mich jeden Tag in Hindi. Ich mache Fortschritte, es ist eine starke, musikalische Sprache, mit einer ähnlichen Aussprache wie im Italienischen. Swamiji hat eine kehlige und warme, alte Stimme.

Jetzt kommen regelmäßig einige indische Anhänger aus Haldwani, Muniraji und Babajis Vertrauter, der Priester Shastriji. Sie dienen Babaji ununterbrochen selbst im Kleinsten, sie begleiten ihn überall hin, laufen, um ihm einen Platz zu richten, wenn er sich hinsetzen oder in irgendeiner Ecke ausstrecken will, sie kochen auch für ihn. Babaji ißt sehr wenig, nur Obst und Gemüse, kein Getreide, wie es die indischen Yogi gewöhnlich tun; er trinkt weder Tee noch Kaffee, nur Milch.

Abends, wenn man sich in der großen Halle mitten unter die singenden Menschen mischt, darf ich, um allein zu meditieren, in sein Zimmer flüchten. Wenn er wieder hereinkommt, ziehe ich mich zurück zum Ausruhen und irgend ein Inder massiert ihn mit duftenden Essenzen, bevor es Nacht wird.

15. Dezember 73. Heute früh habe ich im Morgengrauen das Tal betrachtet: der Duft von verkohltem Holz, den der Wind mit sich trägt, nur das Geräusch des dahinplätschernden Flusses in der Luft. Völlige Reinheit, die Zeit ist hier stehengeblieben, vor tausend, zweitausend Jahren, wiederkehrende Rituale, archaische Gebete, ewig gleiche Grundstrukturen. Babaji hat gesagt, ich sei schon seit vielen früheren Leben bei ihm. Er hat mir erzählt, daß ich in der Vergangenheit immer mit ihm zusammen gewesen sei, in Indien und in Tibet. Diesmal sei ich im Westen wiedergeboren worden, um bestimmte materielle Bedürfnisse zu befriedigen, aber er habe mich bald nach Hause zurückgerufen.

Italien habe ich vergessen, meine Freunde, meine Familie, ich fühle mich wie tot und in einem neuen Leben wiedergeboren; wie lange wird es dauern? Einmal abends hat uns Babaji gesagt, daß er nicht immer hier bleiben werde, daß er eines Tages ins Dickicht der Wälder gehen werde, für die Öffentlichkeit nicht mehr sichtbar. Wer weiß, ob er mich mitnehmen wird? Er sagte uns auch, daß die Welt bald von Kriegen und zerstörenden Katastrophen heimgesucht werde und er uns ein Training zum Überleben gibt, indem er uns lehrt, nur mit dem äußersten Minimum zu leben.

20. Dezember 73. Gestern abend kam Babaji, um mit uns am großen Feuer von Prem Baba zu sitzen. Er gab uns heißes Ingwerwasser zu trinken und große Brocken braunen Zucker; es war sehr kalt. Er sprach und scherzte, erzählte uns von der Zeit, als er in Tibet war, und hat uns das Land in all seinen Einzelheiten beschrieben. Er sagte, daß der Dalai Lama die wahre Inkarnation Buddhas auf dieser Erde sei.

Und Babaji, woher ist er gekommen? Wann ist er geboren? Niemand weiß etwas von ihm, niemand hat ihn je zuvor gesehen. Einmal hat ihn Tara Devi gefragt, wer seine Eltern seien: Alle Lebewesen seien sein Vater und seine Mutter, hat er geantwortet. Sie sagen, daß Babaji der unsterbliche Guru ist, von dem Yogananda[17] in seinem Buch spricht. Demnach ist Babaji, nach Meinung des Autors, ein Avatar, die Inkarnation Shivas, der das Gelübde abgelegt hat, immer in einem physischen Körper auf der Erde anwesend zu bleiben, um der Menschheit zu helfen.

Er braucht nicht von einem weiblichen Körper geboren zu werden, er kann seinen Körper wann und wie er will materialisieren, ihn verändern, sich in mehreren Körpern gleichzeitig manifestieren: das Göttliche hat keine Grenzen und besitzt die vollkommene Macht über Zellen und Atome der Materie. Entsprechend der Überlieferung ist es jener Babaji, der der Welt das Kriya Yoga brachte, die Wissenschaft des Atmens, um Yogis die Möglichkeit zu geben, ein höheres Bewußtsein zu verwirklichen und sie unsterblich werden zu lassen.

In dem Buch von Yogananda habe ich die Geschichte eines Schülers gelesen, der in die Berge ging, um Babaji zu suchen. Aber Babaji unterzog ihn erst einer Prüfung, ehe er ihn akzeptierte. Er befal ihm, sich den Fels herunterzustürzen. Er tat es, zerschmetterte und starb. Sofort erweckte ihn Ba-

---

[17] Titel: „Autobiographie eines Yogi"

baji wieder zum Leben und sagte zu ihm, erst jetzt könne er ihn akzeptieren, da er ihm den Beweis seines Glaubens erbracht und den Tod überwunden hatte. Kürzlich, als er auf einer Tempelstufe saß, wollte ich ihn fragen, ob er es selbst ist, jener gleiche Babaji von Yogananda. Ich hatte noch nicht den Mund geöffnet, da sah er mich an und sagte, ich solle mich die Mauer hinunterstürzen. Ich hatte nicht den Mut dazu, aber ich verstand, daß er meine Gedanken gelesen und mir eine Bestätigung seiner Identität gegeben hatte.

22. Dezember 73. Weihnachten rückt näher, aber es scheint, als hätte dieses Fest in Indien keinerlei Bedeutung. Im Tempel werden nur die Feste zu Ehren Shivas und Krishnas gefeiert. Babaji hat jedoch zu Tara Devi gesagt, er sei eins mit Christus. In der "Autobiographie eines Yogi" ist die Rede von Babaji, dem legendären Yogi-Christus des modernen Indien, der das Gelübde abgelegt hat, seine spirituelle Botschaft in den Westen zu bringen. Zur Zeit sind Tara Devi und ich die einzigen Westlichen hier, aber Babaji hat gesagt, daß er eines Tages viele Menschen aus jedem Winkel der Welt rufen und beginnen werde, Haidakhan aufzubauen. Jetzt scheint das noch ziemlich irreal.

26. Dezember 73. Zwei Schweizer sind unvorhergesehen angekommen, Mann und Frau, mit ihrem kleinen Sohn. Babaji nennt die Frau Pàrvati, die Göttin der Berge. Wir werden Freundinnen, morgens gehen wir zusammen baden, sie hilft mir bei der Küchenarbeit.

Babaji weist sie an, in einer kleinen Hütte außerhalb des Dorfes zu wohnen. Pàrvati ist schön, stark, sie leidet weniger unter der Kälte und ermutigt mich früh morgens, sie beklagt sich nicht über das wenige Essen. Ich spüre, daß ich mich oft hinter dem kleinen italienischen Mädchen verstecke, verwöhnt wie ich immer war; ich versuche mich zu ändern, aber manchmal kostet es mich eine enorme Anstrengung.

10. Januar 74. Gestern Nacht ist etwas Unglaubliches passiert. Ich ging Pàrvati und ihren Mann in ihrer Hütte besuchen. Sie boten mir LSD an, und ich habe die kleine Pille heruntergeschluckt, ohne ein zweites Mal darüber nachzudenken.

Der Stoff war sehr stark und ich fing an, eine Serie von Visionen zu haben, mit Licht und Farben. Plötzlich hatte ich das deutliche Gefühl, daß mich Babaji zu sich rief, in sein Zimmer. Ich habe auf die Uhr gesehen, Mitternacht, und ich habe mich stolpernd auf den Weg gemacht, den Pfad runter zum Dorf. Ich bin an Babajis Zimmer angekommen, die Tür war auf, als ob er mich erwarte, und trat ein. Babaji saß auf seinem Bett, in Meditation, in eine Decke eingehüllt, das Gesicht zur Wand gerichtet. Still setzte ich mich auf dem Boden. Ich begann zu meditieren und kurz darauf fing ich an, Babaji innerlich zu bitten, mir etwas von sich zu offenbaren, von seiner Identität. Ich öffnete die Augen und statt den Körper von Babaji auf seinem Bett sitzen zu sehen, habe ich einen großen kreisförmigen Regenbogen wahrgenommen, einen gebündelten Lichtstrahl. Der Regenbogenkörper der göttlichen Wesen, dachte ich, die Essenz von Babaji. Noch benommen von der Vision habe ich gesehen, wie sein Körper langsam wieder eine physische Form annahm. Er stand auf, eine kurze Melodie trällernd und schickte sich an, Holz aufs Feuer zu legen.

Auch seine Stimme ist göttlich, liebevoll. Er hat mich angelächelt und mir in die Augen gesehen mit einem Blick voller Licht und unendlicher Liebe. Dann gab er mir ein Zeichen zu gehen. Ich ging hinunter zum Fluß, unter die Sterne, entrückt, ekstatisch.

15. Januar 74. Gestern früh bat ich Babaji, mir die Initiation zu geben, ein persönliches Mantra, das Guru-Mantra. Er rief mich in sein Zimmer und gab es mir. Jetzt fühle ich mich wirklich als seine Schülerin, denn ich weiß, daß dies ein untrennbares Sigel zwischen Meister und Zögling ist.

Ich beginne nun intensiv zu meditieren, immer wenn ich Zeit habe, besonders ganz frühmorgens. Seit kurzem gelingt es mir für lange Perioden, mit großem inneren Frieden sitzenzubleiben, mit Intervallen geistiger Stille, ohne Gedanken, ohne mir des Körpers oder jeglicher Dinge um mich herum bewußt zu sein. Ich bin von einem sehr angenehmen Gefühl durchdrungen, ekstatisch, wie von einem subtilen elektrischen Strom. Wenn ich aufstehe und umherlaufe, nachdem ich meditiert habe, ist es, als würde ich fliegen, den Boden nicht berühren, und ich muß mich dazu zwingen, praktische Dinge zu tun. Ich bemühe mich, denn ich fühle genau, daß Babaji will, daß wir das volle Bewußtsein auf den Kontakt mit der Erde, auf die äußere Welt richten: man muß lernen, auf beiden Ebenen zu arbeiten. Deshalb läßt er uns auch so viel arbeiten und verlangt Präzision in allem. Er will auch, daß man sich in der Liebe für die Menschen übt, die in der Nähe sind: wirkliche Hilfe, Altruismus, Dienst. Die Liebe, ich habe sie so sehr gesucht, als ich noch im Westen war. Jetzt glaube ich, sie zu finden. Die Beziehung zu Babaji ist zwar nicht faßbar, Distanz auf der einen Seite, aber andererseits findet man die reine Liebe, nicht persönlich, uneigennützig, die Liebe zur großen Wahrheit, Wahrhaftigkeit, die Liebe zum Göttlichen.

Zur ersten öffentlichen Feuerzeremonie hat Babaji alle
nach Haidakhan eingeladen.

1. Februar 74. Babaji hat alle zur ersten großen, öffentlichen Feuerzeremonie nach Haidakhan eingeladen. Aus ganz Indien kommen die Leute angereist. Es sind keine Zimmer da zum Übernachten und sie schlagen Militärzelte am Flußstrand auf. Ein enormes Camp mit Küchen entsteht im Freien. Sie kommen in Scharen, auch sehr reiche Inder, elegante Frauen, ganz in Seide gehüllt, aber alle richten sich ohne zu lamentieren in den Zelten ein, glücklich, bei Babaji zu sein.

Er kümmert sich persönlich um alles, um Proviant, Transporte, Decken und daß wir es bequem haben. Er gibt präzise Anweisungen, gebieterisch, und alle laufen um ihn herum, besorgt, ihr Bestes für ihn zu geben. Für ein Lächeln oder eine Geste der Liebe von Babaji ist man bereit, alles zu tun, was es auch sei. Es ist ein großes Bemühen kollektiven Arbeitens, der Begeisterung, der Freude, und er läßt uns immer laut "Jai", Sieg, Sieg der Göttlichkeit in all ihren Formen, schreien. Abends drückt sich die Religiosität der Inder in einem großen Glücksgefühl aus, sie singen, tanzen ekstatisch, preisen die Präsenz eines Gottes, der zu ihnen gekommen, Mensch und Meister geworden ist. Ich muß den unvermeidbaren Vergleich anstellen zur katholischen Religion und ihrer Traurigkeit, vom Leben getrennt, der Kälte und leeren Abgeschlossenheit unserer Kirchen. In Indien ist die Religion ein integrierter Teil des täglichen Lebens, ein Zelebrieren und eine freudige Anbetung; eine Präsenz, die sich konstant bemerkbar macht. Letztlich ist die Anwesenheit eines Gottes in menschlicher Gestalt auf der Erde für das indische Volk etwas ganz Normales. Es hat schon viele göttliche Manifestationen gegeben: Shiva, Krishna, Rama, Vishnu, Buddha; in Indien kommt das Göttliche zur Erde, mischt sich unter die Menschen, um ihnen zu helfen, sich spirituell zu entwickeln und die Befreiung des Zyklus´ von Leben und Tod zu finden. Sie beten Babaji an wie Shiva persönlich, geraten in Ekstase vor ihm, sind zu seinen Füßen zufrieden mit allem, glücklich, Teil einer mystischen Gemeinschaft zu sein.

10. Februar 74. Das Fest ist groß, glorreich, aber einfach; am Flußufer wird Essen auf großen Bananenblättern verteilt, Reis und Linsen mit Kräutern, süßer Pudding aus Mehl und braunem Zucker. Die Mahlzeit ist für jeden kostenfrei. Aus den umliegenden Dörfern kommen Schwärme von Kindern.

Babaji nährt alle mit unerschöpflicher Liebe, und die Menschen geben ihm spontan Spenden für Dinge, die notwendig sind. Es fließt eine Energie des Austauschs.

15. Februar 74. Babaji ist im Begriff, zu einer zwei- bis dreimonatigen Indien-Rundreise aufzubrechen. Er hat entschieden, daß ich mit Prem Baba und Joshiji, dem Sadhu aus Almora, hierbleibe, um zu meditieren. Ich bin ein bißchen erschrocken und besorgt, ich hatte mich an seine Gegenwart gewöhnt, und der Gedanke der Einsamkeit, der Isolation beunruhigt mich, auch wenn ich weiß, daß es für die Meditation sehr wichtig ist.

Neulich habe ich Babaji gefragt, ob er mich bei sich im Zimmer meditieren läßt. Er hat ja gesagt, ich solle um zwei Uhr nachts kommen. Vorher bin ich zum Fluß hinunter, um zu baden und dann ging ich zu ihm. Babaji saß wie immer meditierend auf seinem Bett, es scheint tatsächlich, als würde er nachts nie schlafen. Er hat mich einladend angelächelt und mich auf Hindi gefragt, ob ich mit ihm Liebe machen wolle. Ich war überrascht; das sexuelle Spiel, so glaubte ich, sei für immer abgehakt. Ich habe ihm geantwortet, daß es nicht sein Körper sei, daß ich seine Seele wolle. Und ich fühlte, daß er mit meiner Antwort zufrieden war, daß er mich auf die Probe stellte. Es ist nichts passiert und er sagte, daß ich zum Meditieren in meinem Zimmer bleiben müsse, das er mir gerade bauen ließ, eines ganz allein für mich. Ich weiß, daß auch der Wunsch, vor ihm, vor seinem physischen Körper meditieren zu wollen, eine Abhängigkeit ist. Alles, was ich suche, ist nur in mir selbst zu finden, in meinem Geist, wenn ich die Augen schließe. Ich bin jedoch glücklich, daß ich die sexuelle Prüfung bestanden habe. Ich fühle mich dadurch stark, gereinigt.

18. Februar 74. Bevor er abreiste, habe ich Babaji noch einmal gefragt, wie ich meditieren soll. Er hat Zeichen auf meine Stirn gemacht, meine Hand gestreichelt und dann eine Hand auf das Herz gelegt und gesagt: "Langsam, langsam, alles wird dein Herz erreichen, du gehörst zu mir."

Bevor er abreiste, habe ich zum ersten Mal am Flußstrand seine Füße berührt; zuvor hatte ich es nicht gewagt, ihn zu berühren. Seine Füße sind fast kindlich, weich wie Seide, fest und doch zart. Ich erinnerte mich an ein indisches Lied: "Die Füße des Herrn sind süß wie die Lotusblüte und wenn wir seine Füße finden, finden wir endlich Ruhe und das Ende des Weges."

15. März 74. Es ist schwer ohne Babaji, auch wenn der Frühling in Haidakhan eingezogen ist, mit Blumen und den tropischen Vögeln, die mich morgens wecken.

Zum ersten Mal habe ich ein Zimmer ganz für mich allein, zum Meditieren, aber ich muß mich anstrengen, mich zu konzentrieren, mein Geist ist plötzlich durchzogen von der Vergangenheit und allem, das ich zurückgelassen habe, Erinnerungen an Italien und meine Freunde. Gestern war Shivratri, die heilige Nacht Shivas, die in ganz Indien gefeiert wird, mit Fasten und speziellen Gebeten. Ich aber bin gierig über diese braunen Zuckerstücke hergefallen. Ich bin aufgewühlt, unruhig. Den Geist zu beruhigen, Verlangen auszuschalten, ist ein Unterfangen, das schwieriger ist, als man glaubt und seltsamerweise scheint es, daß gerade die oralen Abhängigkeiten, Essen etwa, am schwierigsten zu besiegen sind. Eine dieser letzten kindlichen Krücken, zu denen man flüchtet, wenn alles andere beseitigt ist. Mit Babajis physischer Präsenz war es viel leichter, mit seiner Liebe und der ganzen Aufmerksamkeit, die sich auf ihn konzentriert.

3. April 74. Zum Glück ist Babaji von seiner Reise zurückgekehrt. Ich war etwas verlegen, als ich ihn sah, schuldbewußt, weil ich die Disziplin und die Übung nicht eingehalten hatte, nicht stark war. Und er hat mich angesehen, als wisse er schon alles.

Es kommen viele Leute her in diesem Sommer. Babaji beginnt bekannt zu werden.

Viele junge Inder sind hier, und Babaji nimmt sie an den heißen Sommernachmittagen zu langen Spaziergängen am Fluß mit und geht mit ihnen schwimmen.

Manchmal behandeln mich die Inder schlecht, wie einen Eindringling, wie jemand Unreinen, der nicht ihre Regeln kennt, außerhalb der Kaste. Einige wollen nicht, daß ich in der Küche arbeite. Ich fühle mich gedemütigt. Babaji beschützt mich, das spüre ich, aber er ist auch sehr streng mit mir. Ich darf nicht darauf reagieren, muß mich auch der Demütigung fügen.

20. April 74. Gestern hatte ich eine schöne Überraschung: Dinni ist aus Italien angekommen, eine meiner liebsten Freundinnen. Auch sie macht gerade eine Reise durch Indien und ist hergekommen, um zu sehen, was aus mir geworden ist. Auf wundersame Weise, durch einen seltsamen Zufall, ist es ihr gelungen, diesen Ort zu finden. Ich bin glücklich, bewegt und aufgeregt, endlich eine Freundin, eine Person zu haben, mit der ich reden, mit der ich diese unglaubliche Geschichte austauschen kann, die mich so weit getragen hat. Babaji ist sehr freundlich zu ihr, er läßt sie einen öffentlichen Vortrag halten, läßt sie tanzen. Wir reden stundenlang. In Mailand waren wir zusammen auf der Universität, haben die ersten politischen Erfahrungen gesammelt, die ersten in der Kommune. Auch sie war, genau wie ich, immer Atheistin, und jetzt ist sie auf der Suche nach einer anderen Antwort; aber, obwohl sie von Babaji fasziniert ist, über diese mystische Geschichte ist sie ziemlich entsetzt. Sie versucht, mich dazu zu bewegen, umzukehren, nach Italien, um dafür zu kämpfen, die Welt zu verändern. Aber ich weiß, daß ich vor allem zuerst mich selbst ändern muß, weiter in die Tiefen dieser Erfahrung des Bewußtseins gehen muß. Eine Freundin, die mit ihr zusammen war, bat Babaji, ihr einige Fragen zu beantworten. Er sagte zu ihr, daß alle Antworten in ihrem Geist seien. Am nächsten Tag ist sie abgereist.

1. Mai 74. Dinni ist abgereist, plötzlich fühle ich mich ein bißchen alleine. Die Hitze kommt zurück, die für mich immer schwer zu ertragen ist. Babaji scheint manchmal unerbittlich, läßt mich dauernd alle Töpfe im Fluß spülen und mit den indischen Frauen große Eimer voll Erde aus dem Wald holen. Gestern habe ich mich bei ihm beschwert und ihm gesagt, daß ich es vorziehen würde, mehr Zeit zum Meditieren zu haben. Er sah mich ironisch an. Ich weiß, ich hätte das nicht getan, wenn ich Zeit für mich gehabt hätte.

Ich werde ungeduldig, unruhig und oft besessen vor Verlangen nach Essen, eine Art Neurose. Wenn ich in diesem Zustand bin, ignoriert mich Babaji und brüstet sich, ist sehr freundlich mit den Inderinnen. Ich fühle mich behandelt wie die Letzte der Letzten.

Okhaldunga - Madhuvan - Almora

Haidakhan, 1. Juli 74. Der Sommer geht zu Ende, und heute gab es die ersten Vorzeichen, daß sich der Monsun ankündigt. Wir werden morgen nach Vrindavan aufbrechen, denn wenn es regnet, haben wir hier kein Dach überm Kopf.

Okhaldunga, 4. Juli 74. Babaji hat sich einen schlimmen Scherz mit mir erlaubt: wir liefen gerade im Wald, barfuß, in Richtung Haldwani und hatten auf halbem Weg in Okhaldunga, einem kleinen Dschungeldorf, angehalten, als er auf einmal zu mir sagte, daß ich auf unbestimmte Zeit hier in einer Hütte bleiben und mich um den kleinen anliegenden Tempel kümmern müsse, der schon seit langer Zeit unbewacht ist. Er will, daß ich Sadhana mache, spirituelle Übungen, und meditiere.

Da bin ich also, völlig allein. Die Hütte ist zerfallen, die Türen und Fenster schließen nicht, aber ich habe keine Angst, ich bin dazu bestimmt, in meiner Übung weiterzukommen, auch wenn ich mir darüber im klaren bin, daß mich die Untätigkeit befällt, wenn ich mir selbst überlassen bin.

Der kleine Tempel ist einer Devi[18] geweiht, einer Göttlichen Mutter Indiens. Ich reinige ihn jeden Tag und schmücke ihn mit Blumen und Räucherstäbchen.

15. Juli 74. Neulich abends hat sich eine große Schlange auf dem Fenstersims zusammengerollt. Ich habe sie gleichmütig betrachtet, und sie ist verschwunden. Wenn es regnet, tropft überall Wasser herein und ich schlafe im Feuchten. Ich lerne, die Regentropfen in verschiedenen Behältern aufzufangen und sie zu nutzen. Es regnet heftig, man kann sich duschen, indem man sich vor die Tür begibt. Wie in Dina Pani versorge ich mich mit Mehl, Reis und Kartoffeln im örtlichen Teashop: es ist ein sehr armer Ort, etwas anderes haben sie gar nicht. Ich tröste mich ein bißchen mit den großen Broten aus Karamellzucker.

Vrindavan, 5. August 74. Ich hatte genug von meiner Gefangenschaft und bin nach Vrindavan gefahren, zu Babaji; aber er gibt nicht nach, er will, daß ich meine Übung fortsetze und schickt mich an einen anderen, sehr

---

[18] Göttin

isolierten Ort; nach Madhuvan, nicht weit weg von hier. Es ist ein altertümlicher Ort, Krishna geweiht und seiner Geliebten, der Schäferin Radha.

Das Fleckchen ist rund um einen großen Wasserteich angelegt, zu dem man über alte Stufen gelangt. Die Leute baden darin, waschen ihre Kleider, sie treffen sich dort auf ein Schwätzchen und die Kinder kommen zum Spielen her. Es ist ein Hirtendorf, sehr arm, staubig, aber sehr schön. Eine weite Ebene, hier und da von jahrhundertealten Bäumen unterbrochen, die Lehmhäuser sehr niedrig, und einige kleine, alte Tempel im umliegenden Buschwald. Auch der Babaji gewidmete Tempel ist uralt, ebenso wie das Dhuni, in dem ständig ein Feuer brennt. Morgens helfe ich dem Pujari[19]Bauern des Hauses, den Tempel herzurichten, und für den Rest des Tages steht mir ein kleines Zimmer zu, in dem ich den ganzen Tag sitzen kann.

Madhuvan, 15. August 74. Wir sind mitten in der Monsunzeit. In die sonst immer sonnenverbrannte Ebene kehrt Leben zurück. Im Sonnenuntergang, der die Wolken rot färbt, beobachte ich Kühe und Büffel, die in einer langen Reihe nach Hause zurückkehren, begleitet von den Frauen. Hier will die Zeit einfach nicht verstreichen, jeden Tag das gleiche Leben, die gleichen Gesten, die gleichen Rituale, die gleichen Werte. Diese Dinge können einem ein Gefühl der Sicherheit geben, der Ewigkeit, aber eine Seite in mir ist unruhig und gespalten, gewaltig breiten sich die Erinnerungen an mein früheres, so aktives Leben im Westen aus. Ich sollte nur einzig an Gott denken, ich weiß, das Mantra wiederholen, beten, aber was ist mit mir als Mensch? Wahrscheinlich muß ich auch darauf verzichten. Alles, was außen ist, im Leben, ist wohl nur Maya, Illusion, Abhängigkeit.

1. September 74. Gestern ist Babaji in Begleitung von Swami Kapoor, einem berühmten indischen Schauspieler, zu mir gekommen, und um den Ort zu besichtigen.

Immer wenn ich Babaji wiedersehe, bin ich sehr aufgeregt. Seine Gestalt ist wirklich gottgleich, jede seiner Gesten, die Art zu gehen, zu sprechen, alles drückt Schönheit aus, Harmonie, Perfektion. Zum Abschied bekommt er ein großes Bündel Daunenfedern geschenkt, und er entfernt sich wie der junge Gott Krishna in der Legende: verführerisch, mysteriös, uneinnehmbar. Manchmal fühle ich mich sehr weit weg von ihm, spüre eine unüberwindbare Entfernung, leide unter einem akuten Schmerz der Trennung von

---

[19] Priester

etwas, das ich noch nicht kennen und verstehen kann, womit ich wirklich nicht umgehen kann, es ist wie Liebeskummer, zerstörerisch, immens.

Heute gehe ich nach Almora, Babaji schickt mich nach Dina Pani zum Meditieren. Ich muß noch immer alleine bleiben, wer weiß für wie lange. Er hat gesagt, daß ich von dort nicht fortgehen, noch nach Haidakhan kommen dürfe, bevor er mir nicht schreibt. Ich soll 24 Stunden am Tag meditieren, darf niemandem schreiben, nicht lesen, auch mit niemandem sprechen; es ist eine spirituelle Klausur.

Gestern kam Babaji zu mir, begleitet von Swami Kapoor.

Dina Pani, 5. September 74. Zu Fuß bin ich in Dina Pani angekommen, nach drei Tagesmärschen. Babaji hatte mir eine Karte aufgezeichnet mit den Straßen, denen ich folgen mußte. Ich habe mich barfuß auf den Weg gemacht, mit Rucksack. Am Abend, bevor ich loszog, hatte er mich in sein Zimmer gerufen und gefragt, ob ich bereit sei, für unbestimmte Zeit in den Wald zu gehen; wenn nicht, hatte er hinzugefügt, könne ich zurück nach Italien. Ich habe ihm geantwortet, daß ich in den Dschungel ginge und alles tun würde, um in Indien bleiben zu können, in seiner Nähe. Er schickte mich nach Almora, zu Fuß, auf Pilgerreise.

Am ersten Tag, nach einem Fußmarsch von vielen Stunden, bin ich in einem Städtchen angekommen und konnte abends in dem staatlichen Gästehaus schlafen. Am zweiten Tag maschierte ich los, ohne zu wissen, wo und wann ich ankommen würde. Es war dunkel geworden, und ich fing an, Angst zu bekommen, aber letztlich habe ich Häuser erreicht, in denen Licht brannte. Eine Bauernfamilie nahm mich auf, gab mir zu essen und einen Platz zum Schlafen. Sie kannten Haidakhan Baba von den Erzählungen ihrer Vorfahren aus dem vorigen Jahrhundert. Der dritte Tag meiner Wanderung führte mich weit hoch in die Berge, bis ich die Gebirgskette des Himalaja sehen konnte, die in der Sonne glitzerte, majestätisch. Langsam bin ich nach Almora hinuntergestiegen, inzwischen sehr müde, mit geschwollenen, schmerzenden Füßen, aber ich habe es geschafft, fühlte mich stark und mutig; so, wie er mich haben will.

25. November 74. Seit zwei Monaten bin ich hier und habe keinerlei Lust gehabt, zu schreiben, Papier und Bleistift zu benutzen. Ich bleibe einige Stunden am Tag still sitzen, unterbreche mittags, versuche, das Mantra zu wiederholen, meinen Geist unter Kontrolle zu bringen. Es ist sehr schwer. Morgens stehe ich um fünf Uhr auf, zünde das Feuer im Zimmer an, dusche mit einem Kübel an einer kleinen Quelle beim Haus und beginne zu meditieren. Zwei, drei Stunden gelingt es mir, unbeweglich sitzen zu bleiben, dann unterbreche ich, trinke ein Glas Milch und wasche die Kleider, putze, oder gehe im Wald Holz holen.

Ich setze mich noch einmal hin bis zum Mittag, koche dann über dem Feuer eine Mahlzeit, die auf das Essentielle reduziert ist: Chapati und rote Linsen, dasselbe Menü einmal täglich. Ich will mich von dem Verlangen nach Essen befreien. Ich esse nur einmal am Tag. Nach dem Mittagessen lege ich mich einen Augenblick zum Ausruhen hin und am frühen Nachmittag lerne ich Hindi in einem Grammatikbuch, das ich dabeihabe. Für den Rest des Nachmittags, bis zum Sonnenuntergang, meditiere ich dann wieder. Ab und zu mache ich einen Spaziergang im Wald oder hole Proviant.

3. Januar 75. Manchmal bin ich so aufgewühlt, daß ich meine, verrückt zu werden, ein andermal überwiegt eine seltsame innere Ruhe. Ich putze überall, setzte mich im Morgengrauen auf die Schwelle meiner Hütte, beobachte das untenliegende Tal, das in zarten Terrassen angelegt ist, schaue die großen Blätter der Bananenbäume an, die Affen, die Bauern, die eine Melodie singen. Wie sie wäre ich gern, einfach, ohne komplizierte Gedanken. Die Natur ist perfekt, reflektiert mehr als alles andere das große Geheimnis der Schöpfung, das Wunder der Lebensenergie. Manchmal nimmt eine Empfindung von unerwartetem Frieden Oberhand, ich bin in Gottes Hand, eine Seele, die sich ihm für immer anvertraut hat, und ich weiß, daß ich nur einen Akt des Vertrauens dafür leisten muß, mich loslösen, keine persönlichen Wünsche mehr fordern soll.

Oft verwandelt sich jetzt die Meditation in diese Art der Betrachtung. Ich setze mich auf einen Stein und schaue ins Leere. Gelegentlich sitze ich so still, daß die Eidechsen über meinen Arm laufen. Ich beobachte meinen Atem, dieses einfache Pulsieren des Lebens, beobachte meinen Geist und höre, wie er ein Lied singt: es ist ein Gesang für ihn, für den Guru, für Babaji. Er läßt mich die Einsamkeit erfahren, um mich stark zu machen und empfänglich für seine Gegenwart.

Ein Leopard tauchte neulich auf, um aus dem kleinen Brunnen vor dem Haus zu trinken. Wir haben uns in die Augen gesehen, ich hatte vor nichts Angst; auch der Tod ist nur eine Etappe auf diesem Pfad. Wenn ich im Wald spazierengehe, fühle ich, wie mein Körper im Gleichklang mit den Gräsern, den Pinien pulsiert, da ist keine Trennung mehr. Manchmal habe ich Schlangen gesehen, auch sie sind wunderschön, ein Teil des Ganzen.

4. März 75. Seit einigen Tagen meditiere ich stundenlang, starrköpfig, ich würde so gerne etwas sehen, diese dunkle Wand niederreißen, die immer noch da ist, wenn ich die Augen schließe. Ich möchte das große Geheimnis des Geistes wahrnehmen, erkennen. Einige wenige Male ist der Schleier zerrissen und ich habe ein blendendes Licht gesehen, das sich ringsum in perfekte Farben auflöste, habe eine subtile Musik gehört, gesegnet, verinnerlicht und eine Stimme, die klar zu mir sprach. Ich wurde eins mit meinem Bewußtsein: er und ich, Babaji, eins für immer, wenn es mir gelingt, leer zu sein, damit er mich mit seiner Energie auffüllen kann, mit seinem Willen. Es ist schwer, manchmal zermürbend. Mir wird klar, daß eine der größten Hindernisse die Faulheit und die Macht der Untätigkeit ist, die uns ins Dunkel zurückzieht und in die Wärme des Schlafens, schwerfällig, sich gegen das Licht bäumend, gegen die Bewegung, die Anstrengung. Erst jetzt begreife ich, warum uns Babaji starke physische Arbeit auferlegt: um unsere Widerstände zu brechen, den Kreis von Untätigkeit und Angst, der uns bestimmt. Das Licht ist anstrengend, so, wie die Materie, die im Feuer verbrennen muß, bis uns die Flammen Wärme, Energie und Leuchtkraft spenden. Die spirituelle Praxis wird in Indien Tapasya genannt, was so viel wie brennen heißt, sich im Feuer der Hingabe verbrauchen, wie im Mythos des Phönix: aus der Asche kann eine neue Lebensform entstehen.

Haidakhan, 3. Mai 75. Ich bin wieder in Haidakhan bei Babaji nach einigen Monaten Einsamkeit in meiner Hütte. Mein Einsiedlerdasein ist beendet, es war sehr schwer, aber sehr wichtig.

Hier gibt es gerade ein großes Fest, und Babaji läßt mich am Abend vor der Menge tanzen. Sie sagen, ich würde tanzen wie eine indische Heilige, Mirabai, eine Schülerin Krishnas.

Ich fühle mich leicht, verloren; von jetzt an existiert nur noch er für mich, ich bin wie besessen von dieser Präsenz.

Er geht weicher, nachgiebiger mit mir um, ich muß nicht mehr viel arbeiten, auch, weil jetzt eine Menge Inder da sind, die alles machen und viele Frauen, die perfekt in der Küchenarbeit sind. Ich versuche von den Inderinnen zu lernen, die so harmonisch sind, mütterlich, voll einfacher, spontaner Liebe. Für sie ist es keine Anstrengung, Ehefrau und Mutter zu sein, wie für uns im Westen. Die Hausarbeit, die Kinder, das ist ihre Art zu dienen, ihre Bestimmung; der Ehemann ist heilig sogar wichtiger als der Guru. In früheren Zeiten verbrannten sich die Frauen auf dem Begräbnis-Scheiterhaufen ihrer Männer, wenn diese gestorben waren.

Almora, 6. Juli 75. Ich verbringe die lange Monsunzeit in Almora bei Tara Devi; ein wenig Meditation in meiner Hütte, ein wenig herumreisen. Ich bin nicht mehr eingeengt, treffe Leute, lese, studiere Hindi und indische Kultur. Ganz langsam tauche ich in eine ganz andere Zivilisation ein, die sich sehr von der westlichen unterscheidet. Hier ist der Lebensrhythmus langsam, versüßt mit kleinen Dingen des täglichen Lebens, immer die gleichen, so, als ob die Menschen, anstatt zu leben, etwas erwarteten. Aber was? Den Ablauf und die Vollendung des eigenen Schicksals, entsprechend ihrer Geburt, der Kaste, in der sie leben, ihrer Ehe, die immer von ihren Eltern bestimmt wird; sie wissen, daß der höchste Sinn des Daseins nicht der des materiellen Lebens auf der Erde ist, den sie nur als einen Spaziergang einstufen oder eine Läuterung.

Ich gewöhne mich daran, werde langsam wie sie, ganz anders als ich früher einmal war: superaktiv, fast frenetisch, mit Politik beschäftigt, mit allem, immer auf der Suche nach romantischen Liebesgeschichten. Jetzt fühle ich mich wie eine Nonne, die der Welt entsagt hat. Der Gedanke an einen Partner ist das Letzte, was mir in den Sinn käme. Babaji ist meine göttliche, spirituelle Liebe.

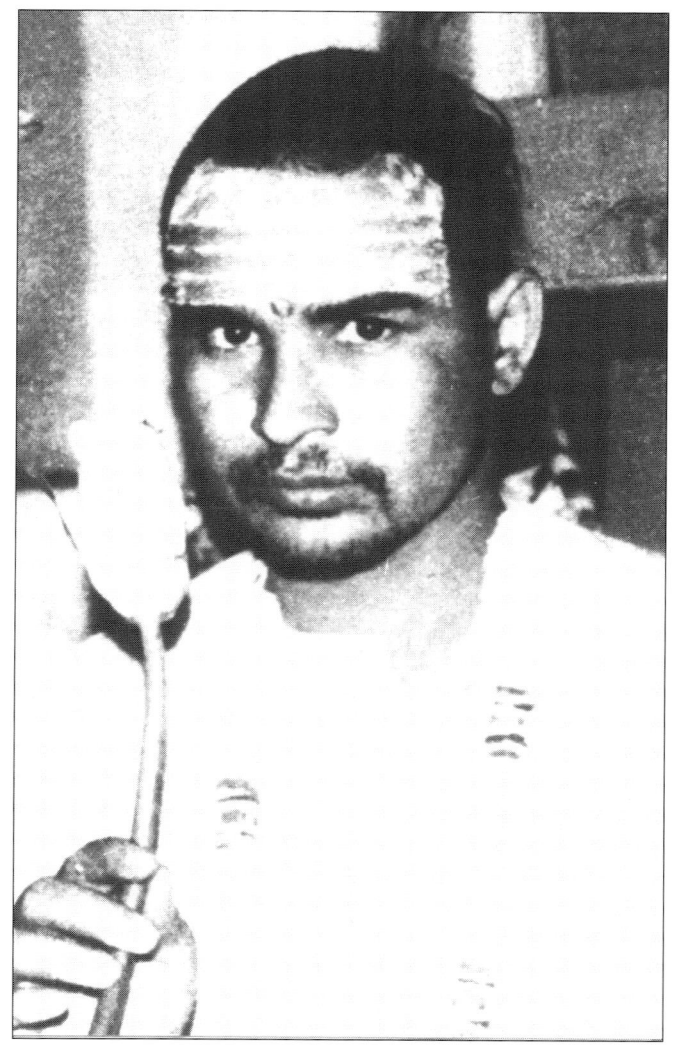

Benares-Assam

Benares, 5. Oktober 75. Ich bin in Benares, der ältesten und heiligsten Stadt Indiens und lebe unter einem Baum am Ufer des Ganges, wo ich zwei Italiener getroffen habe. Babaji ist auf Reisen, und so unternahm ich eine Pilgerreise. Es geht mir schlecht, ich habe einen stechend schmerzhaften Durchfall bekommen, bin sehr geschwächt, habe jeden Augenblick Stuhlgang. Ich schleppe mich durch die kleinen Straßen hin zu den Plätzen, wo sie die Leichen vom Fluß verbrennen. Hier ist der Tod akzeptiert und offenkundig, mitten auf der Straße, vor den Augen aller, nicht wie bei uns heimlich und versteckt hinter schwarzen Särgen, abgelehnt. Der Tod ist hier Teil des Lebens und des Zyklus´ der Wiedergeburten. Viele Sadhus kommen abends zum Meditieren genau dahin, wo sie die Körper verbrennen, um den Zerfall, die Vergänglichkeit zu beobachten. Einige bestreuen sich mit der Asche des Scheiterhaufens.

Viele pilgern nach Benares aus allen Teilen Indiens, um hier zu sterben, weil es heißt, wer hier sterbe, erlange die Befreiung. In den kleinen Gassen, die zum Ganges führen, brechen Kranke zusammen, der Geruch brennender Leichen vermischt sich mit dem des Holzes, des Weihrauchs, der Gewürze. Die Leute baden, ohne sich darum zu kümmern, was alles im Wasser herumschwimmt, von verbrannten Holzscheiten bis zu Tierabfällen. Mit wird schwindlig, ich denke an das dantische Fegefeuer: mir ist übel, ich habe Bauchschmerzen und denke, daß vielleicht auch ich hier in Benares sterben werde. Alles ist mir egal. Wahrscheinlich werde ich wirklich eins mit Babaji.

Ich bin es leid, von ihm getrennt zu sein. Noch viel schmerzlicher ist, innerlich von ihm getrennt zu sein, auch, was er mir auferlegt hat, daß ich es durch Meditation überwinde. Aber es ist so schwer für mich. Und doch ist es das Einzigste, was ich tun möchte, was mich wirklich interessiert, das einzige, das einen Sinn hat. Ich weiß, für die Wahrheit muß man jeden Augenblick bereit sein zu sterben.

Vrindavan, 10. Januar 76. Babaji hat mich auf sehr viele seiner Reisen mitgenommen, bis nach Assam an der Grenze zu China. Ich hatte ihm gesagt, daß es für mich schwierig werden würde, in ein Grenzgebiet zu gehen ohne Visum, ohne Paß. Seine Antwort: "Babaji ist der oberste Gouverneur Indiens", und tatsächlich, alles ist gut gegangen.

Assam, 16. Januar 76. Drei Tage haben wir gebraucht, um hier anzukommen, gedrängt auf einer Holzbank in einem Abteil der dritten Klasse. Babaji und ein paar andere haben sich in einem etwas bequemeren Abteil eingerichtet.

Indien lehrt mich, Geduld zu haben. Wo immer ich mich mit gekreuzten Beinen hinsetzen, das Mantra wiederholen, meinen Geist beobachten kann, lasse ich mich nieder, unerschütterlich, auch wenn mir die Beine weh tun. Ich schaue aus dem Fenster auf die sonnenverbrannte indische Landschaft; enorme Entfernungen, monoton, sich ähnelnde Menschen überall, wie Ameisen, um ihre tägliche Existenz ringend. Dieses Land hat mein Herz erobert, es ist zum Rhythmus meiner Gedanken geworden, langsam, beschaulich, nostalgisch.

Die Menschen in Assam sind sehr freundlich, schon Orientalen, sie singen wunderschöne Lieder für Babaji; wieder einmal bin ich beeindruckt von der Grazie der Frauen. Sie laden mich in ihre Häuser ein wie einen besonderen Gast. Alle fragen mich, wie ich von so weit her zu Babaji gekommen sei. Gerne würde ich ihnen antworten, daß ich es selbst nicht weiß, durch seine Gnade, mit der er mich rief, die ich in den Straßen der Welt auffing.

Wir besuchen einen altertümlichen Tempel am Ufer des Brahmaputtra, der der großen Mutter geweiht ist: ein unterirdischer Ort mit lauter Gängen, darin ein übler Geruch von geronnener Butter für die Votiv-Lampen, Trokkenblumen.

Ich merke, daß ich mich nur für Babaji interessiere, ein lebender Gott, der zu mir spricht, mich lehrt. Der Glaube dieser Menschen allerdings bringt selbst Steine zum Leben.

Rückkehr nach Haidakhan

Haidakhan, 15. Februar 76. Malti ist jetzt in Haidakhan, eine Deutsche, die vor kurzem angekommen ist und die entschlossen zu sein scheint, hierzubleiben. Und so sind wir jetzt zwei Westliche. Sie ist spirituell, fein, sie hat ein Buch über den heiligen Tanz geschrieben. Sie ist schön und sieht ein bißchen aus wie eine flämische Madonna. Babaji gibt ihr viel, und plötzlich bin ich eifersüchtig. Sie kommt mir reifer vor als ich, bereiter, Gott näher. Ich fühle mich immer sehr kindlich, schwach, unreif. Malti benimmt sich, als wäre sie auf gleicher Ebene mit Babaji, so, als sei der Meister ihr bester Freund, während er für mich immer vor allem ein strenger Vater ist.

25. Februar 76. Heute habe ich Malti auf den Stufen getroffen, bleich, zitternd; Babaji hat ihr unverhofft gesagt, sie solle abreisen, und ihr Gepäck ans Flußufer geschleudert. Ich frage sie, warum, aber sie weiß es selbst nicht. Ich denke, daß sie wahrscheinlich zu stolz auf die Aufmerksamkeiten war, die ihr Babaji schenkte und auf all die Wichtigkeit. Ich sehe zu, wie sie sich entfernt, weinend.

Babaji ist ein strenger Guru, extrem, ohne Halbheiten: das bringt mir die Zen-Meister in den Sinn, die ihren Schülern Stockhiebe versetzten, um etwas, das plötzlich ihren Geist blockierte, aufzulösen.

10. März 76. Dieses Mal ist der Winter leichter und entspannter gewesen. Wir hatten Zimmer, die uns schützten. Babaji beginnt derzeit mit großen Konstruktionsarbeiten und ist die ganze Zeit damit beschäftigt, alles zu kontrollieren, jeden Stein. Ich betrachte ihn von oben der Treppe aus, in der milden Nachmittagswärme. Er lehrt eine Deutsche, die gerade erst angekommen ist, das Zeichnen; zusammengekauert sitzen sie in einem Fleckchen am Fluß. Er wirkt wie ein magischer kleiner Zauberer, in der Lage, die Energie einer Situation mit wenigen Gesten, einem Wort, zu verwandeln. Dann wieder schreit er mit den indischen Arbeitern und wird ein starker Mann, autoritär. Er kennt sich in ihrer Arbeit aus, er ist ein fähiger Architekt, präzise, ein Perfektionist.

Ranikhet, 16. April 76. Sie haben für Babaji in Ranikhet einen Platz ausgebaut, hoch in den Bergen, auf 1.800 Meter Höhe, an den Ausläufern des Himalaja. Wir waren zur Einweihung dort als Gäste von Muniraji, einem der engsten Schüler Babajis.

Neulich abends sagte er vor allen, daß Muniraji ein großer Heiliger der Vergangenheit sei, ein Guru, und daß er wünscht, daß wir uns auch vor ihm von jetzt an verneigen.

Von Ranikhet aus hat man eine weite Sicht bis nach Tibet und Nepal und man sieht die wichtigsten schneebedeckten Gipfel des Himalaja. Babaji hat beschlossen, auch hier einen großen Tempel errichten zu lassen.

Die hier ansässigen Bergfamilien sind sehr schöne Menschen, leicht tibetisch, alt, traditionell, mit einem großen Gefühl für Gastfreundschaft. In ihrem Zuhause ist immer für alle Platz. Der Gast wird in Indien als heilig betrachtet, denn sie glauben, er könne immer von Gott gesandt sein oder selbst eine Manifestation des Göttlichen sein. In ihren Häusern wird man wie in einer mütterlichen Umarmung aufgenommen. Die alten Frauen sind am schönsten, wie die Mutter von Muniraji, weise, alte Frauen der Berge, die wissen, wie man das Leben meistert, seine Kinder durchbringt, ernährt. Sie beherrschen die Kunst der Heilkräuter, der Nahrung und natürlicher Medizin. Sie kennen die Geheimnisse der Magie, die Art, Energie wahrzunehmen und umzuwandeln.

Ich fühle mich geliebt und beschützt. Für sie bin ich Gora Devi, wie mich Babaji genannt hat, die weiße Göttin.

Almora, 3. Juli 76. Ich verbringe den Sommer und die Monsunzeit bei Tara Devi in Almora. Meine Übungen entwickeln sich zu einer ruhigen täglichen Routine. Ich habe auch den Kontakt zu meinen Eltern in Italien wieder aufgenommen, die mir jetzt regelmäßig Geld schicken; auch weil sie verstanden haben, daß ich nicht ohne weiteres wieder zurückkehren werde.

1. August 76. Heute kam die Polizei, um meine Papiere zu kontrollieren, und sie erkannten zum ersten Mal, daß ich seit vier Jahren ohne Paß und Visum hier bin. Sie wollen mich festnehmen, und außerdem muß ich das Land sofort verlassen. Ich weine, bin verzweifelt, der Gedanke, Babaji verlassen zu müssen, ist tragisch für mich. Ich bitte ihn so sehr, mir zu helfen.

Sie haben für Babaji hoch in den Bergen einen Platz errichtet...

Rückkehr nach Italien

Delhi, 7. August 76. Ich bin zu Babaji gerannt, der vorübergehend in Delhi war, und er hat mir gesagt, ich solle mich nicht sorgen, nur immer einfach die Wahrheit sagen, der Polizei, der italienischen Botschaft. Und genau das habe ich auch getan. Ich habe mich zusammengenommen und in der Botschaft meine Geschichte erzählt: daß ich seit langer Zeit ohne Papiere hier bin, daß ich mein ganzes Leben in Indien bei meinem Guru bleiben will und dafür bereit bin, auch ins Gefängnis zu gehen. Ich habe ihnen gesagt, daß es mir egal sei, ich könne auch im Gefängnis mein Mantra wiederholen. Sie waren gerührt und gaben mir Übergangspapiere, um Indien verlassen zu können, und ein Flugticket, das ich von Italien aus begleichen müsse.

Wieder bin ich zu Babaji gelaufen, verzweifelt, was passiert nur, wann und wie werde ich zu ihm zurückkommen? Babaji hat mich beruhigt, ich hätte seinen Segen und ich würde zu ihm zurückkehren, mit einem Dauervisum. Er rief mich zu sich in eine Ecke und hat mir sehr liebevoll gesagt, daß ich seit vielen vergangenen Leben schon mit ihm zusammen sei, zu ihm gehöre - ich hatte all das vergessen, er nicht - und nichts und niemand könne mich in Zukunft von ihm und von Indien trennen. Ich frage ihn, was ich in Italien machen werde, was passieren würde. Friedlich antwortet er, daß ich nur Vertrauen haben müsse, und dann fügt er hinzu: "Tu' alles nur für mich, ohne irgendein persönliches Interesse und die ganze Welt wird nur ein Spiel für dich sein". Ermutigt reise ich ab mit der neuen großen Prüfung meines Glaubens, die ich zu bestehen habe. Aber die Trennung von ihm ist sehr schmerzlich.

Mailand, 27. Dezember 76. Seit zwei Monaten bin ich in Italien und habe gerade das Weihnachtsfest mit meiner Familie, meinen Großeltern verbracht. Während alle feierten, habe ich das Fernsehen eingeschaltet und eine Hirtenszene in Indien gesehen und sofort akutes Heimweh bekommen.

Nach fast fünf Jahren Indien stelle ich fest, daß das Leben hier in Italien eine völlig andere Dimension bekommen hat. Es gelingt mir nicht mehr, mich für die Dinge zu begeistern. Das Spiel der Welt erscheint mir traurig, leidend; nur die Existenz des Göttlichen gibt ihm einen Sinn. Ich kann keinen Sinn in früheren Beschäftigungen finden: mit Freunden über unnötige

Dinge reden, Jagd auf romantische Abenteuer machen, ins Kino gehen, in Restaurants; ich bin inzwischen Vegetarierin und schon der Geruch von Fleisch und Fisch stört mich. Es interessiert mich nicht mehr, schön zu sein, Kleider zu kaufen oder ein Haus zu haben.

Zum Glück sind Piero und Claudio in Mailand, mit denen ich zum ersten Mal nach Indien ging. Sie haben das erste tibetische Buddhismus-Zentrum eröffnet. Ich flüchte mich zu ihnen und beginne, ihnen zu helfen. Sie sind Mönche geworden und folgen einem ähnlichen Weg wie ich. Wir leben wie Geschwister zusammen, versuchen, vieles zu organisieren, vor allem, die alten Freunde einzubinden, die wie wir einen spirituellen Weg eingeschlagen haben. Wir waren eine Generation von Pionieren, von Forschern, von Revolutionären. Ich sehe, daß einige unserer Freunde auf dem politischen Weg weitergegangen sind, bis hin zum Extremismus, zu Terroristengruppen. Andere haben sich in Drogen verstrickt, wieder andere haben wie wir die Straßen Indiens durchquert, Meister gefunden und den Weg der spirituellen Erforschung eingeschlagen.

Wir treffen uns, wir tauschen Erfahrungen aus, wieder sind wir zusammen, aber mit einer anderen Lebenseinstellung. Es ist erhebend zu wissen, daß wir eine Antwort auf unsere existentielle Suche gefunden haben, ein Licht zu sehen, das sich in der Finsternis des Geistes so vieler, in dem Wirrwarr der Stadt, ausbreitet.

15. Juli 77. Wir bereiten ein Seminar über tibetischen Buddhismus in einer neuen Niederlassung in Pomaia, in der Toscana, vor. Lama Yeshe wird aus Nepal kommen, und das ist ein großes Ereignis; es schien mir unmöglich, ihn hier eines Tages wiederzusehen, nach so vielen Jahren, unter völlig anderen Umständen.

Seine Worte fallen mir wieder ein, als ich Nepal verließ: "Denke daran, wir werden immer beisammen sein."

Der Ort, den wir gefunden haben, ist wunderschön. Eine antike Villa mitten im Grünen. Wir werden versuchen, ein Leben in der Gemeinschaft zu führen, diesmal von den Grundsätzen spiritueller Disziplin geleitet, und wahrscheinlich wird das Experiment genau deshalb funktionieren.

Pomaia, 25. September 77. Der Kurs von Lama Yeshe und Lama Zopa hatte großen Erfolg. Es war ergreifend zu sehen, wie sich die Menschen durch die Gegenwart der Lamas öffneten, die Energie ihrer Weisheit und diese unbeschreiblich subtile Essenz, die von ihnen ausströmt, aufnahmen.

Am Eröffnungstag habe ich einen Tanz organisiert, mit einer Gruppe von Mädchen, vor einer großen vergoldeten Buddhastatue aus Indien. Mit Vergnügen habe ich für eine Hundertschaft von Personen gekocht.

Wie durch ein Wunder ist es mir gelungen, ein neues Visum zu bekommen, um nach Indien zurückzukehren. Ich habe pro forma einen Engländer geheiratet, einen englischen Paß bekommen, und mit dem kann ich unbegrenzt in Indien bleiben. Am gleichen Tag, an dem ich die Akten erhielt, ist ein Brief von Babaji aus Indien angekommen, in dem er mir schreibt, daß er mich erwartet: eine seiner Zaubereien.

Mailand, 30. Dezember 77. Ich bin auf der Abreise nach Indien, zusammen mit drei Italienern, Paolo, Settimo und Filippo. Wir sind die erste italienische Gruppe, die zu Babaji unterwegs ist. In dieser Zeit, die ich in Italien verbracht habe, habe ich Kontakt mit vielen Menschen aufgenommen und ihnen von Babaji erzählt. Ich bin glücklich, ein Vermittler für ihn zu sein, ein Instrument. Das ist etwas, was mir sehr viel Freude macht. Ich spüre, daß der Westen die Botschaft des indischen Yoga dringend nötig hat. Die Meister Indiens und Tibets weisen einen Weg zur Selbsterkenntnis, der die einzigartige Möglichkeit in sich trägt, den wahren Sinn des Lebens zu verwirklichen und die Gesellschaft zu verändern.

Als Mädchen habe ich immer von der Revolution geträumt, aber jetzt wird mir klar, daß die politische Umwandlung nie zustandekommen kann, ohne daß sich vorher eine innere Revolution in jedem einzelnen vollzogen hat. Die beiden Prozesse laufen parallel und sind gleichermaßen notwendig für eine positive, wahre und glückliche Lebensform auf diesem Planeten Erde.

Wieder in Haidakhan

Haidakhan, 5. Januar 78. Ich bin nach Haidakhan zurückgekehrt, zu Babaji, nach über einem Jahr Aufenthalt in Italien. Ich erlebe eine unermeßliche Freude. Die Zeit in Italien war sehr wichtig, eine Periode des unentbehrlichen Reifens, der Integration aller Lehren, die ich erhalten habe. Alles hat sich ergeben: ein Ort, an dem ich bleiben konnte, eine Arbeit, Freunde, ein neues Visum und das Glück, für Babaji zu arbeiten, Kontakte zu festigen und eine Vermittlerin seiner Arbeit in der Welt zu sein.

In Italien lebt eine Frau, Lisetta, die ich in Nepal kennengelernt hatte und die durch mich dann Babaji in Indien traf. Sie will in Italien ein Zentrum für Babaji aufbauen, in Apulien, wo sie ein Haus hat. Auch Farua und Faruli, denen ich in Almora begegnet bin, besitzen ein Stück Land auf dem gleichen Gelände, in Cisternino, und sie wollen einen kleinen, Shiva geweihten, Tempel errichten. In Mailand lernte ich Federica kennen, eine Dame, die seit langer Zeit auf der Suche nach Gott ist und sofort nach Indien abreiste, um Babaji zu treffen.

Ich bin mit Paolo, Settimo und Filippo abgereist. In Haldwani treffen wir im Hotel Leonard Orr mit der ersten amerikanischen Gruppe. Zusammen wagen wir uns auf den langen Fußmarsch den Fuß entlang.

Vor der Grotte sitzend erwartet uns Babaji. Ich erlebe eine unvergeßliche Emotion, möglicherweise eine der intensivsten in meinem Leben, ich habe es geschafft, zu ihm zurückzukehren. Babaji schenkt mir ein strahlendes Lächeln, scherzt über meine italienischen Freunde und fragt mich, ob ich sie von den anderen Hippies hergebracht habe. Ich schlafe zusammen mit Settimo in einer kleinen Grotte, die gerade erst aus dem Fels gehauen wurde. Er hat sich ein bißchen verändert, Babaji, er hat zugenommen. Es sind jetzt viele Leute da, einige aus dem Westen, und viele neue Bauten.

Ich habe ihm einen Koffer voller Geschenke mitgebracht, die er vergnügt am Abend des Dreikönigsfests auspackt. Filippo gibt ihm Gold, Weihrauch und Myrrhe. Ich bin so glücklich, daß ich mich in eine Ecke zurückziehe und vor Freude Luftsprünge mache. Jetzt wünsche ich mir nichts weiter vom Leben, nur daß ich bei ihm sein kann.

10. Januar 78. Mir wird bewußt, daß sich vieles hier während meiner langen Abwesenheit verändert hat. Babaji geht mit mir eingehakt zum Fluß und sagt: "Babaji ist jetzt international."

Auch er ist anders, er spricht, scherzt, macht Konversation in Englisch, er begibt sich auf unsere Stufe. Er fragt oft danach, die Füße massiert zu bekommen, er ist nicht mehr die gestrige, unnahbare Figur von einst.

Ich nehme das Sadhana wieder auf, in Italien bin ich nachlässig geworden, aber es gefällt mir jetzt, am Morgen in den kalten Fluß zu tauchen. Ich fange wieder an zu meditieren.

15. Januar 78. Babaji umhüllt mich mit Liebe, er hält mich nah bei sich, das hat er noch nie vorher getan. Er will, daß ich wieder das Hindi-Studium aufnehme und läßt mich für ihn übersetzen, wenn er mit den Menschen aus dem Westen spricht. Ich habe den Eindruck, daß der härteste Teil meiner karmischen Reinigung vorbei ist und er mich jetzt einfach so neben sich akzeptiert. Er macht mir vor den anderen Komplimente, sagt ihnen, daß ich eine echte Schülerin sei. Ich fühle, daß ich in Italien eine Prüfung bestanden habe: ich habe mich von nichts aus der Vergangenheit, von den Verhaftungen der materiellen Welt, den Bequemlichkeiten, in Versuchung führen lassen. Babaji fragte mich gleich, ob ich mit einem Mann zusammen war, ich habe mit nein geantwortet und er sagte, daß ich jetzt einzig zu ihm gehöre.

25. Januar 78. Babaji ruft oft sehr liebevoll meinen Namen, es macht mich fast verlegen, er verwöhnt mich, macht mir Geschenke. Ich bin so etwas wie eine Mittlerin geworden zwischen ihm und den Menschen aus dem Westen, ich muß zu ihnen sprechen, ihnen die Geschichte von Babaji erzählen und auch von meinen Erfahrungen berichten. Er sagt, daß ich auf die Italiener aufpassen muß, die mit mir gekommen sind. Er ist verärgert, weil sie Datura genommen haben, eine starke indische Droge. Er sagt ihnen, sie müssen gehen, aber dann verzeiht er ihnen wieder.

Ich teile jetzt das Zimmer mit einer jungen Amerikanerin, und sie hat sich offensichtlich in Babaji verliebt. Auch ihr muß ich erklären, daß es keinen Sinn hat, die Liebe zu Babaji steht auf einer anderen Stufe, es ist die göttliche Liebe. Die anderen Mitglieder der amerikanischen Gruppe sind ekstatisch in seiner Gegenwart und sie schildern mir, wie er physisch in Amerika erschien, im Zimmer von einem von ihnen, Leonard, und dann haben sie diese Adresse erhalten.

Babaji beginnt jetzt mit dem Bau eines Tempels auf der anderen Seite des Flusses und läßt ein Schild anbringen: "Internationaler Tempel von Haidakhan Vishwa Mahadham, das große Zentrum des Universums".

Ich fürchte, zu stolz zu werden durch all die Aufmerksamkeit, die er mir jetzt schenkt, auch wenn ich genau weiß, daß mein Ego nicht besonders entwickelt ist. Auf der anderen Seite bin ich so glücklich wie noch nie zuvor in meinem Leben, so, als würde ein großer Traum Wirklichkeit.

30. Januar 78. Heute morgen betrachtete ich den Winterhimmel, rein und azurblau, und Babaji, der am Flußstrand entlangging, gefolgt von seinen Anhängern, Yogis und Pionieren aus verschiedenen Teilen der Welt.

Er bewegt sich stark und wendig, selbstsicher, aber süß, wie ein großer Heiliger, barfuß. Manchmal eingehüllt in eine Decke, mit den langen schwarzen Haaren und dem Schäferstab in der Hand.

Er nähert sich uns, um uns zu helfen, spricht mit uns in unserer Sprachweise, macht unsere Späße, scherzt, sieht uns mit seiner großen Liebe in die Augen, überträgt sein Licht auf uns. Allein ihm in die Augen zu sehen ist eine Erfahrung, die jede Faser unseres Daseins erfaßt, man fühlt sich durchdrungen von Wahrheit.

3. April 78. Wir waren mit Babaji auf einer langen Reise durch Rajas-than, er mitten in einer großen Menschenmenge. Es war Karneval, und ich wagte, ihm einen Eimer mit gefärbtem Wasser überzuschütten, ich wünschte mir, ich könnte den Abstand verringern und ihn wie einen großen Freund erleben.

Jetzt sind wir wieder zurück in Haidakhan, Malti ist hier aus Deutschland. Sie hat ein Buch über Babaji veröffentlicht: "Botschaft vom Himalaja", und die erste deutsche Gruppe kommt an.

Auf Malti bin ich immer ein bißchen eifersüchtig, sie scheint Babaji so nah zu stehen, und Gott. Ihre Schönheit ist wie gestrig, gelöst und befreit, es gelingt ihr, in großer Ruhe und Gelassenheit bei Babaji zu sein. Babaji malt oft Aquarelle und läßt zu, daß Malti in seiner Nähe bleibt, ihn betrachtet, ihm die Pinsel reicht. Seine Bilder sind einfach und naiv, aber perfekt, sie repräsentieren das Wasser, die Himmel, Berge wie ein einziges Ganzes, nur die Farben wechseln, irreal, golden, auflodernd.

10. April 78. Heute hat Babaji eine Rede in der Öffentlichkeit gehalten, auch das ist eine große Neuheit. Er sagte, daß die Welt gerade in einer großen Krise stecke, daß es viele Kriege und Naturkatastrophen geben werde und daß die Menschheit in Gefahr sei. Er rät uns, uns zu reinigen, zu beten, das Mantra zu wiederholen, uns vorzubereiten; er sagt, daß Om Namah Shivay, das Mantra Shivas, stärker ist als jegliches Unglück, daß es die göttliche Macht ist.

Jetzt ist der Augenblick gekommen, die spirituelle Botschaft überall zu verbreiten, um die Menschheit zu retten.

12. April 78. Malti erzählt mir von Findhorn, einer Gemeinde in Schottland, wo sie mit ihrem Vater als Lehrerin des heiligen Tanzes war. Es ist eine New-Age-Gemeinde, gegründet in den 50er Jahren. Dort haben die Menschen gelernt, mit den Engeln und Elfen von Pflanzen zu sprechen, Wunder vollbringend, mit dem Göttlichen kommunizierend, seiner Stimme zu lauschen. Malti sagt mir, sie habe Babaji in dem Augenblick wiedererkannt, als sie ein Foto von ihm in London sah, und habe sofort das erste Flugzeug nach Indien genommen.

20. April 78. Elegante Inderinnen sind angekommen, Prem, Deviji. Sie stammen aus reichen, noblen Familien. Babaji benimmt sich in ihrer Gegenwart, als sei er ein indischer Maharaja, wie ein erfahrener Schauspieler, es stört mich fast ein bißchen; mit uns aus dem Westen dagegen gibt er sich den Anschein, als sei er ein Hippy. Kürzlich hat er sich einer jungen Inderin gegenüber wie ein Verliebter benommen, ich konnte es nicht glauben, selbst wenn es offensichtlich ist, daß sie ihm den Hof macht, aber er, warum spielt er dieses Spiel mit? Dann kam mir in den Sinn, wie er sich mir gegenüber in der ersten Zeit verhalten hat, vor Jahren, und ich weiß, daß jedes seiner Spiele eine Lehre ist, aber trotzdem bin ich aufgebracht. Ich spreche mit Malti darüber, sie besteht darauf, daß Babaji nur Liebe gibt, aber ich spüre, daß seine Lehre komplexer ist und dies eine Lektion des Loslassens ist. Aber der Gipfel ist, daß er sogar listig die alte Mutter des Mädchens anlächelt.

3. Mai 78. Mir ist bewußt, daß viele andere Frauen um Babaji herumschwirren, besonders die deutschen Mädchen. Alles in mir rebelliert, ich versuche, ihnen zu erklären, daß wir Babaji nicht behandeln können wie ein einfaches menschliches Wesen; aber wer weiß, ob sie es verstehen? Sie sehen mich mißtrauisch an, als sei ich eine frustrierte Nonne, und ich fühle, daß sie mir meine Verehrung für Babaji nicht abkaufen.

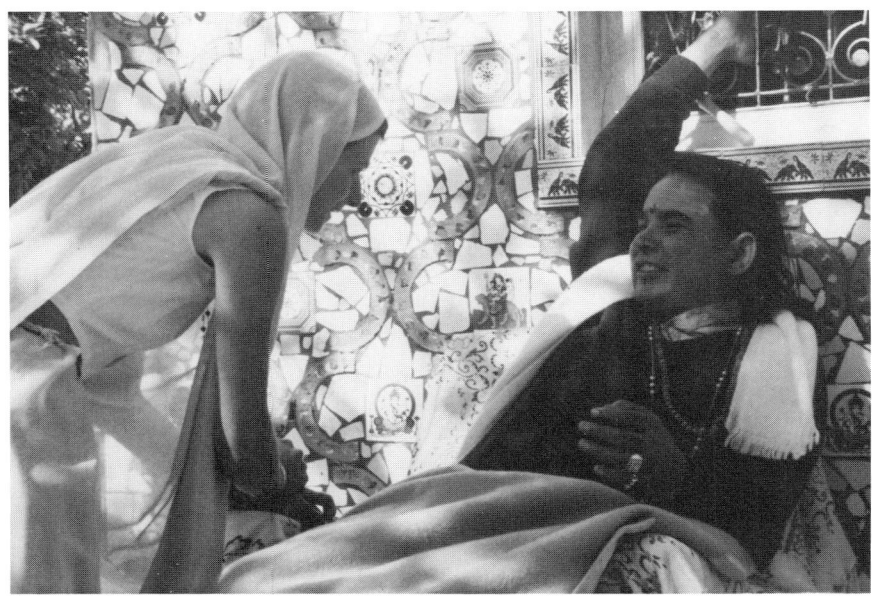

Manchmal, wenn wir uns in die Augen sehen, fühle ich mich eins mit seinem Blick....

Mir ist, als würde ihnen der Respekt fehlen. Ich sehe, daß Babaji dieser Part peinlich ist, er tut so, als würde er mitspielen und es gefällt mir nicht. Er hat meine Bestürzung erkannt und neulich zu mir gesagt: "Frag' diese Frauen, was sie von mir wollen, sie kommen von so weit her, was wollen sie von mir?"

Plötzlich ist der Ashram durchdrungen von dieser erotischen Energie, bedrückend, ich wünschte, Babaji würde alle diese Frauen wegschicken. Aber ich weiß, daß er das nicht tun kann, daß er ihnen helfen muß. Heute hat mir eine von ihnen erzählt, wie Babaji sie angefaßt hat. Für mich wäre es eine Erniedrigung gewesen, aber sie ist stolz darauf. Babaji benutzt auch mich dazu, damit sie verstehen, aber diese Geschichte gefällt mir überhaupt nicht.

15. Mai 78. Die Inder reden mit mir über die Lila[20] von Babaji, die göttlichen Spiele mit der Welt, zitieren die Geschichten von Rama und Krishna und ich beginne zu begreifen, daß Babaji uns tatsächlich ständig durch Scherze lehrt, in denen er uns klar macht, daß wir und unser Universum nichts von wirklicher Bedeutung sind. Das, was mir an all dem nicht gefällt, ist der Zustand des damit verknüpften Leidens der Lebewesen. Könnten wir nicht einfach nur glücklich sein? Es scheint unmöglich zu sein. Vor ein paar Tagen hat jemand Babaji gefragt, warum Gott die Existenz des Maya[21] zuläßt, und er hat geantwortet, daß Gott spielen wollte. Er gibt uns dafür gerade ein leibhaftiges Beispiel, er wandelt sich wie ein Zirkusclown und spielt mit unseren Abhängigkeiten Katz' und Maus.

25. Mai 78. Alles ist jetzt in Haidakhan bequemer und Babaji ist nachsichtiger geworden, um sich den Ansprüchen der Neuankömmlinge anzupassen. Wir trinken Tee, essen abends, wir haben Zimmer und Matratzen. Babaji will, daß ich einen Sari trage und für die Gäste elegant bin.

Er bringt mir bei, Gastgeberin zu sein, die Neuankömmlinge zu empfangen, denen aus dem Westen Karma-Yoga zu lehren und sie all die leichten anfallenden Arbeiten im Ashram ausführen zu lassen. Oft entdecke ich, wie ich in dieser Rolle autoritär werde, unsympathisch, eingebildet: auch ich habe noch sehr viel an mir selbst zu arbeiten, was meine Beziehung zu anderen betrifft. Die Führungsrolle ist schwer.

---

[20] göttliches Spiel
[21] Illusion

1. Juni 78. Federica aus Mailand ist da, wir wohnen zusammen in einem Zimmer und arbeiten an einem speziellen Sessel für Babaji. Er kommt uns oft besuchen, spielt mit unseren Sachen herum wie ein Kind, mit den Stiften, Beuteln, unserem Krimskrams, lehrt mich aber auch, alle Gegenstände gut zu nutzen, mit großer Aufmerksamkeit. Ich sehe, daß auch Malti eine sehr westlich orientierte Person ist, sehr eingebunden in die Welt und entschlossen, sie zu erleben; sie ist deshalb aber nicht weniger nah bei Gott. Nach der asketischen Phase zeigt uns Babaji jetzt, wie man mit den materiellen Dingen umgeht.

Federica ist eine Schülerin von Aurobindo, und sie legt großen Wert auf diesen Punkt: man braucht sich nicht aus der Welt zurückzuziehen, aber man muß wissen, wie man sie geistig umwandelt, das Licht in die Materie trägt, muß wissen, wie man das Paradies auf die Erde holt. Ich bin da härter, Calvinistin, und habe meine Schwierigkeiten.

15. Juni 78. Verzaubert betrachte ich die Weichheit Babajis, wie er weiß, sich jeder Person anzupassen, an die verschiedensten Umstände. Wenn er mit den armen Leuten aus dem Dorf spricht, ist er einfach, einer von ihnen, aus den Bergen, redet über Steine, Kartoffeln, ihre Probleme, lehrt sie vor allem die Wahrheit. Wenn er mit den komplizierteren Menschen aus der Stadt zusammen ist, verwandelt er sich in einen orientalischen Fürsten, schön, fein, gepflegt. Bei den Frauen brüstet er sich pfauenhaft, für uns aus dem Westen ist er der strenge Meister und voller Liebe, für die Kinder und Jugendlichen ist er Mutter-/Vaterfigur, unsagbar zärtlich.

Fasziniert betrachte ich sein kaleidoskopisches Spiel, seine magische Verwandlungsfähigkeit. Er benutzt jeden Aspekt, um uns zu helfen, begibt sich auf unsere Ebene, um uns aufsteigen zu lassen, selbst wenn es nur eine einzige Stufe auf der Treppe zur höheren Wahrheit ist. Sie singen für ihn Worte aus den alten Sanskrit-Gebeten: "Seltsam und mysteriös ist dein Spiel in menschlicher Gestalt." Die Brücke, die er bildet, ist seine unaufhörliche, unglaubliche Liebe.

2. Juli 78. Malti ist abgereist und Surja, eine Schweizerin, ist angekommen. Die Regenzeit hat begonnen, und Babaji verbringt einen Großteil seiner Zeit damit, sich auf einer Schaukel in der großen Halle von Surja wiegen zu lassen. Dieses Theater läßt die verzweifeltsten Reaktionen in uns, in der Öffentlichkeit, aufsteigen. Babaji wendet sich ihr aufmunternd zu, lächelt sie an, streichelt sie mit dem Kopf, während er schaukelt. Was sollen wir daraus lernen? Wahrscheinlich einfach nur, daß wir unsere Schattenseiten hinsichtlich der Mann-Frau-Rolle im Auge behalten, unser größtes Maya.

Am Anfang kam Eifersucht in mir hoch, aber das Spiel ist zu grotesk, um mich auf Dauer zu enttäuschen. Genau in dieser Zeit habe ich wieder angefangen, tapfer zu meditieren, und das will ich mir nicht nehmen lassen.

Gestern kam Surja weinend ins Zimmer, Babaji hat sie brutal angefaßt und sie fühlte sich gekränkt. Ich juble und erkläre ihr, daß Babaji nur unsere Schattenseiten bloßstellt, sie stimmt mir zu. Kurz darauf ist Babaji in unser Zimmer gekommen und hat ihr eine lange Meditationszeit befohlen, in der sie weder sprechen noch essen soll.

5. Juli 78. Babaji läßt mich jetzt keine schweren manuellen Arbeiten mehr verrichten, meine Aufgabe hat sich geändert. Ich muß für ihn den ganzen Schriftwechsel erledigen, der sich jetzt anhäuft, und ein kleines provisorisches Büro auf die Beine stellen. Ich bin seine Sekretärin, worauf ich sehr stolz bin, vermutlich zu sehr.

Seit Babaji mich sehr nah bei sich sein läßt, muß ich gegen mein Ego ankämpfen, meine Eitelkeit, meinen Stolz anderen gegenüber.

12. Oktober 78. Die Regenzeit geht zu Ende und ein neuer tropischer Herbst nähert sich, grün und klar, ein zweiter Frühling jedes Jahr. Der Garten von Haidakhan füllt sich wieder mit Rosen, und die Bauern bereiten die Felder nach der Reisernte für eine neue Saat vor. Wie immer in dieser Jahreszeit beginnt ein neues Schuljahr. Ich finde eine eigene Harmonie und Ausgeglichenheit in meinen Übungen, es gelingt mir, lange morgens zu meditieren und dann den Tag über im Ashram zu arbeiten.

Babaji setzt sich nach dem Bad bei Sonnenuntergang mit uns in den Garten und will, daß ich ihm jeden Tag die Füße mit parfümiertem Öl massiere: es wird zu einem täglichen Ritual, ich muß seinen Sitzplatz richten, seine Decke, seinen Schal. Ich fühle mich wie eine Priesterin und mir wird bewußt, auch mit Schrecken, daß ich mich sehr an diese körperlichen Dienste für ihn gewöhne; das macht mir ein bißchen angst.

2. November 78. Neulich sind wir mit Babaji auf den Gipfel des Kailash gestiegen. Am Abend, bevor wir den Aufstieg fortsetzten, haben wir auf halbem Weg im Haus von Bauern übernachtet. Nach dem Abendessen setzten wir uns um ein großes Feuer. Er wollte, daß ich ihm lange den Rücken massiere, vor allen, und ich weiß, ich muß dieses Ritual als etwas Heiliges betrachten, auch wegen der anderen. Babaji ist unsere Murti, unsere lebendige Statue, alle Gesten ihm gegenüber sind Puja, ein Akt der Andacht.

Nach einer gewissen Zeit sind wir in einer kleinen Gruppe um ihn herum in Schweigen versunken. Plötzlich hat Babaji seine Hand unter meine Decke gestreckt; das Herz schlug mir bis zum Hals. Diese schlichte Geste hat etwas aufgewühlt in mir, etwas sehr Intensives. Ich spürte eine unglaubliche Energie, die sich in meinem Herzen ausbreitete und war erfüllt von einem tiefen Gefühl der Glückseligkeit.

Babaji ist aufgestanden, um sich auszuruhen und ich bin die ganze Nacht am Feuer geblieben, ohne mich hinzulegen, überwältigt von dieser Ekstase, der Geist völlig ruhig.

Hin und wieder nahm ich im Raum den Klang des OM wahr, den kosmischen Klang. Am Morgen stand ich vor den anderen auf, um drei, um vor der Haustür mit einem Eimer kaltem Wasser zu duschen. Während ich mich im Dunkel der Berge wieder anzog, habe ich erneut diesen Klang gehört, der ringsum das Tal erfüllte, in allem schwingend. Es war ein elektrisierender Klang, fast betäubend, und doch war es der Klang der großen Stille.

15. November 78. Wenn ich jetzt Babaji sehe, erlebe ich oft aufs neue dieses Gefühl, das direkt mein Herz ergreift, eine plötzliche Ekstase, die meinen Geist lähmt: eine spontane Leere, ohne Anstrengung.

Babaji bei Sonnenuntergang zu massieren ist ein Akt der Vereinigung geworden, der Verbindung mit ihm. Seine Füße rühren mich, sie sind das Zeichen seiner Präsenz mitten unter uns, aber auch das seines Opfers.

Einmal hat er zu mir gesagt: "Ich gebe mir sehr viel Mühe, um den Himmel auf die Erde zu bringen."

2. Dezember 78. Die ersten frischen Wintertage sind da. Morgens muß ich für Babaji eine große Decke ausbreiten, und er setzt sich mit einigen von uns in die Sonne. Im Ashram ist jetzt Yogiji, ein junger indischer Schüler von Babaji, für mich ein echter Bruder. Babaji ruft uns oft zusammen zu sich und trällert laut ein Gedicht aus einem uralten Buch.

Es ist die Geschichte des Königs Gopichand von vor zirka tausend Jahren. Dieser Herrscher war reich und berühmt, mit zweihundert Königinnen verheiratet; er hatte seinen königlichen Palast verlassen, um der Welt zu entsagen und Yoga zu üben. So war er dann dem berühmten Guru Goraknath begegnet und empfing von ihm die Lehren. Babaji spricht zu uns über Entsagung und Strenge.

Vor einigen Tagen hatte er uns während eines Spaziergangs zum Dhuni[22] von Goraknath an den Hängen des Kailash geführt. Der Tradition gemäß dürfen Frauen die Orte, die diesem Meister, dem letzten Brahmachari, geweiht sind, nicht betreten. Babaji hieß mich nah an das Dhuni setzen und sagte, daß ich jetzt eine Yogini[23] sei, also keine Frau mehr. Er hat noch ergänzt, daß eine Yogini über den Männern steht.

15. Dezember 78. Ich beginne verschiedene Bücher in Hindi zu lesen, die von Haidakhan Baba handeln, der alten Form Babajis um 1800. Die indische und shivaistische Yoga-Tradition ist Millionen Jahre alt und auch dieses kleine Dorf, diese Hügel, sind schon immer erfüllt gewesen von der göttlichen Energie Babajis. Manchmal kommt es mir wie ein Wunder vor, hier zu sein, wie eine unverdiente Gnade. Ich kann an nichts mehr denken, weder an mein Leben noch an meine Zukunft, nur er existiert für mich und das einzige Verlangen, das ich habe, ist, eins mit ihm zu werden.

5. Januar 79. Zum ersten Mal wollte Babaji, daß wir Weihnachten feiern und hat an Christus erinnert. Wir haben eine Theateraufführung zusammengestellt. Babaji will, daß ich die Madonna darstelle und nennt mich Maria - er spricht es italienisch aus.

15. Januar 79. Ich meditiere viel; um drei gehe ich zum Fluß, früher als alle, und setze mich dann bis neun zum Meditieren hin: jetzt werde ich es nie mehr anders machen. Ich fühle, wie mein Körper von einem konstanten elektrischen Strom durchzogen wird. Wenn ich aus dem Zimmer trete, schwanke ich, Babaji lacht, wenn er mich so sieht. Nach einigen Stunden Meditation gebe ich vor Müdigkeit auf, ansonsten würde ich nie aufhören. Wenn sich der Geist an die Stille gewöhnt, wird er von einem blendenden Licht erfüllt, glückselig, ich habe keine Visionen, aber das Bewußtsein einer totalen psychischen Macht.

Auch die Verbindung zu Babaji ändert sich; jetzt ist ein direkter Faden zu ihm da, wir brauchen nicht zu reden. Er empfängt alle meine Gedanken und antwortet augenblicklich, direkt. Dieser Kontakt zu ihm ist nun kon-

---

[22] Feuerstelle

[23] weiblicher Yogi

stant, auch wenn ich ihn nicht sehe. Ich träume fast jede Nacht von ihm und selbst im Traum gibt er mir Unterweisungen.

30. Januar 79. Babaji hat ein kleines Zimmer für mich bauen lassen, und sie mußten einen Sessel für ihn hineinstellen, auf dem er jeden Tag Platz nimmt. Er hat mir auch einen Schrank gegeben, in dem ich einige seiner Sachen und sein Geld aufbewahren soll. Ich spüre, daß er mir vertraut. Oft lädt er angesehene Gäste ein, ich muß Kaffee und Fruchtsäfte zubereiten, gemeinsam mit ihm Gäste empfangen. Sie machen ihm viele Geschenke, auch wertvolle, aber er verteilt sie alle gleich wieder, fährt fort, alles in Umlauf zu bringen. Die Inder verehren ihn, betrachten ihn, streicheln ihn, bereiten besondere Speisen für ihn zu; die Inderinnen verwöhnen ihn wie große, erfahrene Mütter und er läßt uns mit ihm spielen, mit der Puppe seines Körpers, er läßt sich ankleiden, schmücken, er läßt uns handeln.

Mir ist klar: indem wir ihn verehren, verehren wir nur das Symbol, das jeder von uns zu sein wünscht, unser eigenes göttliches Selbst. Babaji arbeitet wie ein geschickter Meister mit unseren Schwächen, wie ein erfahrener Psychologe. Er läßt uns ein Weilchen spielen, unsere Bedürfnisse ausdrücken und unsere Abhängigkeiten; aber dann, an einem bestimmten Punkt, kehrt er sich ab, entzieht sich uns, schickt uns zu uns selbst zurück. Nicht selten sieht man, wie Babaji jemanden plötzlich wegschickt, brüsk. Mir kommt es so vor, als sei er besonders hart mit uns aus dem Westen, nicht vielen erlaubt er für längere Zeiträume hier zu bleiben. Unerwartet schickt er Personen fort, manchmal sogar mit Nachdruck.

Auch Babajis Spiele mit den Frauen sind eine Lehre, er spiegelt wider, was wir in seiner Gegenwart empfinden, damit wir uns selbst sehen und erkennen können. Im zweiten Stadium versucht er, uns umzuwandeln und zu erheben. Was seinen Teil betrifft, gibt er sich uns bedingungslos hin.

2. Februar 79. Unterwegs hat ein Gepäckträger etwas aus dem Rucksack einer westlichen Frau gestohlen. Es wird entdeckt, und Babaji ruft ihn zu sich in die Halle, vor alle. Er ist sehr hart zu ihm, er schlägt ihn so sehr mit dem Stock, daß er blutet. Diebstahl und Unehrlichkeit sind das Schlimmste für ihn, der immer versucht, den Leuten in den umliegenden Dörfern Wahrheit beizubringen. Er legt Preise für die Träger fest und will verhindern, daß die Touristen ausgebeutet werden. Manchmal nimmt er an den Versammlungen der Männer des Dorfes teil und hört sich ihre Rechtsfragen an, er stachelt sie an, sich selbst zu regieren; einmal hat er ihnen gesagt, sie sollen von dem freien, brachliegenden Land Besitz ergreifen und es bewirtschaften. Vor einigen Tagen hat er bei einer öffentlichen Ansprache von Revolution gesprochen, von einer großen Veränderung, die auf die Welt zukommen werde.

5. März 79. Der Frühling hat früh begonnen. Babaji ist gerade von einer kurzen Reise zurückgekommen und hat aus Delhi einen jungen Gärtner mitgebracht. Er will, daß er im Garten nur Rosen pflanzt, der Garten müsse werden wie der in Shivas Paradies. Ich fühle, daß er uns lehren will, den Planeten Erde zu verwandeln.

Babaji wird langsam berühmt. Viele indische Familien kommen, reiche Leute, die ihm viel spenden, und es wird überall weitergebaut. Alle arbeiten mit, Inder, Nepalesen, Westliche, die Berge werden abgetragen, vom Kiesgrund des Flusses wird Stein für Stein geholt. Ich bin von den schweren Arbeiten befreit, aber die innere Arbeit geht immer mehr in die Tiefe. Diese kollektive Beschäftigung ist rührend. Babaji hat zu uns gesagt, daß jeder Stein, den wir versetzen, uns von einem karmischen Gewicht befreit und ein Fragment der neuen Welt bildet.

7. Mai 79. Es ist sehr warm, abends setzt sich Babaji ins Freie unter den Sternenhimmel. Die Leute singen mit leiser Stimme vom Ruhm Shivas, es scheint, als würde sogar der dahinplätschernde Fluß unaufhörlich das Mantra wiederholen, die Grillen zirpen, das Summen des Dschungels, als würde das ganze Tal in das Gebet einstimmen. In der Nacht kann man seltsame Lichter auf dem Fluß und in den Bergen sehen. Babaji erzählt uns dazu eine Geschichte: daß, verborgen in geheimen Höhlen ringsum, viele Heilige lebten. Nur in der Nacht würden sie herunterkommen, um im Fluß zu baden; sie sind es, die dieses Licht ausströmen. Sie leben, sagt er, ohne zu essen, ernähren sich von Luft und Wasser. Es sind große Yogis, die unaufhörlich meditieren. Einige von ihnen sind unsterblich.

3. Juli 79. Es regnet heftig und man kann kaum das Zimmer verlassen. Es ist die beste Jahreszeit zum Meditieren, sich zu konzentrieren, auch viele praktische Arbeiten im Ashram sind unterbrochen. Ich bitte Babaji, mich irgendwelche anderen Yoga-Techniken zu lehren; es scheint, als würde mir das Mantra nicht mehr genügen. Aber er antwortet nicht, vielmehr wird er wütend darüber, daß ich ihn darum gebeten habe, gibt mir eine Ohrfeige. Wahrscheinlich verdiene ich es nicht.

27. Juli 79. Gestern, früh am Morgen, ist Babaji zu mir ins Zimmer gekommen und sagte, daß er mir eine Einweihung in die Meditation geben würde. Ich war sehr aufgeregt. Er hat meinen Kopf gestreichelt, die Stirn, hat mir eine Atemtechnik gezeigt. Ich fühle, daß er mir eine sehr starke Energie übertragen hat. Kurz darauf hat er mich mit zum Fluß genommen und mir mit eigenen Händen die Haare geschoren. Dann hat er Kreiszeichen auf meinen Kopf gemalt, und von diesem Moment an habe ich eine brennende, elektrische Energie auf der Schädeldecke gespürt. Schwankend bin ich in mein Zimmer zurückgekehrt. Er hat mir befohlen, 25 Tage zu fasten. In dieser Zeit darf ich nicht aus meinem Zimmer gehen und auch mit niemandem sprechen.

In der ersten Woche habe ich mich sehr schwach gefühlt, krank; dann fing mein Körper an, sich von einer anderen, subtilen Kraft zu nähren. Ich habe mich leicht gefühlt und war fähig, über sehr lange Zeitabschnitte zu meditieren, fünf oder sechs Stunden lang. In der dritten Woche bekam ich starken Hunger und konnte nachts nicht schlafen, zum Ausgleich mußte ich die ganze Zeit ununterbrochen sitzen bleiben. Die letzten paar Tage fühlte ich mich sehr schwach, aber ätherisch, ekstatisch. Ich hätte nicht mehr anfangen können, wieder zu essen, mich mit grober Nahrung zu belasten, mit Materiellem. Ich habe meinen Körper als Energie und reines Licht wahrgenommen, mein Bewußtsein, von Gedanken losgelöst, wie reine Freude und Weisheit. Babaji ist während dieser Periode immer zu mir gekommen, ließ mich für einige Minuten seine Füße berühren, gab mir einige kleine Obststückchen, genug, um mir wieder Kraft zu geben. Die ganze Zeit über habe ich stark auf meiner Kopfspitze ein Fließen gespürt, eine vitale Flut, die sich im freien Raum ausbreitete, die Fähigkeit meiner Seele wahrnehmend, den Körper hinter sich zu lassen und in andere Dimensionen zu schweben.

3. September 79. Jetzt möchte ich nur noch meditieren, Tag und Nacht, ich bin dauernd auf der Suche nach dieser subtilen und starken Glückseligkeit, die mich durchdringt. Ich beobachte genau meinen Geist, was gibt es über die Gedanken hinaus zu entdecken? Einen Ozean von unbekanntem Wissen, eine Dimension, in der sich der Geist in Visionen auflöst, und was bleibt, ist die Energie des Herzens. Als würde ich mich mit einem unendlichen, kosmischen Geist vereinen, perfekt, allgegenwärtig und allwissend, und das ist immer und einzig er, Babaji.

29. September 79. Meine Verbindung zu Babaji ist jetzt sehr tief, unmittelbar. Der Faden, der mich mit ihm verbindet, ist ununterbrochen da, unauflöslich, ich weiß, daß ich ein Teil von ihm bin, von jeher, für immer.

Manchmal, wenn wir uns in die Augen sehen, fühle ich mich eins mit seinem Blick, eins mit seinem Herzen.

16. Oktober 79. Gestern haben wir alle den Fluß überquert, um in Ranikhet die Einweihung des neuen Tempels, den Babaji bauen ließ, zu feiern. Nach dem Monsun war das Wasser des Gotama Ganga besonders angestiegen, türkis, transparent, der Himmel duftend und klar, das Tal übersät mit saftigem Grün. Die Träger haben uns geholfen, hielten uns am Arm, eine lange Kette bildend. Babaji immer in der ersten Reihe, kraftvoll, selbstsicher: ein dschungel-katzenhafter Gott, ewig jung.

16. Oktober 79. Babaji war heute in der Sonne gesessen, hinter ihm die glitzernde Bergkette des Himalaja. Die großen Yogis meditieren oft im ewigen Schnee; die großen Höhen, die dünne Luft, der Friede, die Stille, die Kälte, die Einsamkeit, sie tragen den Geist automatisch in einen anderen Raum.

Es ist ein Teil der Yoga-Übungen, Hunger zu ertragen, Kälte und jegliche Art von Unbequemlichkeit. Shiva ist der Meister der Asketen, er lehrt, sich über das grobe, materielle Bewußtsein zu erheben.

3. November 79. Babaji wird drei Monate fort sein. Ich bin mit wenigen Leuten zurückgeblieben. Viele sind nach Hause gegangen, andere haben ihn auf der Reise begleitet. Ich bin plötzlich aller manuellen Arbeiten enthoben und kann die ganze Zeit über meditieren. Jeden Abend höre ich der nächtlichen Wache zu, einem sehr armen Inder, der ein liebliches Lied singt, eine Lobeshymne auf Babaji. Der Glaube dieser einfachen Leute rührt mich, wahrscheinlich läßt sie der enge Kontakt zur Natur, zu den Bergen und der Einsamkeit des Tals reiner werden, empfänglicher für die Präsenz des Göttlichen. Unser Stolz, geistig höherstehende Wesen zu sein, läßt uns glauben, wir hätten Wissen, während die Weisheit in dem ist, der nichts weiß. Der Glaube an das Göttliche ist vor allem ein Akt der Demut vor dem Mysterium des Universums.

Der Westen zieht in Haidakhan ein

4. Februar 80. Es ist jetzt eine Masse von Menschen aus dem Westen in Haidakhan: sie sind angekommen, als seien sie von einem Zyklonen hertransportiert worden. Babaji ruft Menschen aus allen Teilen der Welt.

Ihre Gegenwart stört mich ein bißchen, auch diesen Ort des Friedens erreicht die Energie des Westens, mit ihren Neurosen, der dunklen Vielschichtigkeit des Geistes. Sie stürzen sich mit ihren persönlichen Bitten auf Babaji, egoistisch, mit ihren Frustrationen und stellen sich vor, Babaji würde für sie den Psychoanalytiker spielen. Zur Zeit bin ich hauptsächlich damit beschäftigt, für Babaji zu übersetzen, und die Fragen der Personen irritieren mich: sie erwarten von Babaji Wunder, daß er ihnen wie ein Wahrsager die Zukunft vorhersagt, sie wollen Lösungen für ihre ökonomischen Probleme und Krankheiten, ziemlich wenige fragen ihn nach der Wahrheit und dem Weg, um zu ihr zu gelangen. Im größten Teil der Fälle steht der Wunsch nach Lösungen ihrer persönlichen, menschlichen Probleme im Vordergrund, oder der nach der Erfüllung ihrer Wünsche. Einmal hat Babaji zu mir gesagt: "Ich gebe alles, aber wenige fragen nach dem, wessen ich gekommen bin, zu geben."

Ich weiß, daß ich überheblich bin, wenn ich solche Überlegungen anstelle, ich weiß, daß ein Guru auf jeder Ebene hilft, aus Mitgefühl. Manchmal kommt es mir so vor, als hätte ich zu wenig Liebe in mir.

5. März 80. Inzwischen habe ich wenig Zeit zum Meditieren. Auch ich bin einbezogen in den Strom ankommender Menschen. Ich muß Babaji helfen: neben der Korrespondenz muß ich mich um seine Dinge kümmern, um die zahlreichen Geschenke und Gegenstände, die ankommen; ich trauere der Zeit der Einfachheit alter Tage nach. Jeder Tag ist so etwas wie Weihnachten, Babaji ist oft damit beschäftigt, Kleider zu sortieren und weiterzuverteilen, auch all die Süßigkeiten, Federhalter, Uhren, Schmuckstücke, Taschen, Schuhe, Bücher, Fotos: der Basar des Lebens ist in Haidakhan eingezogen.

Auch die reichen Inder sind angekommen, die Freak-Vagabunden, die in Indien unterwegs sind, spirituelle Touristen, Verrückte auf der Suche nach Hilfe, frustrierte Frauen auf der Suche nach einem Ehemann, Drogenabhängige, Kranke. Einige unter ihnen sind wahre spirituelle Sucher, Yogis und Schüler Babajis, aber sie sind eine Minderheit. Babaji übernimmt die Rolle des Zirkusdirektors, tut so, als wäre er einer von uns, um uns zu helfen. Nach seinem Plan fällt mir der Part der strengen Vestalin zu, unsympathisch für viele. Mir wird auch klar, daß Babaji Hilfe braucht. Nicht er persönlich, aber seine Arbeit, die Aktion des Göttlichen in der Welt. So mancher von uns, seinen Schülern, muß die Ärmel hochkrempeln. Vier oder fünf aus dem Westen sind hier geblieben, um jetzt in Haidakhan zu leben: es sind Yogis, sie meditieren, üben sich im Sadhana, arbeiten; besonders einer, Har Govinda, ein Schweizer. Er ist wie ich entschlossen, für immer hier zu bleiben. Wir sind den ganzen Tag dabei, alles zu organisieren. Das Büro ist sehr groß geworden, die Gebäude werden immer mehr, die Menschen brauchen Nahrung, Decken, Matratzen. Auch fließend Wasser und elektrisches Licht sind jetzt da und Toiletten.

15. März 80. Babaji spricht jetzt in der Öffentlichkeit. Es ist eine echte Neuheit. Er spricht abgeklärt, ruhig, stark, sicher, ironisch, vehement: "Die ganze Welt wird bald eine totale Krise überkommen, es wird Kriege und Zerstörung geben, nur wer den Namen Gottes wiederholt, wird gerettet, das Mantra ist stärker als die Atombombe."

4. April 80. Ich renne förmlich den ganzen Tag, um die indischen Gäste in meinem Zimmer zu bedienen, Babaji mit vielen Dingen zu helfen, mit den Leuten aus dem Westen zu sprechen, sie unterzubringen, sie zu trösten.

Babaji ist brüsk, unberechenbar, oft schickt er Personen am gleichen Tag ihrer Ankunft wieder weg. Wenn sie fragen, warum, weigert er sich zu antworten. Wie ein wild gewordener Psychiater provoziert er alle und abends gibt er auf seinem "Thron" sitzend eine Vorstellung, spielt auf der Gitarre eines Italieners, scherzt mit den Kindern, mit den indischen Frauen und Damen; er spielt den Spaßmacher, den kosmischen Joker, göttlich, ungreifbar.

Ich habe ein Buch über den Tanz Shivas gelesen. Er tanzt mit der Welt und der Schöpfung, schafft, bewahrt und zerstört die Universen im Rhythmus seiner Tanzschritte; sein Tanz ist mal lieblich, mal wild. In einer Hand hält er das Feuer und seine Füße lasten auf dem entkräfteten Körper eines Zwerg-Dämonen, das Symbol unseres Ego. Da ist vieles, das Anlaß zur Bestürzung gibt.

20. April 80. Die Tee-Parties mit Babaji und den Gästen in meinem kleinen Zimmer sind immer stärker frequentiert. In Indien ist die Mutter das

Symbol von ursprünglicher Liebe, und es ist Sitte, als Zeichen der Zuneigung Speise und Nahrung zu anzubieten. Ein indisches Haus kann man niemals betreten, ohne genötigt zu werden, etwas zu trinken oder zu essen. Es fällt mir auf, wie Babaji zu geben versteht, der sozialen Ebene der Personen entsprechend, ihren Bedürfnissen, er weiß immer, welches das perfekte Geschenk für jeden ist. Auch ich werde auf einmal mit Geschenken überhäuft, mit Süßigkeiten, Kleidern... ich muß elegant sein, lernen, gut meinen Part des Spektakels zu spielen. Er behandelt mich wie eine Art spirituelle Ehefrau. Kürzlich sagte er: "Wann wirst du zu mir zurückkehren, ich warte schon lange auf dich."

Gott ruft uns immer zu sich, nur unsere Unwissenheit, verblendet wie wir sind, hält uns von ihm getrennt, und unsere Seele wird so lange keinen Frieden finden, bis wir nicht aufs neue vereint mit ihm sind.

Dieses Abenteuer mit dem Göttlichen ist wahrscheinlich die einzig wahre Erfahrung von Liebe. Auch auf unserer Suche nach menschlicher Liebe ist es immer und einzig das Göttliche, das wir suchen, die Integration mit der ursprünglichen Einheit des Bewußtseins.

3. März 80. Wir verbringen flaue Tage mit Babaji in der Glut des Sommers. Viel Arbeit gibt es immer, aber bei der Hitze gesteht er uns lange Pausen gemeinsam mit ihm zu, er führt uns nachmittags zum Baden oder auf Spaziergänge über den Kiesgrund des Flusses. Wir seifen ihn ein, waschen ihn, parfümieren und massieren ihn; unser Spiel mit der göttlichen Puppe geht weiter. Jede Geste, jede Situation wird von Babaji dazu benutzt, uns etwas über das Psychodrama des Lebens zu lehren. Er will, daß unser Geist aufmerksam bleibt, konzentriert, rein, ohne überflüssige Gedanken. Es ist eine neue Meditation aufgekommen, eine Übung akrobatischen Gleichgewichts. Man muß alle weltlichen Aktivitäten und die des täglichen Lebens meistern, aber ohne persönliche Wünsche, indem man lernt, einfach dem göttlichen Plan zu dienen, Licht in die Dunkelheit zu bringen, Wahrheit, wo es Ignoranz gibt, Friede, wo Konflikte sind, Liebe, wo Aggression herrscht.

Babaji arbeitet mit all unseren Emotionen und menschlichen Ängsten. Er selbst bemüht sich oft, paradoxe Situationen zu schaffen, um uns zu zwingen, uns mit anderen und uns selbst auseinanderzusetzen. Er löst Konkurrenzdenken aus, Eifersucht, Auswüchse des Ego und des Stolzes, bläht manchmal Personen wie Ballons auf, um sie dann vergnüglich mit einem Stachel zu piksen, er erfindet Charaktere für seinen magischen Film und läßt uns den Part aufführen, der uns am meisten dazu dient, der Wahrheit näher zu kommen. Das Leben in der Gemeinschaft ist eine perfekte Bühne für die Aufführung. Manchmal, aus der Distanz betrachtet, wirkt er wie ein Verrückter, ein Meister, dem es an Ernst fehlt, unheilig: er spielt mit den Traditionen, organisiert zum Spaß Hochzeiten unter den Leuten, bringt alle in Verlegenheit. Dann wieder ist er sehr ernst, konzentriert, streng, präzise und perfekt in den Ritualen; und das ist sicher: er verlangt das Maximum an Konzentration von jedem von uns. Alles ist Lila, aber es ist ein ernstes Spiel, eine Schule.

4. Juni 80. In seinen Ansprachen redet Babaji oft über Karma-Yoga, dem Yoga der Tätigkeit, der Gott gewidmeten Arbeit. Er sagt, daß dies eine Zeit der Veränderung in der Welt sei und eine Zeit großer Gefahr, sogar für die ganze Zivilisation.

Wir könnten nicht passiv bleiben, uns zurückziehen, wir müßten uns alle an der großen Revolution beteiligen. Er ist sehr bestimmt: es handelt sich nicht nur um eine spirituelle Revolution, sondern um einen Wandel auf unserem Planeten, auch politisch, global. Es wird Kriege geben und wir müssen lernen, stark zu sein. Er schlägt uns einen wesentlichen, vollständigen Yoga in der Welt vor, es sei an der Zeit für Yogis und Yoginis, Krieger zu werden. Eine neue Welt steht vor der Tür, ein neues, geistiges Zeitalter. Aber der Übergang vom alten ins neue wird konfliktreich sein und alle müßten sich darauf vorbereiten.

Für mich sind seine Worte Nektar. Schon als Kind war die Revolution der Menschheit das Ideal meines Lebens, die Kraft, die mich auch hierher führte.

3. Juli 80. Durch den Regen ist alles unterbrochen, das Training findet jetzt in der großen Halle statt. Babaji läßt sich auf einer Schaukel wiegen. Es sieht aus, als würde er nichts tun, und doch arbeitet er ständig mit jedem von uns. In seiner Gegenwart wird der Geist mit sich selbst konfrontiert. Babaji entgeht nichts, nicht ein Gefühl oder Gedanke von jedem einzelnen.

Manchmal nimmt er Shastriji und mich weit hinaus zu seinem nachmittäglichen Bad. Während der Monsune wird das Wasser im Fluß schlammig, und so machen wir lange Spaziergänge auf der Suche nach Lachen, die sich aus unterirdischen Quellen bilden, in denen das Wasser sauber ist. Mit Shastriji, dem großen Weisen, singt Babaji Sanskrit-Verse, sie rezitieren altertümliche Sprichwörter, Geschichten aus der Mythologie; es ist ein

Mit Shastriji singt Babaji Sanskrit-Verse,
zitiert alte Sprichwörter der Mythologie....

Wettkampf der Weisheit. Oft spricht er auch mit uns in Gleichnissen, Poesien in einer archaischen, unbekannten Sprache singend. Es ist eine Idylle, mit ihm zusammen zu sein, als lebe man plötzlich im Garten Eden, kein Verlangen mehr, weder danach, die Früchte des Planeten pflücken zu wollen, noch zwischen Gut und Böse zu entscheiden. Mit Babaji wird man wieder zum Kind, jede Art von Urteil ist in seiner Hand, die einzige Anstrengung, die wir machen müssen, ist, leer zu sein, wieder unschuldig. Babaji schaukelt am Ast eines großen Baumes im Sonnenuntergang, lacht mit tief aus dem Herzen kommender Stimme, er lädt uns ein zur einfachsten und schwierigsten Sache der Welt: glücklich zu sein.

9. August 80. Sie haben für ihn ein neues Zimmer gebaut, groß und kitschig, ganz aus glitzernden Fliesen. Babaji nennt es den Spiegelpalast, wegen eines enorm großen Spiegels, an einer ganzen Wandseite. Die esoterische Bedeutung liegt tiefer: in unserem Sich-widerspiegeln in ihm. Sein Geist ist leer, und so können wir unsere Phantasien und Bedürfnisse in ihn hineinprojizieren.

Seine Arbeit mit uns, Tag für Tag, ist gewaltig. Von vier Uhr morgens an, bis spät abends, beschäftigt er sich ununterbrochen mit allem bis ins kleinste Detail, von den Steinen, die zum Bauen gebraucht werden, bis hin zur Nervenkrise des ankommenden amerikanischen Mädchens. Der Dienst an seiner Seite wird anstrengend, nimmt mich ganz in Anspruch. Ich weiß, daß mich viele darum beneiden, aber es ist nicht immer nur Vergnügen.

Nichts ist je perfekt genug für Babaji, er schreit mich oft an, ich muß auf jede Geste achten, auf jeden Gedanken. Das Paradies auf Erden ist für ihn ein göttliches Mandala, ein Kreis, gebildet aus Räumen der Harmonie und Perfektion, eine Schöpfung des Schönen.

3. Oktober 80. Es sind viele Italiener hier. Sie irritieren mich. Sie kommen hierher, ohne ihre eigenen Prototypen hinter sich zu lassen, mit Spaghetti, Joints, Sonne und Liebe. Babaji schickt sie fast alle auf die andere Seite des Flusses, wo sie zusammengedrängt in verschiedene Hütten aufgeteilt sind. Dort können sie machen, was sie wollen. Eines Tages, während ich mit ihm die Treppen zu den neuen Tempeln hochstieg, hat er gesagt: "Das ist die Straße der Schwarzen." Ich verstehe die Bedeutung noch heute nicht richtig.Die Energien der Neuankömmlinge sind zusammengewürfelt, sie ermüden. Babaji allerdings ist in der Lage, die Menschen innerhalb weniger Tage umzuwandeln, zu läutern. Ich spüre, daß er es eilig hat, manchmal frage ich mich, wie lange er unter uns bleiben wird. Ich freunde mich mit Letizia an, einem schönen jungen Mädchen aus Mailand, mit tibetischen Gesichtszügen, ruhig, lieblich.

Auch zu verschiedenen anderen Personen knüpfe ich freundschaftliche Beziehungen. Radhe Shyam, ein pensionierter Amerikaner, bringt jetzt effizient das Büro auf Vordermann, andere helfen beim Organisieren. Babaji will viel Aktivität und daß die Gemeinschaft gut funktioniert. Ich weiß, daß er uns damit einen Lebensstil für die Zukunft demonstriert: Er lehrt uns, uns mit den Indern zu verbünden, jegliche Art von Unterschieden abzuschaffen. Er sagt, daß dies hier einmal eine große, internationale Organisation sein werde.

30. Dezember 80. In diesem Jahr wurde das Weihnachtsfest von uns aus dem Westen zelebriert, mit einer großen, theatralischen Vorstellung, Tänzen und Engelsgesängen, Geschenken, die verteilt wurden. Babaji lacht glücklich und spricht von der Einheit aller Religionen. Er sagt uns, daß die große Weltkrise schon überall begonnen habe, die Mächte der Zerstörung Atomwaffen vorbereiteten, daß Gott aber versucht, eine totale Katastrophe zu verhindern. Wer an Gott glaubt, wird gerettet und nach einer großen Revolution werden wir eine neue Welt aufbauen, die auf religiösen Werten basiert. Alle Führer der Welt werden sich zusammenfinden, damit die Veränderung geschehen kann. Das Dharma[24] Indiens und die Weisheit der Veden werden eine neue Führung für die Menschheit sein. Er sagt, daß wir aus dem Westen in der Vergangenheit selbst Yogis und indische Heilige gewesen seien, daß wir in diesem Leben im Westen wiedergeboren worden seien, angetrieben vom Verlangen nach einem materiellen Leben. Aber unsere Aufgabe sei es jetzt, die Botschaft der indischen Spiritualität in unsere Länder zurückzubringen.

5. Januar 81. Babaji ist wunderschön, wenn er in der Öffentlichkeit spricht, eine Mischung zwischen Che Chevara und dem Engel Gabriel. Er überliefert die Botschaft aller alten Propheten der Menschheit: die menschlichen Wesen müssen Krieger des Lichts sein, des Geistigen, der Wahrheit.

20. Januar 81. Babaji will Organisation. Wir sind in verschiedene Arbeitsgruppen aufgeteilt. Die Amerikaner kümmern sich um die Administration, die Deutschen um Ordnung und Disziplin, die Italiener arbeiten an

---

[24] das ewige, immer gültige Gesetz, Weg, Ausrichtung

den Bauten und sind mit den praktischen Dingen am Fluß betraut, die Inder mit den Tempeln und der Küche.

Ich beschäftige mich mit ihm und erfahre eine große Freude dabei, seinem
physischen Körper dienen zu können. Ich fühle mich wie eine Mutter und
bilde mir ein, ihm nützlich sein zu können.

Er ist ständig von Menschen umgeben, in jedem Moment. Alle wollen sie
ihm folgen, wenn er läuft, ihn berühren, ihn ansehen; ein Blick von ihm,
auch nur für einen Augenblick, hat die Macht, das Herz eines Menschen zu
verändern. Seine Berührung, weiß man, kann heilen und er gibt mit vollen
Händen. Gelegentlich bin ich erschöpft, und ich habe auch immer weniger
Zeit zum Meditieren. Die Momente der Meditation, des Reflektierens, finde ich zu seinen Füßen, bei kurzen Unterbrechungen, im Garten oder auf
der Terrasse sitzend. Augenblicke der Verbindung, der Stille, des Friedens.

3. Februar 81. Vor einigen Tagen ist Babaji wütend auf mich geworden,
weil ich ihm eine schlechte Antwort gegeben habe, starrköpfig, und er hat
gesagt, ich solle gehen, zurück nach Hause, er gab mir Ohrfeigen; ich
konnte es nicht glauben, habe die ganze Nacht geweint. Am nächsten Morgen bestand er darauf, ich muß gehen. Es regnete. Ich habe eine Fackel und
eine Decke genommen und mich auf den Weg gemacht, barfuß, in Richtung Berggipfel des Kailash.

Keuchend bin ich auf dem Gipfel angekommen, naß, halb erfroren, verängstigt durch den Regen, denn auf dem Gipfel ist kein Schutz. Aber
plötzlich ging die Sonne auf, und es wurde trocken. Die Nacht habe ich mit
dem Rücken an ein Mäuerchen gelehnt verbracht, um mich vor dem Wind
zu schützen. In kurzen Schlafphasen habe ich Babaji im Traum gesehen. Er
erklärte mir, warum er wütend auf mich war. Ich verstand und bat ihn im
Geist um Verzeihung.

Weitere zwei Tage hatte ich nicht den Mut, ins Tal zurückzukehren. Ich
habe eine Hütte mit Stroh gefunden, auf dem ich schlafen konnte und hielt
mich an einem kleinen Feuer auf, ohne Essen und Trinken.

Am Ende des dritten Tages bin ich erschöpft zum Tempel hinunterge-
wankt, schleppend, ich mußte mich anstrengen, mich auf den Füßen zu
halten; zitternd habe ich mich Babaji genähert, entsetzt bei dem Gedanken,
er könne mich noch einmal wegschicken. Aber er rief mich liebevoll zu
sich, sagte, daß ich jetzt begriffen und außerdem in den Bergen Buße getan

hätte und bleiben dürfe. Er hat hinzugefügt, daß er mir die Sonne in die Berge schicken mußte, um mich zu beschützen.

Mir ist klar geworden, daß die Vorstellung, nicht bei Babaji sein zu können, schrecklich für mich ist. Jeder einzelne Tag, jeder Moment ist jetzt von seiner Präsenz geleitet und meine einzige Freude ist es, ihm dienen zu können. Ich habe Angst vor dieser großen Abhängigkeit und frage mich, ob ich mich eines Tages davon lösen werde.

4. April 81. Jeden Tag wecke ich Babaji nachmittags mit einem Getränk und dann setze ich mich allein mit ihm ein Weilchen unter den großen Baum. Wir betrachten zusammen das Tal, den Fluß, der sich in vielen Windungen dahinschlängelt, den grünen Berg Kailash. Er will, daß ich da bei ihm sitze, unbeweglich, mit offenen Augen, still. Ich beobachte meinen Geist: selten ziehen Gedanken durch, unbedeutende, sie stören mich nicht mehr. Ich höre nur das Geräusch des Flusses, rhythmisch, melodisch; oft geschieht es, daß alles in ein intensives, weißes Licht eingehüllt wird, auch Babajis Körper löst sich in diesem Schein auf, verschwindet, und ich mit ihm, die Umrisse des physischen Körpers zerstreuen sich. Dann kommt irgend jemand hinzu, und die Formen bilden sich wieder zurück. Manchmal ist dieses Licht so stark, daß mir die Augen brennen. Gestern ist Muniraji aus Haldwani angekommen, auch er ist ein alter Meister; er sitzt neben Babaji, ich in der Mitte, wir lösen uns im Licht der Leere auf, im Klang der Stille, während der Fluß ein letztes Lied singt.

30. April 81. Die Sommernächte pulsieren vom Leben des Dschungels, Stimmen der Männer aus dem Dorf, Hunde und Koyoten in der Ferne, das Vieh brüllt, wenn es den Geruch der Leoparden wittert, das Geräusch des Windes. Die tropischen Sterne scheinen zum Greifen nah. Gestern war eine enorme Schlange im Garten. Ein Inder hat sie gefangen und blitzschnell getötet.

Babaji sitzt auf der neuen Terrasse, sein Körper strahlt einen intensiven Duft in die Dunkelheit aus, seine ganze Haut trägt immer diesen Duft in sich, der auch in seiner Kleidung bleibt. Manchmal wird uns bewußt, daß es diese Gerüche sind, die uns zu ihm ziehen. Langsam und sanft massiere ich ihm die Füße als Akt der Vereinigung - so viele Male schon vollzogen.

Ihn zu berühren, erfüllt mich mit Frieden und gibt mir die Freude, jeden Tag aufs neue das Wunder seiner Präsenz zu erfahren.

Wir sehen gemeinsam das Tal an, den Fluß, der sich in immer weiteren
Verzweigungen dahinschlängelt...

3. Mai 81. Babaji läßt alle unaufhörlich arbeiten. Jetzt im Sommer
manchmal bis um acht Uhr abends; und er kontrolliert alles persönlich. Ein
paar Mal ließ er uns die ganze Nacht bei Laternenlicht arbeiten, um die
Dacharbeiten der Gebäude abzuschließen, der vielen Zimmer, dem Kran-
kenhaus, einer Schule, neuen Tempeln, die allen indischen Gottheiten geweiht sind. Er sagt, daß eines Tages Millionen von Personen in das Tal des
Gotama Ganga kommen werden.

Mit den Frauen treibt er noch oft seine Spiele, er stellt die Rolle des göttli-
chen Geliebten dar, wie der antike Gott Krishna mit den Gopis, den in
Krishna verliebten Schäferinnen. Tatsächlich sind, nach der indischen
Tradition, alle Seelen der menschlichen Wesen ewig Verliebte des Herrn,

mit dem sie das Verlangen haben, sich zu vereinen. Diese Vereinigung ist rein und spirituell, aber Babaji muß erst unsere physische, grobe Schale durchbrechen. Kürzlich hat er zu mir gesagt: "Es sind nur zwei Dinge, die uns an das materielle Leben binden: Essen und Sexualität."

7. Juni 81. Die Hitze ist sengend und viele von uns aus dem Westen werden krank: wenn die Menschen ankommen, machen sie einen intensiven, oft schmerzhaften Prozeß der Reinigung durch. Babaji will, daß sich alle die Haare scheren und sich nach der indischen Tradition kleiden. Die Frauen müssen ihre Eitelkeit ablegen, die Hippies den Stolz auf ihre langen Haare und alle die Vorstellungen, die sie von sich selbst aufgebaut haben. Das Ego steht unter konstantem Druck, man muß den Anweisungen Babajis bedingungslos folgen, sich selbst dem demütigsten Dienst unterwerfen. Wenn die einen mit den anderen in Konkurrenz geraten, oder wenn Eifersucht aufkommt, demütigt uns Babaji absichtlich in aller Öffentlichkeit, er gönnt uns keine Ruhe.

8. Juli 81. Ein neuer Monsun, eine neue ruhige, besinnliche Periode. Jeden Tag kommen die Bauern mit großen Körben voller Mangos, Mais, es gibt für alle im Überfluß. Manchmal läßt mich Babaji meinen kleinen Herd auf die Terrasse bringen und kocht große Töpfe voll Reis und Gemüse, alles, was sie ihm morgens aus dem Dorf bringen. Er bedeckt es dann mit Butter und Kräutern und verteilt es auf Bananenblättern. Er lehrt uns, den Überfluß, die Ernte, die Gaben des Göttlichen zu genießen. Während seine Lehre in den frühen Jahren die Lektionen der Strenge beinhalteten, so zeigt er uns jetzt eine andere Situation, in der uns viele materielle Gaben zuteil werden, daß man daran Anteil nehmen kann, indem er fortwährend Energie in Umlauf bringt, austeilt, anderen zukommen läßt. Nichts behält er für sich selbst.

15. August 81. Babaji hat ein neues Dhuni bauen lassen, einen neuen Platz für das heilige Feuer, im Garten, am Flußstrand unterhalb der Felsen. Er hat es mit seinen eigenen Händen entworfen und gezeichnet: ein großer Kreis im Innern eines Achtecks, Symbol der acht Arme der göttlichen Mutter. Dies ist der Platz der Göttin, sagt er, der Shakti, der spirituellen Energie. Das Feuer muß immer brennen, es muß jeden Tag, morgens und abends, ein Ritual geben. Har Govinda soll immer hier wohnen und ein Yogi werden.

Babaji hat ihm eine spezielle Initiation erteilt, auch einigen anderen Männern und Frauen, die in Haidakhan bleiben wollen. Er gibt ihnen präzise

Regeln: sie müssen am Feuer morgens und abends beten, müssen meditieren und der Welt entsagen. Sie müssen sich orangefarben kleiden, dürfen nur in Tempeln leben oder in spirituellen Gemeinschaften. Sie können heiraten, aber sie dürfen nur Arbeiten spiritueller Art verrichten, nie für Geld. Es sind die neuen Yogis und Yoginis von Haidakhan, Wächter des heiligen Feuers und des Lichts. Teilweise bleiben die Leute die ganze Nacht wach und singen Mantras am Feuer.

Der Platz ist einfach und sehr schön, wenige Meter vom Wasser entfernt, ringsum wird ein großer Garten angelegt, mit Mango- und Bananenbäumen.

25. August 81. Manchmal kostet es mich große Anstrengung, so in Babajis Nähe zu bleiben, wie er es will, still, mit geöffneten Augen, vollkommen aufmerksam, aber das Licht strömt wie aus dem Nichts hervor.

Babaji hat mir neulich gesagt, daß keine Zeit mehr ist, die Augen zu schließen. Er will kämpferische Yogis, die sich in die Aktion stürzen. Es erinnert mich an die martialische japanische Kampfkunst: der Kämpfer siegt, der am regungslosesten ist, leer, und einfach die Stoßkraft des Gegners zu nutzen weiß. Hier handelt es sich um spirituelle Schlachten, um den Kampf gegen alles, was schlecht und negativ in uns ist. Aber Babaji warnt uns: wir werden auch in der Welt kämpfen müssen, wir werden nicht immer hier bleiben, einige von uns werden zurückkehren müssen in den Westen. Die politische Revolution wird sich für eine globale Veränderung mit der spirituellen verbinden. Wenn Babaji öffentlich spricht, ist er immer entschlossener, sagt sogar, daß er gegen die Gewaltlosigkeit ist, man muß, sagt er, mutig sein.

Ich denke, daß ich nur hier bei ihm bleiben will; aber neulich habe ich etwas Seltsames geträumt: ich ging in Babajis Zimmer und er war nicht mehr da. Draußen vor seiner Tür weinte ich verzweifelt. Wer weiß, für wie lange Babaji noch auf der Erde bleiben wird.

3. September 81. Das Tal ist von einer starken yogischen Energie durchzogen: viele meditieren, manchmal die ganze Nacht, sie fasten, sprechen nicht, beten. Schüler Babajis kommen aus der ganzen Welt, aus Amerika, Italien, der Schweiz, Deutschland, Schweden, Holland, Kanada, Australien. Jeder von ihnen kann seine eigene Geschichte darüber erzählen, wie er von Babaji gerufen wurde, magisch, von so weit her. Dies ist ein historischer Moment der Integration von westlichen Werten mit denen des Orients. Indien hat der Welt die Wissenschaft des Yoga zu bieten, die ewige Weisheit der Veden, das Dharma, den spirituellen Weg, damit sich der Mensch auf die göttliche Ebene seines Seins erheben kann.

Babaji spricht jetzt fließend Englisch, während er früher immer so getan hat, als könne er es nicht. Ich entdecke auch, daß er nepalesisch, tibetisch, bengalisch, die Sprache in Assam, spricht. Niemand weiß, wo er das alles gelernt hat, woher sein physischer Körper kommt, er selbst spricht nie darüber und niemand hat ihn je zuvor gesehen. Seine Erscheinung bleibt immer in Mystik gehüllt, das einzig sichere ist, daß sein Körper nicht wie unserer ist: er schläft sehr wenig und wird nie müde, nimmt irrelevant kleine Portionen Nahrung zu sich, es scheint, daß er weder Hitze noch Kälte spürt. Wenn wir ab und zu in die Berge gehen, hat sein Körper eine unglaubliche Energie, er klettert wie ein Hirsch, fliegt förmlich über die spitzen Steine des Abhangs. Er hat keine persönlichen Bedürfnisse, verlangt nie irgend etwas für seine eigene Bequemlichkeit, all das, was ihm die Leute schenken, sieht er als Spielzeug an. Er gibt uns sehr viel Liebe, aber er hat deutlich keine Vorlieben für irgend einen von uns im Speziellen. Böse wird er nie, auch wenn er es versteht, sehr streng zu sein, die normalen menschlichen Emotionen scheinen ihn nicht zu berühren. Seine Energie ist unendlich, und er verteilt sie mit vollen Händen. Sich ihm zu nähern ist, als würde man eintauchen in eine Welle der Kraft, des Friedens, des Positiven. Seine physische Erscheinung ist ein starkes Magnetfeld, ein Magnet, der unwiderstehlich anzieht. Gelegentlich nehme ich uns in seiner Gegenwart wahr wie Insekten, die verrückt um eine Lampe herumfliegen, bereit, sich die Flügel zu verbrennen, um an das Licht zu kommen, bereit, aus Liebe zu sterben.

Der Ashram funktioniert perfekt unter der Führung von Babaji, dem es gelingt, die verschiedensten Energien zusammenzuhalten; Rassen aus allen Teilen der Welt, Yogis, Familien, Kinder, Reiche, Arme. Jeder hat eine Aufgabe zu erfüllen und eine Funktion in einem harmonischen Ganzen, das sich wie ein kleines Modelldorf zusammenfügt, wie ein Experiment einer utopischen Gesellschaft. Mir wird klar, daß das alles dank seiner Autorität möglich ist.

Babaji wird immer mehr ein Meister des Lebens. Er lehrt uns, was Liebe und Wahrheit in die Praxis umgesetzt heißt, in den Aktionen des täglichen Lebens.

6. November 81. Heute sind viele Besucher hier. Babaji sieht müde aus, irritiert, er schickt viele weg. Auch ich finde die Atmosphäre sehr bedrükkend, ein Chaos von Energien, das geordnet werden muß, gesäubert, geläutert. Die Leute, die hier ankommen, hoffen, daß Babaji alle ihre Lebensprobleme löst. Ich spüre großes Leid in allen, für mich unentwirrbar.

Innerhalb von zwei, drei Stunden hat Babaji die Fäden entwirrt: alle sind zum Arbeiten beordert, mit verschiedenen Aufträgen. Keine Zeit zum Meditieren oder vielem Nachdenken über die eigenen Probleme, man muß sich bewegen, handeln, tun, der eigene Geist muß sich mit der Aktion auseinandersetzen. Am Abend sind alle ungeheuer müde, und Babaji lacht vergnügt; jetzt hat der Verstand losgelassen, und er kann seine Arbeit beginnen. Er wirkt mit der Energie des Herzens auf sie ein, direkt, ohne Mitleid oder Halbheiten. Man muß den Empfindungen begegnen, sich mit dem auseinandersetzen, was in den Tiefen verborgen ist und auch an Schmerzlichem. Er verspricht uns viel Freude, wenn wir nachgeben, loslassen, eine Freude, die sich in seinen Augen widerspiegelt, in jeder seiner Gesten und Bewegungen: selbstsicher, perfekt, tadellos, kraftvoll, flexibel, wandelbar, vollkommen frei und spontan, absolut.

15. November 81. Eine junges schwarzes Mädchen ist angekommen. Neben ihr sieht Babaji wunderschön aus, in seinem Gesicht findet man die Züge jeder Rasse der Welt wieder, er trägt die Essenz jeder Zivilisation in sich. Heute Abend hat er in der Öffentlichkeit einen anfeuernden Vortrag gehalten über die Gleichheit der Rassen. Es hat mich so bewegt, daß ich weinen mußte. Er sagt, daß die einzig wahre Religion die ist, die auf den menschlichen Werten aufgebaut ist.

Jetzt muß ich ihm jeden Morgen um fünf, nach der Feuerzeremonie, ein Getränk bringen und ein Weilchen bei ihm sitzen. Ich habe ein bißchen Angst, es ist sehr schwer, in völliger Einsamkeit still bei ihm zu sein. Mein Geist ist nie rein genug, ich habe immer noch unnütze negative Gedanken. Er versucht mit kleinen Hilfen, mir einen Freiraum zu geben, läßt mich einen Brief lesen, ein Kleidungsstück wegräumen, etwas zusammenlegen. Mir wird bewußt, wie schwierig es ist, entspannt, ohne Absichten zu sein, offen, aufnahmefähig, wie er mich haben will.

25. November 81. Ich erlebe jeden Tag wundervolle Sonnenaufgänge zu Füßen Babajis, draußen vor seinem Zimmer, den Rhythmus meines Herzens beobachtend, der mit dem Geräusch des Windes schlägt, in seine Unermeßlichkeit eintauchend. Es kommt mir vor, als würde ich mit ihm atmen, während er ruhig ins Weite schaut, vertieft in seine Visionen. Wie sehr wünschte ich mir, eins mit seinem Geist zu sein, wissen und sehen zu können, was in ihm ist. Babaji bleibt immer ein unergründliches Mysterium, von dem er uns nur einige Fragmente offenbaren kann, immer dann, wenn wir aufnahmebereit sind. Ich bin ihm sehr dankbar für diese Momente am Morgen, diese Gemeinsamkeit. Er macht mich zur Mitstreiterin seines Spiels, ich muß seine Sachen ordnen, jede davon ist ein Stückchen aus unserer Welt, ein Symbol unserer menschlichen Bedürfnisse. In den Augenblicken der Stille verwandelt sich die Wirklichkeit ringsum in einen Hof irrealen Lichts, in dem ich mich als ein Teil von ihm empfinde, Teil des göttlichen Bewußtseins.

Jetzt sehe ich ihn nicht einmal mehr an, wenn ich bei ihm bin, sein Körper wird zunehmend nur ein Symbol jener unendlichen Präsenz, die allgegenwärtig, alldurchdringend ist.

Er umhüllt mich mit einer unendlich süßen Liebe, ruft oft meinen Namen mit einer Zärtlichkeit, die mich rührt, fast, als brauche er mich, meinen Dienst. Jetzt fühle ich mich vollkommen akzeptiert und mir wird bewußt, daß ich etliche Jahre gebraucht habe, an den Punkt zu gelangen, an dem ich bereit bin, seine Energie zu empfangen. Es ist eine Schwingung von tiefem Frieden, von Kraft.

3. Dezember 81. Oft muß ich für Babaji übersetzen, ich bin wie ein Puffer zwischen ihm und den anderen, wenn seine direkte Präsenz zu stark für den anderen ist. So werde ich Zeuge dessen, was er lehrt und vermittelt, von den unzähligen menschlichen Verstrickungen, die er versucht zu lösen. Es ist ein wertvolles Geschenk, und ich bin ihm dankbar.

Zwischen ihm und mir benutzt er oft Shastriji als Filter, den alten Weisen, der ihn überall hin begleitet. In seiner Gegenwart erzählt er mir viele Geschichten, trällert Poesien und uralte Legenden, läßt mich teilhaben an der Millionen Jahre alten Weisheit Indiens. Er erzählt mir die Geschichten großer Yogis aus der Vergangenheit, jeder von ihnen mußte große Opfer vollbringen, jeglicher Verhaftung entsagen, um die Wahrheit zu verwirklichen. Der Weg der göttlichen Verwirklichung, sagt Babaji, ist die härteste Aufgabe der Welt, es ist eine Straße, die schwer zu überqueren ist, so als laufe man über eine Rasierklinge. Im Kali yuga[25], fügt er hinzu, fallen alle

---

[25] Zeitalter, in dem das Böse überhand nimmt

Yogis dem einen oder anderen Hindernis zum Opfer und sogar die Sadhus schaffen es nicht, ihre geistige Übung zu beenden. Perplex sehe ich ihn an; wer weiß, was mir passieren wird, auch ich zweifle, ob es mir gelingen wird, irgend etwas abzuschließen. Für den Moment ist es einzig seine Gnade, die es mir erlaubt, tastend voranzukommen. Ich weiß nicht, was geschähe, wenn er mich eines Tages verlassen würde.

Kürzlich, während ich ihm im Garten die Füße massierte, hat er zu mir gesagt: "Ich bin müde, ich gehe in den Himalaja." Ich habe ihn gefragt, ob er mich mitnehmen wird, aber er hat lächelnd geantwortet, daß es dort für mich zu kalt wäre.

27. Dezember 81. Hunderte von Menschen waren an Weihnachten hier. Babaji ließ auf der anderen Flußseite ein großes Zelt errichten, um alle unterzubringen. Er sagt, daß dies ein historisches Weihnachtsfest sei, international, zur ersten Mal werde Christi Geburt zu Füßen des Himalaja gefeiert.

Es gelingt uns, eine Hundertschaft von Personen unterzubringen; zum Schlafen rücken wir auf den Matratzen und Strohmatten am Boden dicht zusammen. Für jeden gibt es ein Eckchen, Essen im Überfluß, kiloweise

Ich verbringe herrliche Zeiten in der Morgendämmerung zu Füßen Babajis, jeden Tag...

Süßigkeiten, Obst, jeder hat etwas mitgebracht. Für Babaji kommen von überall her Geschenke an, man weiß nicht mehr, wohin damit.

Wir begehen eine große Feuerzeremonie, bringen dem Feuer geweihte Speise, Weihrauch, Blumen, Milch und duftende Essenzen dar, begleitet von dem Rezitieren der heiligen Mantren der Veden. Es ist ein kollektives Gebet, bei dem das Feuer zum Symbol für die kosmische Energie wird, jener subtilen Essenz, die die Materie verbrennend und auflösend, Reinigung und Wandlung in Licht darstellt.

Die Liebe Babajis ist es, die uns alle zusammenhält, dicht gedrängt auf den Zimmerfußböden. Zusammengezwängt essen wir abends im großen Zelt mit gekreuzten Beinen auf dem Boden sitzend, von Tellern aus Blättern. Man muß mindestens eine Stunde schlangestehen, um bei Babaji anzukommen und sich vor ihm verneigen zu können. Alle arbeiten mit Begeisterung, um zu organisieren, vorzubereiten. Einige der Inderinnen kochen die ganze Nacht hindurch, singen dabei am Feuer. Bis in den Nachmittag haben die Männer alle Hände voll damit zu tun, Essen in großen Kübeln zu verteilen.

Auch aus den umliegenden Dörfern kommen hunderte von Personen, viele Kinder. Wir haben einen Weihnachtsbaum aufgestellt und für fast alle ein Geschenk. Babaji läßt uns am Flußstrand einen Tea-Shop eröffnen und ein italienisches Restaurant. Er will, daß wir drei Tage lang Tee und Nahrung gratis ausgeben. Wir sollen die Inder beschenken, das Volk, das uns beherbergt in diesem mütterlichen Tal, das es uns erlaubt, diese unvergeßliche Erfahrung zu erleben.

Gestern habe ich geweint, als ich die lange Reihe von Pilgern sah, die den Fluß entlang kam, mit ihren Rucksäcken, nach einer langen Reise, auf der Suche nach einer Antwort, die wir in unserem Land nicht finden können. Auf der Suche nach Führung, die uns gefehlt hat, nach Licht, das wir in den finsteren und traurigen Straßen unserer Städte nicht sehen können. Das Göttliche ruft uns nach Indien, in eines der ärmsten Länder der Erde, zu einem Meister, der sich wie ein antiker Christus präsentiert in seiner Demut, seiner Schlichtheit.

Ich bin ergriffen. Babaji läßt uns an Heiligabend das Halleluja singen und unsere traditionellen Lieder. In Engel verkleidet tanzen einige mit großen Kerzen, er fordert uns auf, das Licht an alle Anwesenden weiterzureichen. Ich sehe die Augen der indischen Kinder strahlen vor Verwunderung und

Erstaunen, alle Gesichter leuchten. Voller Ekstase betrachten wir Babaji, der lacht und auf seinem Sitz von einer Gruppe westlicher Kinder bestürmt wird.

4. Januar 82. Aus heiterem Himmel hat Babaji gesagt, daß sich alle Italiener schwarz kleiden müssen. Unter ihnen gibt es einen jungen Mann, den er Kali Shani nennt, und der ihr Anführer sein wird. Kali ist der Name des Kriegsgottes, Shani der des Planeten Saturn, der in Indien als der Planet der Zerstörung gilt. Dieses neue Spiel Babajis macht mich ein bißchen betroffen, zum Glück hat er nicht zu mir gesagt, ich müsse Schwarz tragen, im Gegenteil, er bittet eine Inderin, mir einen weißen Sari aus Bombay mitzubringen.

Mir ist unbehaglich zumute bei dieser Geschichte; all diese schwarzen Punkte, die sich im Ashram bewegen, sind für mich ein etwas finsteres Zeichen; Shani ist auch noch ausgestattet mit einem großen eisernen Dreizack, um den sich eine Plastikschlange windet. Babaji hat ihm in Bombay eine spezielle Einweihung erteilt, während der er öffentlich erklärte, daß dieser junge Mann, der schon in früheren Leben die Personifizierung des Saturn gewesen sei, jetzt wiedergeboren wurde, um der großen Revolution, die in die Welt kommen werde, zu assistieren. Diese von Babaji immer öfter geäußerten Anspielungen hinsichtlich einer künftigen Weltkrise machen mir Sorgen und ich beginne, bestimmte Dinge in meinem Schrank auf die Seite zu legen. Babaji spricht im besonderen von den 80er Jahren als denen der großen Veränderung.

10. Januar 82. Die Sache mit dem Schwarz fängt an, ein seltsames, theatralisches Spektakel zu werden. Es sind gerade viele Italiener hier, so um die fünfzig, und alle, Männer und Frauen, laufen herum wie Krieger der Mutter Kali[26]. Besonders die Frauen wirken wie düstere Erscheinungen, und wenn sie nah bei Babaji sind, sehen sie beängstigend aus.

Lachend sagt er, daß dies die Black Army, das schwarze Heer, sei, denn der Moment des Kämpfens sei gekommen. Die Yogis und Yoginis müssen Soldaten von Bhairu Baba, dem Heeresführer der Armee Shivas, werden, mit der er das Heer der Dämonen besiegen werde.

In der indischen Mythologie ist Shiva der zerstörerische Gott, jener, der in Krisenmomenten im Auftrag aller anderen Götter erscheint, um negative

---

[26] schwarze Göttin, Kal(a)- die Zeit, schwarz

Energien auszumerzen und die verlorene Harmonie wieder herzustellen. Für den Kampf beruft er sich auf seine Shakti, seine kämpferischen Ehefrauen, die in Durga und Kali personifiziert sind. Die eine rot, die andere schwarz: Sie haben die Macht, die Schlacht gegen jedweden Dämon zu gewinnen.

Ich bin bestürzt über Babajis Spiel. Wenn abends die Leute in die große Halle kommen, scheint es, als wären sie Statisten in einem Fellini-Film: kahl rasierte junge Männer, in ein schwarzes Tuch gehüllt, sie wirken wie grausame Leibwächter. Shani, unterwegs mit dem Dreizack, kommt einem vor wie die Erscheinung des auferstandenen Rasputin, die jungen Frauen, mit dunklen Schleiern bedeckt, erinnern an gefährliche schwarze Witwen oder verkleidete Hexen.

Auch der Arbeitsrhythmus hat sich gesteigert, als hätte es Babaji eilig. Die neuen Soldaten müssen den ganzen Tag Steine schleppen, nach den Befehlen eines indischen Heeresmajors, enorme Massen vom Flußsteinen bewegen, und auch die Frauen sind von den schwereren Arbeiten nicht ausgenommen. Babaji läßt weiterbauen und verspricht uns großen Komfort in der Zukunft. Neulich hat er zu Har Govinda gesagt, daß er eines Tages Schweizer Gärten in Haidakhan anlegen würde.

Neben den Schwarzen sind da die Orangenen, die Yogis und Yoginis, die in dieser Farbe gekleidet sind und sich am Dhuni aufhalten. Babaji dagegen zieht die verschiedensten Farben an, oft die grellsten und auffallendsten, und bewegt sich unter uns wie ein kosmischer Joker, sein lebendiges Theater aufbauend, seine Schule. Jetzt nehme ich ihn tatsächlich wie den traditionellen, tanzenden Shiva wahr, den großen Gott, der während seines kosmischen Tanzes unsere Ignoranz zerstört, unsere Illusion, unser Verhaftetsein, unseren eigenen Geist, alles, was uns davon abhält, Göttliche zu sein, eins mit ihm.

Vor einigen Tagen hat er den Schneider des Dorfes kommen lassen und bei ihm für einen jungen Mann ein Joker-Kostüm bestellt. Es soll aus bunten Streifen mit allen Farben bestehen. Er muß es jeden Abend anziehen und in der Öffentlichkeit tanzen. Krumm und gewunden bewegen sich neben ihm die schwarz gekleideten Mädchen, eine Mischung aus Mystik und westlicher Rock-n-Roll-Sinnlichkeit. Die Inder mit ihrem intensiven Rhythmus, die Inderinnen mit Bewegungen aus dem orientalischen Tanz, das Spektakel ist vollkommen. Prem, meine indische Freundin, elegant und gebildet, sieht mich fassungslos an und sagt: "Das ist ja ein Zirkus!", und das ist wahrhaftig so.

15. Januar 82. Ich habe versucht, Babaji zu fragen, warum er sich diese Geschichte mit dem Schwarz ausgedacht hat: er hat mich drohend angesehen und gefragt, ob ich mich vielleicht auch Schwarz anziehen will. Ich habe meine Frage sofort zurückgenommen. In einer der letzten Nächte hatte ich einen Traum, in dem ich Bhairu Baba sah, der mir sagte, daß er dunkel sei, weil nur das Schwarz die Macht habe, die Finsternis zu zerstören und die Kräfte des Bösen. Nur das Schwarz, vom Göttlichen benutzt, kann die ausgleichende Kraft gegenüber den negativen Energien haben.

Ich fange an, Shani, den italienischen jungen Mann, aus einer anderen Perspektive zu sehen, ich nehme ihn jetzt wahr als eine Erscheinung der Kraft, des Mutes. Er kann stundenlang neben Babaji ausharren, stehend, ohne mit einer Wimper zu zucken, unbeweglich, konzentriert.

Ein Teil in mir ist jedoch verängstigt und manchmal frage ich mich, ob Babaji noch lange bei uns bleiben wird, es kommt mir so vor, als würde er sich für uns alle verausgaben, mit unendlicher Geduld unsere Spiele mitspielend, unsere Schwingungen aufnehmend, unsere Probleme. Er ist aufgedunsen, müde, wird ein wenig plump wie wir. Manchmal sagt er, es gehe ihm nicht gut, er fragt nach Medizin.

Ich stelle den unvermeidlichen Vergleich zu dem Babaji an, den ich vor zehn Jahren kennengelernt habe, rein, wunderschön, perfekt, ein Engel, der gerade von einer anderen Dimension herabgestiegen ist. Wir haben es nicht geschafft, uns auf seine Stufe zu erheben, und so wollen wir ihn auf unsere herunterziehen, möchten, daß er an unserer menschlichen Situation teilnimmt. Dies ist möglicherweise sogar sein Ziel. Gestern hat er Shastriji und mich zu sich gerufen und ein Lied für mich gesungen: "Dein Geliebter hängt am Kreuz, siehst du nicht, daß dein Geliebter am Kreuz ist? Und du, wie könntest du ihn erreichen?" Ich war bestürzt.

20. Januar 82. Oft spielt er das Kind für mich, ein göttliches Kind, das Pflege braucht, Hilfe. Er ruft mich, um seine Dinge in Ordnung zu bringen, ihn zu kämmen, ihm ein Glas Wasser zu bringen, Essen zuzubereiten. Er gibt mir das Gefühl, nützlich zu sein, und ihm zu dienen, ist für mich eine Möglichkeit, mit ihm zu kommunizieren, mich akzeptiert zu fühlen - Teil seiner Arbeit. Es ist auch eine Art, ihm meine Dankbarkeit auszudrücken, eine immense Erkenntlichkeit für all das, was er uns gibt durch seine physische Präsenz auf der Erde, seine Lehren, seine Arbeit der Wandlung, die er in uns bewirkt, in unseren Zellen, um uns darauf vorzubereiten, lebende Organismen eines neuen Experiments auf Erden zu sein; um Licht in all die Enge und Dunkelheit unserer Körper zu bringen, um unsere Herzen zu läutern. Damit er uns zurückführt zu einer Menschheit der Liebe, die wir mit jeder Geste und Bewegung auf unserem Weg leben.

Seine Lehre bezieht sich auf jede Situation unseres Alltags, denn wir müssen das ganze Leben weihen und es zur Puja werden lassen, einem Akt der Anbetung für diese Energie, die uns Halt gibt, die der Sinn unseres Lebens ist.

Babaji erreicht das, indem er uns lehrt, in allem, was wir tun, präzise und perfekt zu sein. Er verlangt extreme Sauberkeit, läuft mit seinem Stock im Ashram herum und kontrolliert jeden dunklen und hintersten Winkel. Wenn er in mein Zimmer kommt und irgend wo Staub sieht, mein Sari unordentlich ist, schreit er mich an. Es dürfen keine schmutzigen Töpfe in der Küche sein, trockenes Laub im Garten, Abfall, wo auch immer, ungewaschene Kleider: die spirituelle Reinigung beginnt bei unserem Körper und bei dem Element Erde, auf das wir alle unsere Füße setzen. Er ist in seinem Zimmer unglaublich ordentlich, alles legt er sauber hin und mit großer Aufmerksamkeit. Er vergeudet nichts, führt mir vor, wie man Nadeln aufbewahrt, alte Gummis, Säckchen, wie man Papier wiederbenutzt, Tüten; hinter jedem dieser Gegenstände steht menschliche Energie, Arbeit, Mühe. Er zählt gnadenlos das Geld, registriert es, gibt die gebrauchten Kleidungsstücke weiter, faltet mit großer Hingabe das bunte Geschenkpapier wieder zusammen, benutzt es, um andere Päckchen damit einzuwickeln. Oft schenkt er den indischen Arbeitern einen Extragroschen, auch das mit Umsicht, ohne je zu übertreiben, obwohl er auch wertvolle Geschenke zu machen weiß, wenn es die richtige Person ist. Er führt uns ein Modell von einem anderen künftigen Universum vor, in dem man lernen muß, menschliche Energie zu gebrauchen und zu nutzen, die Energie der Erde, der Natur. Er hat zu uns vor ein paar Tagen gesagt, daß die neue Welt von Haidakhan aus beginnen würde, und daß er uns darauf vorbereite.

Überall im Garten pflanzt er neue Samen, Mangobäume, Papaja, Getreide, Kirschbäume. Er läßt uns den Boden ebnen, Stein für Stein, ein großes Areal am Ufer des Flusses, und er zeigt uns, wie man Korn anpflanzt, Reis, Gemüse. Er will, daß wir Kühe und Pferde züchten.

Schönheit und Göttlichkeit sollen die menschlichen Lebensumstände beeinflussen. Die Yogis aus alter Zeit suchten das Göttliche einzig in sich, indem sie in der Einsamkeit meditierten. In dieser Epoche der Wandlung will Babaji die Veränderung des ganzen Planeten. Das Zeitalter des Wassermanns steht vor der Tür.

Viele von uns sind bis hierher gekommen, weil sie einem Ruf gefolgt sind. Wir haben uns auf den Weg gemacht durch die Straßen des Orients, auf der Suche nach einer Weisheit, die wir in unserem Land nicht gefunden haben; auf der Suche nach einem Bewußtsein, das dem Leben einen Sinn gibt, auf der Suche nach einer spirituellen Antwort, die weder der Kommunismus, noch der Kapitalismus zu geben wußte.

3. Februar 82. Der Arbeitsrhythmus ist dringlich geworden, Babaji läßt uns bis zwei Uhr mittags arbeiten, schreit, er habe wenig Zeit. Manchmal regt er sich sehr auf, besonders über Faulheit, Trägheit, schickt plötzlich Leute weg, mit seinem Stock fuchtelnd. Er verlangt das Äußerste an Kraft, denn neben all dieser physischen Arbeit, läßt er uns eine präzise spirituelle Arbeit verrichten. Gestern war ich betroffen, als ich sah, wie er eine junge Frau mit dem Stock schlug. Der Stock ist zersprungen, und er brachte ihn mir zum Reparieren. In einem mutigen Augenblick habe ich ihn gefragt, ob er nicht mit Liebe lehren könne. Er hat geantwortet, daß die Liebe in den Himalaja gegangen sei und daß, wenn die Menschen die Lehren der Liebe nicht verstünden, man die Kraft einsetzen müsse. Auch mir hat er zwei oder drei Mal eine Ohrfeige gegeben. Etwas, das er früher nie getan hätte, aber ich weiß, es war wegen meines Starrsinns, manchmal rebelliert etwas in mir, wenn ich mich zu schwierigen Aufgaben gegenübergestellt sehe.

Auch ich arbeite pausenlos, die Menschen werden immer zahlreicher, und ich muß vieles handhaben: mein kleines, übervolles Zimmer, seine Räume, die ein kleiner Palast geworden sind, den Schriftwechsel, immer an seiner Seite sein zum Übersetzen und darüber hinaus wissen, wann oder wann nicht der richtige Moment ist, um nicht zu stören oder lästig zu sein. Viele beneiden mich um meine Nähe zu ihm, und ich werde auch mit Neid und Eifersucht konfrontiert, besonders von Seiten der Frauen, oft falle ich auf das Spiel herein, auf Konkurrenz, und werde wütend. Babaji erwartet von mir, daß ich gleichgültig und neutral bleibe in diesen Situationen, und das ist nicht leicht.

Manchmal benehmen wir uns ihm gegenüber wie Jagdhunde mit ihrer Beute, alle wollen ihm physisch so nah wie möglich sein, ihn berühren, ansehen, ein Lächeln von ihm bekommen, etwas Süßes, ein Geschenk, wollen ihm dienen, ihn massieren. Heute war er in meinem Zimmer gesessen, Arme und Beine ausgestreckt auf seinem Sessel, während ihn irgend ein orientalisches Mädchen massierte. Er hat sich plötzlich zu mir gewandt und in Hindi gesagt: "Eßt, eßt, nehmt, was es zu nehmen gibt, höhlt mich aus." Betroffen sah ich ihn an, ich selbst fühle mich manchmal schuldig durch all das, was er mir gibt, all die Zeit und Aufmerksamkeit, die er einsetzt, um mir zu helfen, damit ich mich ändern kann.

Die Situation im Ashram ist schwierig geworden, viele Personen, zusammengepfercht in den Zimmern und wahrhaft heterogen, indische Familien, Kinder, geachtete Personen, andere sehr, sehr arm, die ganze Mischung dessen, was wir aus dem Westen herbringen. Grenzfälle: drogenabhängige junge Männer, verrückte Leute, die in Krisen stecken oder schwer krank werden. Alle hoffen, daß Babaji auf magische Weise alles löst, Wunder vollbringt, daß er unheilbare Krankheiten heilt oder Wahnsinn, daß er geschäftliche Probleme für sie löst oder Eheprobleme, die Armut von ihnen nimmt, all die komplexen zwischenmenschlichen oder psychischen Probleme von so vielen, sie beruhigt oder ihnen die Zukunft vorhersagt, daß er sie berät, liebt, beschützt. Mir wird klar, daß unser menschliches Leid groß ist, endlos, ich frage mich, was Babaji tatsächlich für uns tun kann, und warum Gott nicht sofort all diesen Schmerz von uns nimmt.

Ich stelle Babaji diese Frage: Warum greift das Göttliche nicht ein, um uns immer zu helfen? Er antwortet, daß die göttliche Gnade immer gegenwärtig ist, aber daß das Karma, das wir uns selbst geschaffen haben, größer ist als Gott. Aus diesem Grunde kann die Gnade nur unter bestimmten karmischen Bedingungen eingreifen. Die Methode, den Geist zu reinigen, ist das ununterbrochene Wiederholen des Namen des Herrn.

Die indische Mystik beinhaltet viele Geschichten von Heiligen, die sich in Abgeschiedenheit zurückzogen, Monate, Jahre damit verbracht haben, einzig das Mantra zu wiederholen und so zur Verwirklichung der letzten Wahrheit gelangten. Babaji fordert jetzt von uns, daß wir dies im Handeln, in der weltlichen Arbeit tun, was vielleicht leichter, oder möglicherweise eine zu schwierige Herausforderung ist.

Ich erfahre es hier, mitten im improvisierten Babylon, und verliere das Gleichgewicht: wenn ich meditiere, habe ich keine Lust mehr mit den Menschen zu reden, komme ich mit Menschen zusammen und beschäftige mich mit ihren Problemen, gelingt es mir nicht mehr, mich zu konzentrieren, um zu meditieren. Es ist mir klar, daß Babaji will, daß ich mich so bewege, als würde ich nichts tun und doch all die Dinge erledige, mit leerem Geist, offen, wie ein Kind.

12. Februar 82. Ich habe mich mit einem wunderschönen italo-afrikanischen Mädchen angefreundet. Babaji läßt auch sie Schwarz tragen und gibt ihr den Namen der Göttin Kali. Ich sehe ihr ekstatisches Lachen und empfinde plötzlich das Schwarz wie eine Energie der Kraft, des Mutes. Wir sind die tantrischen Yogis Shivas und müssen uns der Welt stellen, das Negative in uns aufnehmen und umwandeln.

Babaji beginnt wieder das Katz' und Maus-Spiel mit den Frauen. Er muß sich der sexuellen Energie aussetzen und sie reinigen, sie umwandeln in subtile, psychische Energie; wie man im alchimistischen Prozeß verschiedene Metalle verwendet, um an das Gold zu kommen, genau so werden die physischen Energien verfeinert und zum Licht zurückgeführt.

Hin und wieder nimmt er mich in den Arm, drückt mich, bis es mir weh tut, ohne romantische Vorstellungen. Es ist ein Kontakt von Energie, Liebe in einem bestimmten Sinn, hat aber nichts mit menschlicher, physischer Liebe zu tun. Mein Körper hat sich jetzt ganz auf das Meditieren eingestellt, auf ein Kanalisieren zum Höheren hin, zum Bewußtsein des Miteinander des Lebensstroms und der Psyche. Auch mein Leben, das weiß ich, ist einzig ihm geweiht, der spirituellen Arbeit.

Manchmal bin ich immer noch aufgebracht, wenn ich Babaji mit den Frauen spielen sehe, wenn er sie anfaßt, sie provoziert und der ganze Ashram oft von dieser Schwingung durchdrungen ist. Aber mir ist bewußt, daß dies die vorherrschende Energie in der Welt ist. Heute ist der Sex unsere größte Abhängigkeit auf der physischen, materiellen Ebene.

Babaji reflektiert sie und reinigt sie, konstant nimmt er sie auf und verwandelt sie, ein sehr großes Opfer für ihn, wie jeder Guru es schon immer erbringen mußte. Jeder Prophet und Meister, der zu den Menschen in die Welt kam, mußte die Last tragen und das Kreuz.

Vor einigen Tagen hat Babaji zu uns gesagt, daß Christus am Kreuz die vierte und letzte Einweihung bekommen hätte, durch die er eins mit Gott geworden sei, die letzte Prüfung überwindend. Manchmal habe auch ich Angst vor diesem konstanten Opfer, das er hier an diesem Ort von mir verlangt, ich fürchte, es nicht zu schaffen, würde gerne davonlaufen: im Winter leidet man unter der Kälte, im Sommer unter der tropischen Hitze, die Monsune, die Unbequemlichkeiten, die ungenügende Nahrung, der ständige Kontakt mit Menschen, ohne je einen Privatbereich zu haben, einen Urlaub; eingeschlossen in einen Kreis, abgeschnitten von der äußeren Welt.

Heute schaute ich mir das Tal von oben aus an, es wimmelt von Personen, Pilgern; eine große Gruppe schwarz gekleideter Italiener, Steine transportierend, die Yogis und Yoginis in Rosa, damit beschäftigt, am Fluß Stoffe zu waschen und Utensilien vorzubereiten für ihre Zeremonien, die Inder in den Gärten und Camps verteilt, die Frauen, die in einem bunten Kreis zusammensitzen und Brot überm Feuer backen, die Kinder, die im Wasser platschen, ein alter Inder, der wie ein antiker Weiser in Meditation dasitzt, eine Frau, die in Ekstase tanzt. Eine zusammengewürfelte Gemeinschaft, faszinierend, die eine Gemeinsamkeit in ihrer Unterschiedlichkeit findet, ein anderer verbindender Punkt ist die Liebe zu dem Meister und die Hingabe an die Suche nach einer Wahrheit. Am Abend beobachte ich in der Halle die Gesichter der Leute, die Babaji ansehen. Ekstatische Gesichter, glücklich, erleuchtet von seinem Licht, wie Sterne, die sich um die Sonne drehen. Die Engel singen von seinem Ruhm und Babaji ist vergnügt, vermittelt uns reine Freude, Leichtigkeit, Liebe und großen Frieden. In der Nacht habe ich kurze, sehr tiefgehende Träume. Mir fehlt nichts mehr, solange ich zu seinen Füßen bleiben kann.

3. April 82. Ein Sommer hat begonnen, der schon jetzt sehr heiß ist. Es ist Novaratri, das Fest zu Ehren der göttlichen Mutter, das in ganz Indien gefeiert wird. In Haidakhan sind einige hundert Personen angekommen, und es ist kein Platz mehr. Sie campen überall, schlafen in jeder kleinen Ecke, auf Strohmatten, unter Bäumen. Die Inder können mit nichts auskommen, ihr physischer Körper braucht sehr wenig Platz, sie haben kaum Ansprüche, ein Stück Stoff, um Kleidung zu wechseln, eine Decke zum Hinlegen, ein bißchen Brot am Tag, um sich zu ernähren. Wahrscheinlich werden sie es sein, die gerettet werden, wenn der Krieg kommt, den Babaji prophezeit. Sie können ohne Elektrizität leben, ohne Benzin, Gas, sind Vegetarier, wissen, wie man von Hand den Boden bestellt, eine Hütte blitzschnell aufbaut, eine Steinbrücke, eine Feuerstelle im Wald anlegt, die ihnen als Haus dient: Babaji lehrt uns das alles. Vor allem bringt er uns bei, untereinander Geduld zu haben, sich zu ertragen. Ich bemerke, daß immer, wenn zwei sich unsympathisch sind, er sie sofort zusammen im gleichen Zimmer schlafen läßt. Ist einer von einem eigenen Privatzimmer abhängig, wird er

Manchmal macht es mich immer noch unruhig, weil Babaji mit den Frauen
scherzt...

sofort in das größte und unbequemste Zimmer verlagert. Manchmal läßt er
Räume leer stehen und befiehlt den Personen, sich alle am gleichen Platz
dicht gedrängt aufzuhalten. Er bekämpft unseren Egoismus, unseren Indi-
vidualismus, unsere Überheblichkeit, er versucht uns von allen Seiten zu
packen.

Dieses Mal ist das Festival großartig. Es kommt viel Geld in die Kasse und
Babaji organisiert gigantische Feuerrituale, Gebete und Gesänge, die ganze
Nacht durch, Bhandaras[27] und Mittagessen für Hunderte von Menschen.
Es wird pausenlos gekocht, bis in die Morgendämmerung. Aus Haldwani
kommen Lastwagen und Pferde, beladen mit Proviant, es regiert plötzlich
der Überfluß in diesem so armen Land. Alles ist gratis, das Geld wird
spontan angeboten, und so bildet sich automatisch ein idealer Ausgleich:
wer hat, gibt, und die Armen bekommen etwas umsonst. Jeder arbeitet unaufhörlich und gibt sein Bestes, um zu dienen, zu helfen. Ich denke mir,

[27] Festessen

wie schön es wäre, wenn die ganze Menschheit sich in dieser Welt so benehmen würde, wir hätten jegliche Probleme gelöst.

Shastriji hat gestern einen Vortrag in der Öffentlichkeit gehalten und gesagt, daß Babaji uns schon jetzt, im Kali Yuga, dem dunklen Zeitalter, einen Vorgeschmack auf das Satya Yuga, die Ära der Wahrheit, gibt.

10. April 82. Das Fest ist zu Ende. Heute ist mein Geburtstag, aber ich wage es nicht, davon zu sprechen. Babaji hat einmal zu mir gesagt, daß ich ihn nicht feiern könne, daß mein Geburtstag, mein neues Leben, mit dem ersten Tag begonnen habe, an dem ich bei ihm angekommen sei, und so denke ich erfreut, daß ich gerade zehn Jahre alt bin. Ich bin müde, aber glücklich. Babaji hat mich ohne Unterbrechung an seiner Seite bleiben lassen. Täglich hat sich mein kleines Zimmer in einen Salon für Gäste verwandelt, Babaji hat kontinuierlich von seinem Sessel aus Prasad[28] verteilt, Geschenke, Lächeln, Scherze der Weisheit, mit uns wie mit ewigen Kindern spielend. Ich bin bei ihm wie eine Priesterin während eines Zeremoniells. Und doch sagt er, er sei der König und ich die Königin, alles, was ihm gehöre, ergänzt er, gehöre auch mir. Er hat all sein Geld in meinen Schrank gelegt und sagt, ich könne alles nehmen, was ich brauche. Ich weiß, daß ich aufpassen muß, nicht stolz zu werden.

2. Mai 82. Heute habe ich in der Öffentlichkeit einen Vortrag von Babaji übersetzt und fühlte mich dabei wie damals in Italien in der Zeit der politischen Kämpfe als junges Mädchen. Er spricht jetzt wie ein Heeresführer des Volkes, die Situation in der Welt ist unausweichlich. Die kollektive Situation scheint die wichtigste Sache für ihn zu sein. Er sagt, daß wir menschlich werden müssen, einfach gut untereinander.

Ich glaube, die Weisheit ist tatsächlich so einfach, daß sie sich banal anhört; wir sind es, die kompliziert sind und deshalb gelingt es uns nicht, sie zu erreichen.

15. April 82. Eine sehr alte italienische Dame ist angekommen, die Babaji vor einigen Jahren kennengelernt hat. Wir sind Freundinnen und schlafen im gleichen Zimmer. Sie ist wohlhabend und hat sich entschlossen, für Babaji in Italien einen Tempel zu errichten. Aber mir wird bewußt, daß sie das Geld liebt, ziemlich darauf bedacht und sehr von ihm abhängig ist.

---

[28] geweihte Speise wie Nüsse, Obst, Süßigkeiten

Babaji nimmt ihr jeden Tag den Geldbeutel aus der Tasche und verteilt alles Geld unter den armen Indern; letzten Monat in Vrindavan hat er ihr befohlen, einige Hundert Sadhus in der Stadt zum Essen einzuladen. Sie ist so verärgert darüber, daß sie mir gesteht, daß sie am liebsten ihren Geldbeutel nicht mehr mitnehmen möchte, aus lauter Angst, daß Babaji ihr Geld verteilt, aber sie wagt es nicht. Babaji beobachtet sie vergnügt und ironisch, macht mit dem Training aber weiter.

Wie vor ein paar Tagen mit dem Homöopathen, der sehr stolz auf seine Wissenschaft ist: Babaji ließ sich die Flaschen mit der Medizin geben, hat all die kleinen Pillen zusammengeschüttet und vermischt und fing an, sie unter den Anwesenden mit vollen Händen zu verteilen. Ich glaube, er will uns damit sagen, wir sollen den Stolz auf unser begrenztes menschliches Wissen überwinden.

17. April 82. Wieder einmal hat Babaji eines seiner Lila, seiner kosmischen Spiele organisiert. Er verheiratete Har Govinda, den schweizer Arzt, mit einer Deutschen. Eine Hochzeit, die er persönlich organisiert hat. An seinem Feuer hat er ihm gesagt, daß er jetzt Friede finden würde. Aber mir ist sofort klar gewesen, daß Babaji dabei ist, eine seiner Fallen aufzustellen. Die beiden lieben sich sehr und dazu noch mit starker Anhänglichkeit. Am Tag nach der Zeremonie sehe ich, wie Babaji plötzlich mit Kamalata, der Ehefrau, anbändelt. Er nimmt sie auf lange Spaziergänge mit, es sieht so aus, als würde er ihr den Hof machen.

Har Govinda schaut verzweifelt zu, wie sie zusammen weggehen und vertraut mir an, daß er schier verrückt ist vor Eifersucht. Und Babaji läßt ihm keine Ruhe: wir wissen beide, daß dieses Spiel nicht so schnell vorbei sein wird. Das war noch nicht genug. Nach zirka zehn Tagen hat Babaji in der Kirtan-Halle vor allen bekanntgegeben, daß Har Govinda ein großer Yogi sei und sich deshalb erlauben könne, mehr als eine Ehefrau zu haben. Er werde ihn auch mit einer Amerikanerin verheiraten. Jetzt richtet sich das Training der Eifersucht auf Kamalata. Wir sind alle erstaunt, wie es Babaji wagen konnte, so etwas zu tun.

Nachdem auch die beiden in einer weniger förmlichen Zeremonie verheiratet waren, ließ Babaji sie zehn Tage lang im gleichen Zimmer schlafen. Am Ende dieser Zeit rief er sie und machte ihnen in der Öffentlichkeit, vor allen, herbe Vorwürfe. Er schickte sie fort, warf ihnen vor, sie hätten etwas Unreines getan, etwas Unrechtes. Har Govinda hat geantwortet, daß er nur in Konsequenz gehandelt habe, nachdem Babaji sie getraut hätte. Aber Babaji sagte, dies sei sein Test gewesen, seine Prüfung, die er nicht erkannt und bestanden hätte. Und er fügte hinzu, daß Babaji, wenn er in dieser Welt erscheint, nur kommt, um Amrita zu geben, göttlichen Nektar, wir aber würden uns für das Gift entscheiden.

Ich betrachte den Film, den Babaji kreiert. Wie ein erfahrener Regisseur bestimmt er die Rollen und die verschiedenen Charaktere. Neulich hat er gesagt: "Ich schäme mich dafür, bekannt und geachtet zu sein."

10. Mai 82. Oft kommt unter uns Eifersucht auf, besonders unter den Frauen, die stärker von der Aufmerksamkeit und den Liebesbeweisen Babajis abhängig sind. Er spielt unablässig mit diesen Emotionen, will, daß wir sie überwinden lernen. Manchmal erwischt es uns aufgrund von Kleinigkeiten, beim Beobachten, wem Babaji ein Stück Obst, ein Bonbon gibt. Ich erinnere mich an eine Reise vor langer Zeit: Mitten in einer Menschenmenge hat Babaji plötzlich angekündigt, daß jeder, der ein Bonbon von ihm haben wolle, sich ihm nähern könne. Fast alle sind aufgestanden, Hunderte von Personen, um dieses unbedeutende Geschenk zu bekommen, wie kleine Kinder, voller Verlangen nach Aufmerksamkeit.

Prem und Deviji, zwei schöne, reiche indische Damen treten oft in Wettstreit um die Gunst von Babaji. Er behandelt sie manchmal wie Königinnen und einen Augenblick später schreit er sie an, sie sollen die Koffer packen und für immer gehen. Eines abends hat er sie in aller Öffentlichkeit bloßgestellt, indem er eine Geste machte, als würde er einer von ihnen etwas reichen und es dann der anderen gab. Und diese Szene hat er mehrmals wiederholt.

Auch mit mir ist er sehr streng, wenn ich in die Falle des Konkurrenzdenkens gerate. Eine sehr aggressive Deutsche zum Beispiel reißt mir jeden Gegenstand aus der Hand, den ich Babaji reichen soll, um es ihm selbst zu geben. Wenn ich wütend werde, weiß ich, daß Babaji diese Situation absichtlich herbeiführen wird, ich muß mich also neutral verhalten, gleichgültig. Ich weiß, daß sich mein Ego nicht davon mitreißen lassen darf.

Dann wieder beschützt er mich, wenn jemand eifersüchtig auf mich ist, aber nur, wenn ich unschuldig an der Situation bin, wie einmal, als er einer jungen Frau, die zu neidisch auf mich war, befahl, alle Toiletten zu putzen, während er und ich romantisch zusammen auf der Terrasse saßen. Kleine Szenen dieser Art wiederholen sich ständig, es ist eine konstante Psychotherapie, wir müssen über unsere Armseligkeit hinauswachsen, über unsere egoistischen Grenzen. Entmutigt schaue ich mir oft diese Szenen an, die Personen, die an seinen Fersen hängen, um ihm physisch so nah wie möglich zu sein, die Frauen, die sich darum reißen, ihn zu massieren, die Männer, die stocksteif wie Militärgeneräle an seiner Seite bleiben, um sich wichtig zu fühlen. Es ist ein kleines Theaterstück, das unsere menschlichen Umstände widerspiegelt, tief im Innern das ewig unbefriedigte Kind, das so viel Zuwendung braucht. Aber, wie die Meister sagen, genau dieses Verlangen ist es, was wir überwinden müssen, um das Bewußtsein in einen Zustand des Friedens und der Einheit mit dem Göttlichen zurückzuführen.

Heute war es so heiß, daß ich weinen mußte. Beim Laufen schwankte ich. Erschöpft habe ich mich zu Babajis Füßen gesetzt, vor seinem Zimmer. Er hat mir den Kopf gestreichelt, hat auf den großen Bodhibaum gezeigt, unter dem wir saßen, und mir gesagt, daß ich diesen Baum lieben muß, ihn gießen und pflegen, denn er sei ein lebendiges Wesen und werde mich

Er sagt mir, ich müsse diesen Baum lieben, gießen,
denn er sei ein lebendiges Wesen...

immer beschützen, auch vor der Hitze, wie eine Klimaanlage, fügte er hinzu. Tatsächlich fühlt man sich unter diesem Baum beschützt. Ich betrachte Babaji in seiner rosa Kleidung, seine Haut schwitzt kaum und strömt einen subtilen Geruch aus. Der Wind erfrischt das versengte Tal, der Fluß wirkt wie ein Licht und ich kann bei ihm sein, eine treue Dienerin, denke ich, einzig durch seine Nähe belohnt.

Mir fällt ein indisches Lied ein: "Herr, erlaube mir, nur vor Deiner Tür zu sitzen, um auf Dich zu warten. Und ob Du kommst oder nicht, ich werde immer hier bleiben und Dich erwarten und sei es für ewig."

Die Zeit zerrinnt mit Babaji: diese Morgendämmerungen, diese Sonnenuntergänge mit ihm, in denen ich verbunden sein kann mit seinem Licht, seiner Stille, sie tragen mich in eine andere Dimension, in der es ewig den Baum Shivas gibt, ewig seinen Fluß, seine Berge, und ewig führt der Meister seinen Schüler auf dem Weg bei der Hand, auch diese Straße ist ewig, eins bereits mit dem Ziel, die Ewigkeit, unendlich präsent.

Ich bin so glücklich, daß ich Panik bekomme beim Gedanken, dies alles zu verlieren, denn alles, was zu schön ist, dauert selten lange; manchmal genügt schon ein Vorwurf von Babaji, etwas, das ich falsch gemacht habe, um mich lange zum Weinen zu bringen. Ich fühle mich zerbrechlich, nicht perfekt, seiner nicht würdig, habe Angst, mit meiner Unzulänglichkeit, meiner Unausgewogenheit den Zauber zu zerstören. Wenn Babaji spürt, daß das in mir vorgeht, tröstet er mich, indem er mich mit zärtlicher Stimme zu sich ruft, lindert die Trennung, die da ist, solange, bis ich vollkommen bin, eins mit ihm. Babaji macht uns nichts vor, der Pfad ist lang, schwer, und wahrscheinlich ist die wichtigste Tugend die Geduld.

1. Juli 82. Heute habe ich ihn, gemeinsam mit Shastriji, im Fluß gebadet. Nach der Regenzeit hat Babaji ziemlich zugenommen, er brüstet sich mit seinem dicken Bauch, der mit den Jahren wie der eines chinesischen Buddha angeschwollen ist, wie aufgeblasen wirkt er, obwohl, ich habe viele Yogis solche Dimensionen annehmen sehen. Es scheint, als hätte es mit bestimmten Atempraktiken zu tun. Lachend sagt er, er trage zwei Kinder im Bauch. Wir seifen ihn ein, reiben ihn ab, waschen ihm die Haare - er hat eine Haut wie Seide, wie die eines Kindes, aber die Konsistenz ist stark wie Eisen.

Sein Körper ist zart, glatt, duftend, unwirklich. Er packt die Köpfe von mir und Shastriji und schlägt sie aneinander, sagt, daß wir mit ihm seit früheren Leben zusammen sind, der alte, weise Inder und die junge Frau aus dem Westen.

Es ist Sonnenuntergang, der Himmel bedeckt sich mit roten Wolken, umgeben von einem immensen Regenbogen, wie ein Traum, ein Märchen aus der Vergangenheit.

15. Juli 82. Zur Zeit läuft Babaji immer im Regen herum, von einigen jungen Mädchen begleitet, die ihm einen großen bunten Regenschirm über den Kopf halten.

Dummerweise bin ich eifersüchtig, undankbar, als ob mir all das, was er mir gibt, noch nicht reichen würde; während des Monsuns will er, daß ich vorwiegend in meinem Zimmer bleibe und meditiere, aber es ist anstrengend, ich bin unruhig. Irgendwann einmal war es, da wollte ich immer nur meditieren und jetzt wird mir klar, daß es so schwer ist, sich zu sammeln, selbst nach so vielen Jahren noch.

Ich betrachte Babaji, wie er weit draußen am Fluß entlangläuft; oft überkommt mich eine eigenartige Sehnsucht, ich wäre gerne immer nah bei ihm; und dann, wenn ich es bin, genügt auch das nicht, dann möchte ich eins mit seinem Geist sein, all das Wissen des Göttlichen sehen und erkennen.

Babaji verschärft meinen Schmerz des Getrenntseins von ihm, vermutlich absichtlich, damit ich gezwungen bin, ihn noch mehr zu suchen, mich anzustrengen, mich zu läutern.

Es ist so schwer, keine unnötigen Gedanken zu haben, der Geist ist schneller als der Wind, hat Babaji gesagt, und es ist wirklich so. Darüber hinaus wird nach einigen Jahren das ständige Wiederholens des Mantras langweilig. Man verliert das Vertrauen, da ist nicht mehr diese anfängliche Begeisterung, als man begann, von der göttlichen Energie zu kosten. Manchmal bin ich mutlos.

25. August 82. Wir haben Krishnas Geburtstag mit einer großen Theateraufführung gefeiert. Die Kinder aus den umliegenden Dörfern betrachten vergnügt Babaji und uns alle, die wir aus allen Teilen der Welt stammen.

Es regnet in diesem Jahr sehr heftig, der Dschungel ist üppig, frisch. Babaji macht lange Spaziergänge in den Dörfern, geht in alle Häuser der armen Leute, spricht lange mit ihnen, auch über ihre Probleme. Kürzlich hat er gesagt, daß wir etwas für diese Menschen tun müßten und für die Ent-

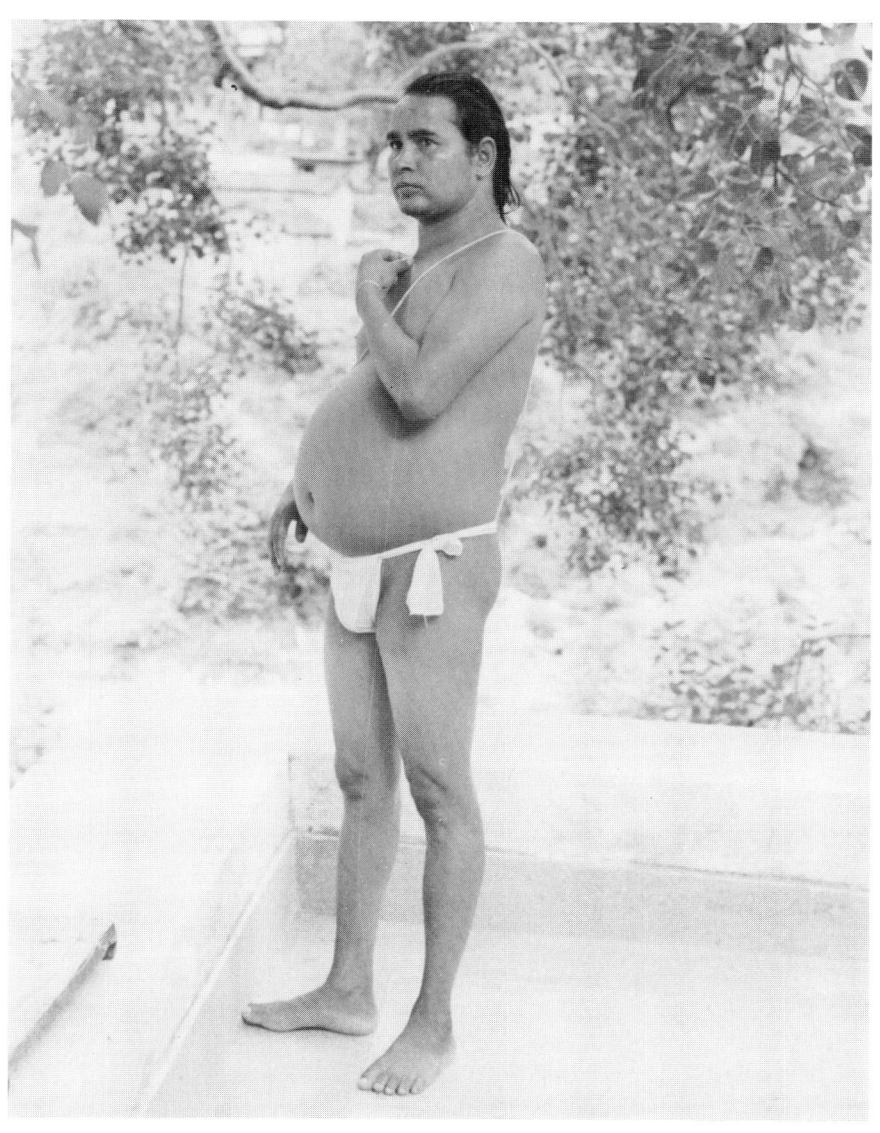

Lachend sagt er, in seinem Leib habe er zwei Kinder...

wicklung dieses Tals und daß wir lernen müßten, der Menschheit zu dienen und allen, die Not leiden.

Der Ashram ist jetzt von einer amerikanischen Gruppe effizient organisiert, sie schreiben Briefe, veröffentlichen Bücher. Plötzlich will Babaji, daß wir Werbung machen, daß wir seine Botschaft in der Welt verbreiten. Er sagt, daß die spirituelle Bewegung sich überall ausbreiten werde, die Führer der Welt abgelöst würden, um Platz zu machen für eine große Veränderung. Die Zukunft der Welt werde eine religiöse sein, ein neues, positives Zeitalter für die menschlichen Wesen. In der Zwischenzeit bestehe unsere Arbeit darin, unsere Herzen zu ändern, und Haidakhan sei unsere Schule.

3. Oktober 82. Ein neuer Herbst, ein neues Jahr des Trainings. Der Ashram ist schon überfüllt. Jeden Morgen um fünf setze ich mich zu Babaji. Es sind noch die einzigen Momente, in denen es mir möglich ist, ihn allein zu sehen. Ich warte in einem kleinen, neuen Zimmerchen neben seinem Bad auf ihn, mit einer Thermoskanne voll leichtem Kaffee, lese ihm die Briefe vor. Er schaut nur die geschlossenen Umschläge an und sagt mir, was ich antworten soll, ob diese Person kommen kann oder nicht, er weiß schon, wer sie ist, was sie will.

Der Ashram hat jetzt viele Zimmer, er kann zirka 200 Personen beherbergen; zum Teil ist die romantische Schönheit dieses Ortes verlorengegangen, als es noch ein kleiner Fleck mit einer Feuerstelle war, versteckt im Dschungel. Aber Babaji wird bedeutend und seine Lehre ist jetzt an viele gerichtet.

Es kommen auch Kinder. Babaji sagt, daß sie die künftige Welt sind und daß Ehepaare viele Kinder haben und sie nach Haidakhan bringen sollen. Er geht süß mit ihnen um, drückt sie, streichelt sie, spielt mit ihnen, auch wenn er manchmal streng mit ihnen sein kann und sie zum Weinen bringt. Wie wir, haben auch sie Angst vor ihm, und er versucht, diesen Knoten der Spannung zu lösen.

Es ist schwierig, keine Furcht vor Babaji zu haben. Auch ich erlebe oft diese Angst, auch nach all den Jahren. Sie entsteht vor dieser sehr starken Energie, die die hintersten Winkel unserer Seele erreicht. Ein göttliches Gericht, vor dem wir lernen müssen, transparent zu sein. Man fürchtet außerdem immer, nicht geliebt, nicht akzeptiert zu sein, seiner unwürdig.

Auch Kinder kommen, Babaji sagt ihnen,
daß sie die zukünftige Welt sind..

Babaji arbeitet unaufhörlich mit dieser Angst: damit die Liebe, die Hingabe fließen kann, muß man vor ihm sehr einfach sein, nichts verbergen. Das einzige, was er nicht verzeiht, ist Überheblichkeit, aber mit unseren Schwächen ist er nachsichtig, wenn es uns gelingt, sie zuzugeben. Unser Ego reagiert auf seine Gegenwart damit, daß wir uns groß, wichtig fühlen wollen. Das ist der erste Impuls. Die Frauen versuchen, sich schön zu machen - wie in der Welt. Es ist wie bei dem Mechanismus, der die Gesellschaft regiert. Babaji läßt sie die Haare scheren, sich alle in Saris kleiden, sich ihm zu Füßen werfen, um Demut zu lernen, unsere Ignoranz zu erkennen, unsere Mängel, mit der langwierigen Arbeit der Integration zu beginnen.

5. November 82. Die Energien im Ashram sind sehr unterschiedlich und Babaji bewegt sich darin wie eine Wildkatze, wie ein magischer, ein bißchen törichter Therapeut. Er packt unseren Geist, zwingt ihn, sich mit sich selbst auseinanderzusetzen. Er kann uns keine spirituelle Nahrung geben, bevor unsere Psyche nicht in eine innere Tiefe vorgedrungen ist. Der westliche Geist ist besonders unruhig und verfälscht durch die eigene Maske der Selbsttäuschung, er ist tele-abhängig, gewohnt, fortgesetzt den Kanal zu wechseln, sich an die unterschiedlichsten mentalen Filme zu klammern, an die subtilsten und perversesten Phantasien.

Babaji versucht, uns beizubringen, das Fernsehen in unserem Geist abzustellen, diesen Akt des guten Willens zu erreichen, der nein sagen kann zum Selbstbetrug, der die Wahrheit wählt statt der Phantasie, die Wirklichkeit an Stelle des Träumens. Er wählt als Therapie ein konstantes alternatives Theater, in dem er unsere Schemata reproduziert, unsere Schattenseiten aufzeigt und zwar auf eine deutliche, groteske Art, übertrieben, um uns die Dummheit zu zeigen, das Absurde daran. Er benutzt uns als Charaktere auf dieser Bühne, wie ein erfahrener Regisseur, und er verlangt nur von uns, daß wir unsere Rolle gut spielen, losgelöst, mit Ironie, des Spektakels bewußt. In einem Mikrokosmos reproduziert er das Drama des Lebens.

Vor einiger Zeit hieß er einen Amerikaner, immer mit einem Schwert an seiner Seite zu sein, wie ein Innenminister. Kali steht schon auf der anderen Seite mit dem Dreizack bei ihm, im Gewand des Königs der Italiener. Ich denke, sie werden so lange so stehen bleiben müssen, bis sie begriffen und ihre Persönlichkeit überwunden haben. Einige Frauen läßt er die

Die Energien im Ashram sind zusammengewürfelt und Babaji
bewegt sich darin wie eine Raubkatze...

Rolle der Königin spielen, schenkt ihnen Seidenstoffe, und sie müssen neben ihm stehen mit Schirmen und Fächern, wie verkleidete Kleopatras. Nicht selten schreit er plötzlich, sie müßten fort, wenn sie nicht verstehen, wenn sie sich zu ernst nehmen. Immer öfter zeigt er sich drohend, mit dem Stab fuchtelnd, den er auch dazu benutzt, uns Schocktherapien zu erteilen, wie ein kühner Zen-Meister, um schnell unsere geistigen Strukturen zu durchbrechen, damit wir einen Sprung vorwärts machen. Man sieht oft in Tränen aufgelöste Personen, niedergeschlagen, mit ihrem Rucksack den Fluß entlang gehend, auf dem Rückweg. Babaji hat sie weggeschickt und sie wissen nicht, wann sie zurückkommen dürfen. Manchmal kommen sie bis nach Delhi und kehren wieder um, nachdem sie die Lektion begriffen haben und ihnen Babaji dann erlaubt, zu bleiben.

29. Dezember 82. In diesem Jahr hat mich Weihnachten angestrengt. Es waren ungeheuer viele Menschen anwesend, alle in Erwartung eines Geschenkes, das angekündigt wurde. Wir haben ein großes Zelt aufgestellt, und das allerschönste war, daß das Zelt bei heftigem Regen - wahrscheinlich ein Spaß Babajis - einstürzte. Überall, wo wir uns hinsetzen oder essen wollten, ergossen sich Schlammbäche. Die improvisierten Küchen im Freien trieften, dennoch klappte alles, wir haben uns in der großen Halle dicht zusammengedrängt und aßen in den Säulengängen. Babaji führt uns vor, daß wir nie aufgeben dürfen, uns den Hindernissen zu stellen und sie wie Kämpfer überwinden müssen. Die Leute lachen, ohne sich aufzuregen, es ist ein Lila von Babaji, ein göttliches Spiel; mir kommt der Gedanke, wie schön es wäre, wenn wir uns auch im Leben so benehmen würden, ohne zu dramatisieren; wenn wir jedes Ereignis als ein Lehrstück betrachten würden, eine Prüfung im großen Theater der Wahrheit.

Babaji hat mich sorgfältig Geschenke für wichtige Inder einpacken lassen, wertvolle Gegenstände, er verzichtet problemlos darauf. Daneben gibt er den einfachen Leuten viel und ist aufmerksam. Ich sehe, daß er auch die Reichen mit besonderer Achtung behandelt, ihnen spezielle Ehre zukommen läßt, ohne sie privilegiert erscheinen zu lassen. Er zeigt uns, Unterschiede zu respektieren, auch dies habe seine Berechtigung, eine karmische Bedeutung.

Er sagt, daß sich ein Weihnachten wie dieses nicht so leicht in der Welt wiederholen würde. Es ist die friedliche Zusammenkunft von Rassen, Kulturen, Religionen, sozialen Stellungen, in kollektiver Anstrengung und spiritueller Arbeit, auf der Suche nach Gott.

Jetzt gibt es in Haidakhan elektrisches Licht. Abends beobachte ich das Tal oben von der Treppe aus, die neuen Tempel über der Grotte, das Feuer, das ewig im Garten flackert, das winzige Dorf daneben, den Baum Babajis, auf den das Licht unserer jetzt sehr komfortablen Zimmer fällt. In wenigen Jahren hat Babaji ein kleines experimentelles Modelldorf aufgebaut, eine spirituelle Universität, ein Labor für den Geist, wo man lernt, das menschliche Dasein durch eigene Möglichkeiten auf eine höhere Stufe zu bringen.

5. Januar 83. Es ist ein sehr kalter Winter, aber Babaji bietet uns viele Annehmlichkeiten. Wir haben Bäder, warmes Wasser für den, der nicht zum Fluß hinuntergehen mag, wir können in den verschiedenen Shops frühstücken, in Betten schlafen, haben allen zeitgemäßen Luxus. Und doch bin ich darüber nicht glücklich, traure dem Zauber vergangener Jahre nach, als ich mich noch nicht um all diese materiellen Gegenstände kümmern mußte und mich friedlich an der Seite von Babaji an ein kleines Feuer setzen konnte.

Die Schulung geht weiter, unablässig, das Steineschleppen hört nie auf. Babaji hat vielen anderen Männern und Frauen inzwischen die Yoga-Einweihung gegeben. Er lehrt sie, mitten in der Welt zu sein, trotzdem Verzicht zu üben, das Verlangen zu überwinden, Verhaftung, Abhängigkeit, an einen übergeordneten Plan des Bewußtseins arbeitend. Er sagt, daß wir alle einen neuen Slogan benutzen sollen: "Jai Maha Maya", 'Sieg der großen Maya, der Mutter, der Schöpfung und auch der kosmischen Illusion: sie unterscheidet sich nicht vom Göttlichen, da sie eine Manifestation dessen ist. Wir müssen lernen, uns in die große Energie einzubringen, sie zu nutzen, umzuwandeln, zu transformieren im Sinne von Liebe und Wahrheit.

Babaji führt uns all das vor, er bewegt sich unter uns, wendig wie ein Tänzer, wandelt mit einer Geste, einem Blick jede Kleinigkeit um, jegliche Finsternis, alles Negative wird von seinem Licht mutiert. Mir wird klar, daß für ihn nur sehr wenig persönlicher Freiraum bleibt, er ist immer mit uns zusammen, pausenlos.

Ich mache mir Sorgen, daß es ihn ermüdet, daß er uns eines Tages verlassen könnte, die Arbeit, die er vollbringt, ist wirklich gewaltig.

25. Februar 83. Zur Zeit stehe ich um drei morgens auf, damit ich es schaffe, alles rechtzeitig zu erledigen. Tagsüber esse ich oft nichts, erst am Abend, um mich nicht zu belasten, schläfrig zu werden, um keinen Augenblick der Gegenwart Babajis zu versäumen. Beim Laufen fühle ich mich so leicht, fürchte, daß ich mich mit meinen Füßen nicht auf dem Boden halten kann.

Wenn ich irgendwo in einem stillen Eckchen die Augen schließe, trete ich sofort in einen Trancezustand ein, nichts ringsum wahrnehmend, versunken in eine subtile Empfindung von Glückseligkeit und Bewußtsein. Immer mehr sehne ich mich nach der Vereinigung mit Babaji, ich möchte mit ihm sehen, fühlen, wissen, mich bewegen. Manchmal habe ich das Gefühl, daß dies für kurze Augenblicke geschieht, besonders, wenn ich ihn bediene und es mir gelingt, meine Gesten in Gleichklang mit seinen zu bringen. Dann nehme ich meine Hände, meine Füße wahr wie die seinen, Teile von ihm.

Am Morgen setzt er sich auf der Terrasse in die Sonne, um die Leute zu empfangen, und legt seine Füße in meinen Schoß. Ich habe keine Lust mehr, sie zu massieren, mag aber einfach diesen Kontakt, die Empfindung einer Zusammengehörigkeit. Abends, wenn ich mich in der Halle vor ihm verneige, legt er seine Hand auf meinen Kopf. Oft kommt es vor, wenn ich mich dann wieder hinsetze, schwankend, daß ich eine enorm starke Energie auf dem Kopf spüre, die mich auf eine andere Seite ziehen will.

4. März 83. Der Dienst für Babaji ist konstant geworden, ich muß auf jede seiner Gesten achten, alles einsammeln, was er unterwegs liegenläßt, ihm einen Platz richten, wo immer er sich hinsetzt, jedes seiner Worte sorgfältig für die anderen übersetzen. Ich frage mich, ob er wirklich all diese Dienste nötig hat, ob wir mit all dem nicht eher Besitz von ihm ergreifen, ob er es nicht nur unseretwegen tut, um uns die Möglichkeit zu geben, uns ihm nah zu fühlen, uns auf Gott zu konzentrieren.

Ich denke, es ist eine Art, mich in eine Form der Andacht einzubinden, nachdem er gesehen hat, daß ich Rituale nicht sonderlich mag. Aber mit einer lebenden Statue, die mit mir spricht, mich ansieht, kann ich diese Pflichten absolvieren.

5. April 83. Die Sommernachmittage werden immer öfter von Personen in Beschlag genommen. Babaji will jetzt, daß jemand vor seiner Tür Wache hält, der ihm die Besucher ankündigt und seine Erlaubnis holen muß, um sie hereinzulassen. Ich kann unangemeldet hineingehen, um auf alles aufzupassen.

Wir setzen uns unter den großen Baum und Babaji bietet allen großzügig Getränke, Süßigkeiten und getrocknete Früchte an. Die Personen werden einzig dadurch belohnt, daß sie in seiner Gegenwart weilen dürfen. Wellen des Friedens, der Freude, der Fülle strömen kontinuierlich von ihm aus. Oft sitzen wir lange mit ihm zusammen, in einer energiegeladenen Stille, erfüllt vom Klang der Bergwelt, durchdrungen von einer subtilen Ekstase. Zu seinen Füßen sammelt sich unser Geist, wird endlich ruhig. Er ist sehr streng mit mir, erwartet eine Perfektion in allem, was ich tue, schwer, das durchzuhalten. Immer mal wieder gibt er mir eine Ohrfeige, ruft mich dann aber liebevoll wieder zu sich und sagt witzelnd, daß es in Indien üblich wäre, seiner eigenen Frau hin und wieder einen Klaps zu geben, wie in Italien, fügt er hinzu, ich solle mir darüber keine Sorgen machen.

Er will, daß ich jede Geste bewußt und präzise ausführe, weder zu schnell, noch zu langsam, meinen Geist dabei beobachtend. Mir wird bewußt, daß es mir gelingt, so zu funktionieren, alles automatisch zu machen, durch eine Kraft von außen geleitet, wenn es mir gelingt, an nichts zu denken.

Wir empfangen von ihm in jedem Augenblick Shakti, reine Energie, wenn wir es schaffen, leer zu sein, uns selbst auszuschalten. Es ist schwer, besonders für jemanden aus dem Westen, zu entsagen, auf den eigenen, individuellen Willen zu verzichten. Und doch: das sind die Regeln des Göttlichen, denn sein Wille soll geschehen.

Neulich, während wir ihn nachmittags badeten, hat Babaji darüber gesprochen. Deviji weinte, weil sie abreisen und ihn verlassen mußte. Er hat zu ihr gesagt: "Dieser Körper ist nichts, er kommt und geht. Das einzige, das im ganzen Universum existent ist, ist der Wille Gottes."

10. Mai 83. Jeden Abend bei Sonnenuntergang baden wir ihn zu fünft oder sechst an dem neuen Platz, den er bauen ließ. Er sitzt lange mit uns zusammen, spricht zu uns, lehrt uns.

Shastriji ist immer bei uns, der alte Weise, der alle Legenden der Veden und die indischen Epen auswendig kennt. Oft erzählt er uns eine Geschichte.

Babaji hat heute über die Macht des Göttlichen gesprochen. Er sagte, an dem Tag, an dem diese Kraft in uns sei, würden wir alles schaffen und erreichen, inspiriert von einem übergeordneten Bewußtsein.

Gestern sang er ein trauriges Lied für mich.
„Das Boot meines Lebens ist alt und zerstört..."

Ich habe ihn gefragt, wie man in diesen Zustand gelangt. Er antwortete,
daß ich nie vom Namen des Herrn ablassen dürfe, der Name werde mich
leiten.

10. Juni 83. Gestern hat er ein etwas trauriges Lied für mich gesungen:
"Das Boot meines Lebens ist alt und kaputt, es geht unter. Guru, ich bitte
dich, habe Mitleid, führe es auf die andere Seite des Flusses, hilf mir, ihn
zu überqueren."

15. Juni 83. Prem, meine indische Freundin, ist verzweifelt. Babaji quält
sie unaufhörlich psychisch: erst ruft er sie zu sich, dann sagt er ihr plötzlich vor allen, sie solle gehen. Es ist eine Dame, die einer reichen und noblen indischen Familie angehört, und für sie ist es sehr erniedrigend, diese
Behandlung zu ertragen. Sie ist sehr stolz und hängt sehr am physischen
Körper Babajis, und er spielt damit. Manchmal verfolgt sie ihn regelrecht

im Garten, und er macht sich einen Spaß daraus, sich hinter den Blumen zu verstecken.

Babajis Spiele mit den Frauen bringen mich immer noch oft in Rage. Aber es sind Erinnerungen daran, was mit mir selbst geschah. Von dem physischen Verlangen nach einem Mann habe ich mich vollkommen gelöst, während als Mädchen in Italien Liebesgeschichten die Hauptsache in meinem Leben waren.

Manchmal setzen indische Gurus die sexuelle Energie und bestimmte Drogen ein, teils, um ekstatische Bewußtseinszustände zu erreichen, teils, um Abhängigkeiten zu zerstören, sie bezwingend, indem sie sie benutzen. Shiva nimmt das Gift des Verlangens, liest man, um es umzuwandeln und zu verfeinern. Auf der einen Seite gibt es die Straße der asketischen Entsagung, auf der anderen den tantrischen Weg der Transformation.

Das sexuelle Verlangen ist eines der vitalsten, machtvollsten des menschlichen Wesens, aus dem wir alle hervorgehen. Schaffen wir es, dieses Verlangen zu besiegen und zu beherrschen, verwandelt es sich in reine, spirituelle Energie, die Kundalini Göttin des Yoga. Deshalb hat das Zölibat, die Praxis des Brahmachari, auf allen religiösen Pfaden eine so große Bedeutung.

25. Juni 83. Ich betrachte Babaji, der sich mit einem sehr jungen indischen Mädchen an der Hand entfernt. Es sieht aus wie eine romantische Szene, ernst, aber ich weiß, daß es das nicht ist.

In der Legende von Gott Krishna ist von den Gopi die Rede, den Schäferinnen, seinen Schülerinnen, die nachts aus ihren Häusern flohen, um seinem Flötenspiel am Ufer des Jamuna zuzuhören. In den Vollmondnächten tanzte Krishna mit jeder, um sie glücklich zu machen, und in den Nächten, die von seiner Musik erfüllt waren, zog er ihre Seelen an sich, damit sie sich in Gott verlieben. Die Legende erzählt weiter, daß Krishna sie an einem bestimmten Punkt verließ, um sie die wahre Hingabe zu lehren, die für das unsichtbar Geistige. Die Gopi weinten für lange Zeit, verzweifelt, aber dieses Leiden war ihr Weg, um sich dem Göttlichen zuzuwenden, es so verwirklichend.

10. Juli 83. Vorgestern abend ging es Babaji sehr schlecht, und nachts um eins rief er mich und Swamiji zu sich ins Zimmer. Er hatte große Schmerzen in der Brust und konnte kaum atmen. Ich bin erschrocken. Heute geht es ihm besser und er hat beschlossen, nach Ranikhet zu reisen, da der Gouverneur von Nordindien persönlich angekommen ist, um ihn mit dem Hubschrauber abzuholen. Sehr aufmerksam bereiten wir alles für die Gäste vor, die Beamten, die Militärs. Manchmal stören mich all diese aufgesetzten Formalitäten, auf die man achten muß, aber Babaji will, daß wir die Regeln des Lebens korrekt einhalten und respektieren. Schon als Mädchen habe ich gegen das Formelle rebelliert, vor allem gegen das Bürgerliche, aber jetzt, mit der Lehre Babajis, ist es etwas anderes. Wenn alles, was existiert, eine Aufführung ist, muß man an dem Spektakel wie ein tadelloser Schauspieler teilnehmen.

Das Psychodrama hat immer eine didaktische und therapeutische Bedeutung, um am Ende von jedem Schema abzukommen und zur letzten Wahrheit vorzudringen.

25. Juli 83. Babaji ist von einer Reise nach Vrindavan zurückgekehrt. Ich bin nicht mitgegangen, war hier, um in der beginnenden Regenzeit zu meditieren.

Ich habe nicht mehr viel Zeit für mich selbst. Aber jetzt geht es sehr leicht mit dem Konzentrieren, sofort, wenige Minuten reichen mir und ich schaffe es, mich zu lösen, eine innere Dimension der Stille zu erfahren, eine Unbeweglichkeit, die Erweiterung des Bewußtseins. Auch mit offenen Augen, es genügt oft, mich einfach auf einen festen Punkt vor mir zu konzentrieren, und schon werde ich von einem Lichtstrom umhüllt, der alles ringsum einschließt und die Realität verwandelt.

An den langen Regennachmittagen setze ich mich mit Babaji unter das Dach vor seinem Zimmer, auch sein Körper verliert alle physischen Konturen, was bleibt, ist eine Präsenz, eine Aura von Kraft und Licht.

In diesen Momenten sind wir eins, nicht mehr Guru und Schülerin, sondern Zugehörige ein und derselben Wirklichkeit. Im Spaß sagt Babaji, ich sei seine Ehefrau, und jetzt verstehe ich die Bedeutung dieses Satzes.

15. August 83. Babaji stellt den Yogis, den Frauen und Männern, die orangefarben gekleidet sind und denen er eine Initiation gegeben hat, verschiedene Fallen, wenn sie zu stolz werden und sich zu sicher fühlen in ihrem Verzicht auf das Weltliche. Babaji verwickelt sie in unterschiedliche Versuchungen: ein schönes Mädchen, ein gut aussehender Mann, Geld, Macht. Vor einiger Zeit hat er einmal zu einem Amerikaner gesagt, daß er ihm alle wichtigen Aufgaben im Büro und in der Administration übertrage, um ihn dann einige Tage darauf öffentlich anzuschreien, er sei nichts weiter, als ein Spion der CIA und müsse den Ashram sofort verlassen.

Ein anderes Mal hat er einen jungen Mann gerufen, der über seine neue Meditationstechnik triumphierte. Er sagte ihm, er solle sie den Personen in Haidakhan beibringen, was er tat. Kurz darauf hat er alle Eingeweihten zu sich gerufen und sie beschimpft, sie hätten sich verwirren lassen.

Gestern hat er Sitaram geohrfeigt, eine Frau aus dem Westen, weil sie einer Inderin, die als eine Art von Gottheit angesehen wurde, Geld angeboten hatte. Babaji hat ihr zugeschrien, daß, selbst wenn die Götter und Göttinnen vom Himmel herabkämen, wir niemandem glauben dürften, solange er es nicht bestätigt hätte. Was den Glauben an ihn betrifft, ist er unflexibel. Entweder die Leute schaffen es, eine Haltung des völligen Glaubens zu erreichen, oder sie dürfen nicht hier bleiben.

17. August 83. Ich lerne gerade, ganz wenig zu essen, manchmal den ganzen Tag gar nichts. Ich spüre, daß ich kontinuierlich von einer subtilen Energie ernährt werde. Ich arbeite viel, bin aber selten müde, wenn mich Babaji ruft, renne ich, anstatt zu gehen. Ich habe fast nie ein Hungergefühl, höchstens ein bißchen gegen Abend. Ich bin sehr dünn, fühle mich aber stark. Prasad von Babaji, ein Stückchen von irgend etwas, das aus seiner Hand kommt, genügt schon, um mich regeneriert zu fühlen; als würde er durch diese kleinen Dinge die ganze Essenz aus der Nahrung geben, aus der Erde, der Sonne, von der es stammt.

Heute hat er mich am frühen Nachmittag zu sich gerufen. Weil es so heiß war, sollte ich ihn auf seiner Terrasse duschen. Ich war bewegt, mußte ihn einseifen, massieren, kämmen. Ich weiß, daß das keine wichtigen Dinge sind, für mich aber jedes Mal eine Prüfung der Reinheit. Je mehr er mit den Frauen spielt, desto mehr prüft er mich. Er ist dabei, mir ein wichtiges Training des Verzichts zu geben, wahrscheinlich in Vorbereitung auf eine künftige Aufgabe.

Kürzlich zeigte er sich nackt vor einer jungen Inderin, gleichmütig, ironisch, ich stand neben ihm, wie eine Krankenschwester mit dem Arzt. Das Mädchen ist blaß geworden; aber auch sie lernt, daß man sich nicht vom physischen Körper und seinen Tabus beeindrucken lassen soll.

Babaji ist ein revolutionärer Meister, direkt, ohne Halbheiten, dazu bestimmt, uns mit jedem Schatten unserer Psyche zu konfrontieren.

25. August 83. Abends bin ich so müde, daß ich manchmal in der Halle sitzend einschlafe, unter dem Fenster neben Babaji; oft haut er mir einen Apfel oder eine Banane auf den Kopf, um mich aufzurütteln. Andere Male strenge ich mich derart an, mich zu konzentrieren, meine Gedanken auszuschalten, daß ich jeglichen Sinn für praktische Dinge verliere und mich anstrengen muß, mit den Füßen auf dem Boden zu bleiben, aber es scheint, als wolle mich Babaji in den Himmel führen.

Jetzt bin ich davon befreit, an allen Ritualen teilzunehmen und kann die Morgen- und Abendstunden zum Meditieren nutzen. Babaji hat gesagt, ich soll in meinem Zimmer nur ein Räucherstäbchen anzünden, das reiche; ich bin froh darüber, denn ich fühle mich Gott nur nah, wenn ich in der Einsamkeit die Augen schließe und diese unglaubliche Energie in mir wahrnehmen kann. Das Göttliche ist jetzt nicht mehr eine Frage des Glaubens an etwas außerhalb, sondern eine Realität, die in jeder Zelle meines Körpers lebt, in jeder Regung meines Geistes, jedem Atemzug. Einmal hat Babaji ein Lied für mich gesungen, durch das er mir sagte, daß Gott erhaben sei über jeden Namen, jede Form.

27. August 83. Jemand fragte Babaji, was er über Christus denke. Er hat geantwortet, daß Jesus, als er jung war, in Indien und Tibet gewesen sei, wo er all die höchsten Initiationen des Yoga erhalten hätte, er sei auch in Benares gewesen, als Schüler Babajis, und in dieser Stadt, erzählt er uns, habe er sich zum ersten Mal die Kopfhaare geschoren. Jesus ist immer unter uns, ergänzte er, mit seinem Astralkörper.

29. August 83. Heute hat mich Babaji leicht umarmt und sein Gesicht an meines geschmiegt. Ich spürte seine Haut, wie die eines Kindes, samtig, er hat diese Geste mit einer kindlichen Unschuld ausgeführt, engelhaft, um diese Energie auf mich zu übertragen. Schon als Mädchen waren das die schönsten Augenblicke mit Freunden zusammen, wenn ich eine Umarmung oder einen Kontakt in dieser kindlichen, brüderlichen Weise mit ihnen teilen konnte, erhaben über die Sexualität. Babaji ist der große göttliche Freund, perfekt, und seine Liebe ist nur eine Energie der subtilen Vereinigung, des Bewußtseins. Eine große Zärtlichkeit überkommt mich, die mir fast Angst macht, denn ich muß alles von mir aufgeben, alle harten Kanten meines Denkens, damit ich den Zustand des totalen Glaubens erreiche. Die Liebe nähert sich manchmal in der Todesangst, und die göttliche Liebe bedeutet auch Akzeptanz dieses Letzten, Endgültigen.

3. September 83. Gestern ist Babaji wütend auf mich geworden, weil ich eifersüchtig war, und hat gesagt, ich solle abreisen, gehen. In der Nacht konnte ich nicht schlafen und gegen Mitternacht bin ich vor Babajis Tür gegangen, verzweifelt. Ich habe mich ins Dunkle gesetzt, ganz leise, ohne Geräusche zu machen, und fing an, ihn im Geist zu bitten, mich anzuhören, mir zu verzeihen. Nach ungefähr einer halben Stunde ging die Tür plötzlich auf: Babaji hat meine Bitte gehört, er hat mich mürrisch angeschrien, aber er hat mir verziehen, mich in mein Zimmer zurückgeschickt, weiterzuschlafen, nachdem er mir den Kopf gestreichelt hat.

Jetzt weiß ich, daß er mich hört, mir immer zuhört. Als er mich fortschickte, ist mir regelrecht das Herz gebrochen, es ist unvorstellbar für mich, von ihm getrennt zu sein. Jeder Tag ist so wertvoll, sein Lehren konstant, er füllt jeden Augenblick des Tages aus, ich fühle, daß ich nur durch ihn denke, mich bewege, handle.

5. September 83. Ich bewundere Deviji sehr: sie ist schön, zart, freundlich. Sie hat eine intensive Beziehung zu Babaji. Seltsamerweise bin ich darauf überhaupt nicht eifersüchtig, denn sie läßt mich daran teilhaben und von ihr kann ich viel lernen - vor allem, weil wir, statt in Konkurrenz miteinander zu treten, eine Beziehung der Zusammenarbeit aufgebaut haben, auch ein bißchen Komplizenschaft, was Babaji betrifft. Wir unterstützen uns gegenseitig, um seine Aufmerksamkeit und Nähe zu erhalten, ihn ein bißchen für uns in Beschlag zu nehmen. Er läßt uns oft zusammen bei ihm sein, wie zwei Schwestern, lädt Deviji in mein Zimmer ein und bittet uns, kleine Feste zu organisieren, für die wir das Essen und Geschenke vorbereiten. Wir massieren seine Füße, sorgen mit Fächern für eine frische Brise. Es kommt mir vor, als wären wir im Palast eines indischen Fürsten mit seinen Königinnen oder Kurtisanen. Er läßt uns dieses Theater spielen, spricht mit uns, scherzt. Es ist spürbar, daß Deviji, im Unterschied zu anderen Frauen, in Bezug auf Babaji viel reiner ist. Für sie ist er ein Gott, nicht ein Mann, wie eine lebende Statue, der man dient, die man verehrt, anbetet. Abends in der Kirtan-Halle bereitet sie für ihn ein perfektes Puja vor, bei dem sie ihm alles in einem Ritual mit großer Aufmerksamkeit und Perfektion darbietet. Oft sprechen sie lange miteinander, mit einer Spontaneität, um die ich sie beneide. Wegen dieser Fähigkeit, die ich auch bei vielen anderen Inderinnen wiederfinde, bewundere ich sie; die virtuose Schönheit, die Grazie und Kraft gleichermaßen, die Heiterkeit, die Freundlichkeit.

Mir fällt auf, daß Babaji eine besondere Beziehung zu den Indern hat, voller Respekt und Ansehen. Die religiösen Personen in diesem Land folgen in ihrem Leben einem Dharma, einem Weg der moralischen Regeln. In diesem Sinn ist für sie die Familie, die Ehe, die Verantwortung für die Kinder, aber auch die Ehrlichkeit, was die weltliche Arbeit betrifft, sehr wichtig. Und das Gefühl des Dienens und der Opferbereitschaft. Dazu kommt das ihnen angeborene Bewußtsein von Gott und dem Loslassen, das nicht Resignation bedeutet, sondern ein göttlicher Plan ist, bewußt, daß ihr Leben von ihm gesteuert wird.

Auch ihre Beziehung zu Babaji ist eine besondere. Es ist normal für sie, daß er ein Gott ist, der sich auf dieser Erde inkarniert hat, ganz natürlich, ihm zu gehorchen, sich ihm völlig zu ergeben und das ist es, was ihre einfache und totale Hingabe ausmacht. Ich sehe, wie sie Babaji verehren, wie ewige Kinder.

Wir Westlichen, stelle ich fest, wollen immer etwas von ihm haben, das unseren Geist befriedigt. Die Inder bitten ihn und geben ihm Liebe, zufrieden, dafür bei ihm sein, ihn betrachten zu dürfen, und in seiner Umarmung zu weilen, in Gemeinschaft mit ihm. Babaji kommuniziert mit ihnen wie ein großer Freund, ungeachtet der Tatsache, daß er ein Meister ist, lacht, ist vergnügt, er gibt ihnen das Gefühl, eins mit ihnen zu sein.

Er hat um sich herum eine Art Hofgarde gebildet, in der jeder seine Rolle und Funktion symbolisch inne hat. In seinem geistigen Plan umreißt er verschiedene Ebenen der Nähe zum göttlichen Bewußtsein, um uns schrittweise zur Vereinigung zu bringen, über jegliche Persönlichkeit des einzelnen hinaus. In der Zwischenzeit dient uns das Spektakel, um daraus zu lernen.

Dann wieder erlebe ich Haidakhan wie ein großes alchimistisches Labor, in dem Babaji als erfahrener Magier die Elemente mischt und umwandelt, um daraus philosophische Bausteine zu formen. An dem Tag, an dem er mir die eine Ohrfeige gegeben hatte, sagte er mit großer Zuneigung zu mir, daß er mich schlage wie ein Goldschmied, der das Metall so lange hämmert, bis er am Ende Gold daraus gewinnt.

7. September 83. Heute hat jemand Babaji gefragt, ob er Kriya Yoga lehre, die Wissenschaft des Atmens, von dem im Buch Yoganandas die Rede ist. Er schrie ihm mit lauter Stimme zu, daß es heuchlerisch sei, von Kriya Yoga zu sprechen, alles sei Kriya, Aktion, Handeln, was auch immer, von

Wir dürfen bei ihm sein, wie zwei Schwestern...

der Arbeit bis zum Essen, alles sei Kriya Yoga, wenn wir in der Lage seien, jede unserer Gesten und unser Handeln Gott darzubieten.

Es ist vieles zu organisieren, und Babaji beginnt mit dem Ego vieler zu spielen, ungeduldig im Tun, Entscheiden, Befehlen, das 'Boß Syndrom', wie es einige von uns scherzhaft nennen. Ich bemerke, daß Babaji absichtlich Personen, die klar über die anderen bestimmen wollen, aussucht und ihnen sagt, sie sollen alles, was anfällt, organisieren. Er hebt sie in verantwortungsvolle Positionen; und kaum hat sich der Ego-Mechanismus in Bewegung gesetzt, schickt er auf der anderen Seite eine Person, die Befehle geben soll. Gleichzeitig sagt er zu allen, sie sollen nicht gehorchen, und löst damit die paradoxesten Situationen aus.

Allen wird das Spiel klar, außer den beteiligten Personen, aber langsam läßt Babaji alles Negative hochkommen, damit es überwunden werden kann.

Ich beobachte speziell eine robuste Amerikanerin mit dem Auftreten eines Militärgenerals: je mehr sie sich abmüht, Befehle zu erteilen, desto weniger werden sie befolgt. Babaji beobachtet vergnügt die Szene.

12. September 83. Die Italiener rauchen ständig Haschisch, sie sind faul, undiszipliniert. Heute hat mir Babaji Vorwürfe gemacht, sagte, daß alles meine Schuld sei, denn ich hätte all diese Leute hierher gebracht. Gleichzeitig spüre ich, daß er sie sehr liebt, auf besondere Weise, denn, wie die Inder, öffnen auch sie ihre Herzen.

Es ist eine italienische Subkultur entstanden, ausgelöst durch unordentliche und etwas anmaßende Vagabunde, die oft Drogen als ein Ritual der kollektiven Einheit benutzen. Ich habe als Mädchen auch daran teilgehabt, aber jetzt scheint es mir überholt zu sein, alt. Hat man einmal den spirituellen Weg gefunden, dann muß man ihn mit den eigenen Beinen gehen, ohne Aufschub, auch wenn ich mir über die Anstrengung im klaren bin und man nur zu gerne in der Schwäche Zuflucht sucht. Babaji sagt, daß ich den Italienern beibringen muß, nicht mehr zu haschen, eine sehr undankbare Aufgabe, da ich weiß, daß sie keinerlei Absichten haben, auf mich zu hören. Babaji schickt sie alle zum Schlafen auf die andere Seite des Flusses und gibt ihnen so einen gewissen Freiraum. Sie müssen ihren Weg ausleben, bis in die Tiefe. Andererseits ist die italienische Energie eine der wärmsten, spontansten, großzügigsten. Ich fühle mich ihnen allen jedoch sehr fremd, die permanente Nähe zu Babaji hat mich für immer geprägt und ich beginne, mich mehr als Inderin, denn als Italienerin zu fühlen. Im shivaistischen Yoga werden alle Elemente eingesetzt und umgewandelt; die indischen Sadhus rauchen oft Haschisch, denn es beruhigt den Geist, bringt die Gedanken zum Stillstand und hilft, auch wenn es eine grobe Form ist, transzendente Bewußtseinszustände zu erleben.

In der tantrischen Praxis spielt der Körper eine große Rolle als Manifestation der Shakti, der schöpferischen Energie, die im Yoga eingesetzt wird. Das Hatha Yoga, das Fasten und verschiedene andere asketische Praktiken dienen der Erweckung der subtilen, verborgenen Energie. Die Entdeckung der feinen Energiezentren des menschlichen Körpers ist der große Beitrag, den das indische Yoga der westlichen Welt anzubieten hat. Die große Göttin Kundalini, im esoterischen Sinne repräsentiert durch eine vergoldete Schlange, ist die Energie des Lichts, die uns direkt, in unserem eigenen Innern, zur Entdeckung der Existenz einer anderen Wirklichkeit führt. Die shivaistischen Yogis haben keine Regeln, und sie bekennen sich noch nicht einmal zur vedischen Tradition, obwohl sie sie respektieren; sie müssen für ihre Praxis eine präzise Selbstdisziplin befolgen, die allerdings für jeden unterschiedlich ist und vom Guru auf den Schüler übertragen wird, entsprechend der individuellen Veranlagung. Nur eine Norm hat Gültigkeit, die des eigenen, totalen Opfers an das Feuer des Yoga.

25. September 83. Ich erkenne, daß uns Babaji in eine tiefe innere Revolution führt. Mir wird bewußt, daß sich mein Leben komplett verändert hat und die spirituelle Übung das Ziel geworden ist. Vom ersten Moment, wenn ich morgens aufstehe, bis zum Augenblick, bevor ich einschlafe, ist mein Geist auf ihn gerichtet, auf Babaji, auf Gott, die Wahrheit, ganz gleich, welche Namen ich dieser Form von Bewußtsein gebe, das ich versuche, in mir selbst zu verwirklichen. Jede Arbeit, jede Geste in meinem täglichen Leben ist zur Übung geworden, zu einem Instrument, um ein bißchen mehr zu verstehen, um eine weitere Läuterung zu erreichen. Mein Leben hat jetzt einen Zweck: die Verwirklichung der Wahrheit in mir selbst und in anderen. Babaji hat eine menschliche Form angenommen, um uns ein konstantes Beispiel dafür zu geben, wie ein menschliches Wesen leben und was es erreichen kann.

5. Oktober 83. Ich weiß nicht, was los ist, Babaji will, daß ich die ganze Zeit bei ihm bin. Ich stehe unter seiner konstanten Kontrolle. Manchmal entwische ich, um mit irgend jemandem zu sprechen, mich menschlicher zu fühlen. Es sind jetzt auch einige westliche Yogi immer in Babajis Nähe, sie sind seine Leibwache, bedienen ihn. Es bildet sich ein undurchdringlicher Kreis, ein wenig bedrückend, jeder klebt sich ihm physisch regelrecht an, und manchmal verstricken sie sich in Konkurrenz und Eifersucht darüber, wer einen Zentimeter näher bei ihm ist, wer ihm etwas reichen oder ein Geschenk von ihm nehmen darf. Babaji arbeitet mit all dem, verschärft die Eifersucht so lange, bis wir sie überwunden haben, oder bläht unsere Überheblichkeit wie einen Ballon auf, um dann im richtigen Moment hineinzupiken. Mit jedem Schritt lehrt er uns Demut, denn unser Verlangen nach persönlicher Zuneigung, unser Ego, ist die Ursache unserer Illusionen, unseres Leidens; wir sind vom Göttlichen getrennt, wie gefallene Engel, durch unsere Vorstellung, wir seien eigenständige, separate Wesen.

13. Oktober 83. Heute habe ich Babaji gefragt, ob Maya, die kosmische Energie, existiert: er hat geantwortet, daß alles, was ist, eine Projektion sei, die wir der Realität aufsetzen. Der Traum existiert, aber es ist ein beabsichtiger Traum. Dann ergänzt er mit einem Liedchen, daß Gott und Maya ein und dieselbe Sache seien.

Shastriji erklärt mir, daß alles, was existiert, unmöglich nicht von Gott gesandt sein könne, auch die negativ erscheinenden Dinge. Illusorisch dagegen sei die Ignoranz und unser Verhaftetsein.

Das Verlangen ist der Anfang der Trennung und des Leidens. In der christlichen Religion wird das durch die Erbsünde symbolisiert: welche Bedeutung wir auch dem berühmten Apfel beimessen wollen, er ist das Symbol für ein Verlangen und den Ungehorsam in Bezug auf Gott.

14. Oktober 83. Der Gouverneur ist zurückgekommen, in Begleitung von hunderten von Personen, unter ihnen Polizei, Militär, verschiedene Beamte. Babaji bewegt sich mitten unter ihnen wie in seinem Element, wie der Zeremonienkönig. Ich stelle den Vergleich an zu dem asketischen Jüngling, den ich vor Jahren kennengelernt habe; heute ist er ein Meister der Etikette geworden und wählt mit mir zusammen die schönsten Kleidungsstücke aus, die er zu diesem Anlaß tragen will.

Er spricht mit dem Gouverneur über die große politische Krise, die bald in der Welt aufkommen werde, über die große Veränderung, die bevorsteht, auch im Hinblick auf Kriege, Zerstörung und Naturkatastrophen. Dies ist in letzter Zeit ein konstantes Thema geworden. Er sagt uns, daß sich die neue Zukunft ankündige und er uns darauf vorbereite.

Der Gouverneur ist achtzig Jahre alt und war Schüler bedeutender indischer Meister. Er ist in Indien sehr berühmt und bekannt, aber vor Babaji wirkt er wie ein kleines Kind vor einem großen Vater im Jünglingsalter. Das, was einen an Babaji betroffen macht, ist seine Sicherheit, seine Herrschaft über jede Situation, seine Perfektion.

10. November 83. Der Herbst ist frisch, kristallklar, und morgens bei Tagesanbruch auf Babajis Terrasse fühle ich mich wie im Paradies. Das Tal, rosafarben von den ersten Sonnenstrahlen, der Fluß unten ein Lichtband, das Fließen des Wassers ist ein konstantes Mantra, die Natur betet und singt von der Schönheit der Schöpfung. Gestern nacht war Vollmond und das Tal zauberhaft, von Elfen und Schatten bewohnt, durchdrungen von den Gesängen der Menschen, die aus allen Teilen der Welt in dieses Eckchen im indischen Dschungel kommen, zum großen Meister.

Manchmal habe ich Angst, Babaji zu verlieren. Seine Gegenwart unter uns ist ein zu schönes Märchen, um für immer anzudauern. Jeden Morgen, wenn er aus seinem Zimmer kommt, betrachte ich voller Dankbarkeit seine Füße, jeden Tag danke ich ihm für die Wiederholung des Wunders seiner menschlichen Form auf der Erde.

Die Zeitspanne morgens mit Babaji dehnt sich immer mehr aus. Er will, daß ich neben ihm meditiere, die Augen geöffnet, auf einen Punkt ins Leere konzentriert. Das weiße Licht, das ich gewöhnlich dabei sehe, verwandelt sich jetzt in ein goldenes und wird immer intensiver. Und innerlich höre ich den Klang der Stille, wie ein alldurchdringendes elektrisches Summen, vergleichbar mit einer subtilen Melodie. Die wenigen Worte, die er manchmal spricht, zerstören fast den Zauber.

Gestern hat er zu mir gesagt, er sei müde. Er läßt mich eine Decke auf den Fußboden legen und will, daß ich mich mit ihm darauflege. Ich bin erschrocken, aber Babaji hat mich nur leicht in den Arm genommen, eine Hand auf mein Herz gelegt und die andere auf dem Kopf. So umschlungen, unbeweglich, sind wir ungefähr eine halbe Stunde liegengeblieben, alles, was ich wahrnahm, war mein Atmen im Gleichklang mit seinem, ruhig, regelmäßig und wie mich diese Empfindung des Friedens und der Stille immer stärker durchströmte. Ich habe das Körperbewußtsein verloren und nur noch die Einheit zweier Energien wahrgenommen, leicht, immer subtiler. Babaji neben mir war wie ein Engel, eine weiche, milde Wärme, beruhigend. Als er aufstand, habe ich lange seine Füße berührt, in tiefer Ehrfurcht, mich als Teil einer großen göttlichen Verbindung fühlend, einer unerwarteten Gnade. Babaji hat mich mit den Augen eines Kindes angesehen, funkelnd, und ich habe die ganze Reinheit empfunden, die er auf mich übertrug. Ich mußte weinen. Er hat mir die Tränen mit der Decke abgewischt.

23. Dezember 83. Wir bereiten uns auf Weihnachten vor. Plötzlich hat sich Babaji gestern über eine Gruppe Amerikaner aufgeregt, sagt, sie hätten zu viel Geld ausgegeben, hätten übertrieben. Er will kein so materialistisches Weihnachten und er sagt, es sei das letzte Weihnachtsfest, das er feiern würde. Fast wütend hat er drei Jacken übereinander angezogen, die man ihm gerade geschenkt hatte. Ich sehe ihn an in diesem Flitter, in der Show, die wir ihm jeden Tag aufbürden.

Die Leute, wird mir bewußt, bitten ihn hauptsächlich um Gefälligkeiten der persönlichen Art, sie behandeln ihn wie einen Wahrsager, der alles mit seinem Zauberstab lösen kann; wenige kommen auf der Suche nach der Wahrheit zu ihm.

Oft irritiert es mich sogar, alle diese Anfragen übersetzen zu müssen, Geld, Gesundheit, Glück in der Liebe, Erfolg, ganz selten höre ich von den Personen das Verlangen nach Gott. Nur eine kleine Minderheit von Schülern übt sich im Sadhana und akzeptiert ein Opfer für die spirituelle Praxis.

Hin und wieder wird Babaji auf eine besondere Art wütend auf die Italiener, schreit sie an, sie würden schlafen, wären faul, würden Drogen nehmen, hinter dem Sex her sein, obwohl er sich gestern bei mir eingehakt und gesagt hat, daß die Italiener seine besten Schüler seien.

4. Januar 84. Wir feierten die ganze Nacht hindurch Weihnachten, mit Tänzen und Liedern aus aller Welt. Am Neujahrstag hat uns Babaji am Flußstrand einberufen und einen langen Vortrag gehalten. Er hat uns angekündigt, daß die neue Welt vor der Tür stehe, wir aber viel dafür arbeiten müßten, Karma Yoga, das Yoga der Tätigkeit, sei die Praxis dieser Tage.

Er forderte uns auf, uns zu verbinden, uns zu organisieren und seine Botschaft überall zu verbreiten.

10. Januar 84. Als Muniraji in Haidakhan eintraf, will er, daß wir ihn mit besonderem Respekt empfangen, wie einen Guru, einen Heiligen. Wir müssen ihm am Fluß entgegengehen, uns vor ihm verbeugen, ihm einen Sitzplatz richten und für ihn eine Puja in der Halle abhalten. Ich speziell muß jedes Mal eine kleine Party in meinem Zimmer geben, ihm Essen machen und ihn bedienen.

Ich erkenne, daß Babaji eine präzise Beziehung zwischen ihm und mir festlegen will, als sei er mein Meister. Und schließlich, er ist es auch, denke ich, von früheren Leben her. Sicher ist er ein besonderes Wesen, mit einem schönen orientalischen Gesicht, lieblich, ruhig; in seiner Gegenwart fühlt man sehr viel Frieden, viel Ruhe. Er spricht ganz wenig, so, als sei sein Geist leer. Er ist demütig, versucht nie, sich zu behaupten oder aufzuspielen, ist immer bereit, Babaji und uns allen zu dienen; er gibt uns ein großes Beispiel.

Manchmal, wenn Babaji zu hart zu mir war, kommt er und tröstet mich sehr liebevoll. Sein Haus in Haldwani ist immer offen, und er nimmt mich zum Essen und Schlafen mit zu sich, wie ein Vater. Er ist ein Mann, der mitten im weltlichen Leben steht und als Geschäftsmann arbeitet, mit Familie und Kindern, scheint aber einen großen Abstand zu allem zu haben, obwohl er sehr mit vielen Dingen beschäftigt ist. Babaji hat uns gesagt, daß er als Familienvater wiedergeboren worden sei, um zu zeigen, daß man in der Welt leben und zur gleichen Zeit heilig sein kann. Sicher ist er ein hervorragendes Beispiel dafür, und er ist Babaji mit seinem ganzen Sein ergeben; kümmert sich um alle, schickt die notwendigen Waren für den Ashram nach Haidakhan, was immer benötigt wird, man kann zu ihm gehen und wird mit einem Lächeln aufgenommen.

Babaji sagte, daß Muniraji eines Tages eine große Aufgabe für ihn zu erfüllen habe. Besorgt habe ich mich gefragt, ob Babaji in naher Zukunft wohl ebenso verschwinden werde, wie er erschienen ist, mysteriös, in die Unendlichkeit des kosmischen Bewußtseins. Lächelnd haben sich kürzlich Babaji und Muniraji in die Augen gesehen, der gleiche Blick bei beiden: strahlend, liebevoll, versunken, Ausdruck des Bewußtseins einer großen Wahrheit.

13. Januar 84. Besorgt frage ich mich, wie es Babaji schafft, alle diese gemischten Energien im Ashram zu handhaben, ein unaufhörliches Karussell von Personen, Situationen. Er beschäftigt sich persönlich mit jedem noch so kleinen Problem. Ich fühle ringsum großes Leid, so viele Hilferufe, aber das sind eben die menschlichen Lebensumstände. Ich sehe Babaji, wie er die Probleme aller auf sich lädt, wie er dicker, manchmal krank wird, spüre sein unendliches Mitgefühl, wie er versucht, einen Ausweg zu zeigen, denn unser Leben ist wie ein Fegefeuer, in das wir geworfen wer-

Als Muniraji in Haidakhan ankommt, will Babaji, daß wir ihn besonders empfangen, wie einen Guru...

den, um bestimmte Opfer zu bringen, um uns von unserer Ignoranz zu befreien, die sich aus früheren Zeiten angehäuft hat.

Babaji kann uns nur den Weg aufzeigen zur Befreiung aus diesem Zustand, er durchläuft ihn mit uns, aber er kann ihn nicht für uns gehen, auch wenn er uns an der Hand hält.

Ich überlege, wie lange er unter uns bleiben wird, jetzt, da es immer mehr Leute werden und die Zeit immer kürzer zu werden scheint. Mich selbst erschöpft es, immer an seiner Seite bleiben zu müssen. Einmal hat er gesagt: "Komm' nach Hause zurück, meine Königin, ich warte schon so lange auf dich." Ich fragte ihn, was er mir damit sagen wolle und da hat er hinzugefügt: "Ja, du bist meine Königin, aber nicht eine irdische, sondern die des Paradieses."

Der Weg des Menschen ist der, der zur Perfektion und Vollkommenheit führt. Alle Religionen sprechen davon, aber oft werden sie abgelehnt, weil sie sich zu machtvoll und dominant präsentieren, vom wirklichen Leben zu sehr entfernt. Der indische Yogaweg führt uns zur inneren Selbstverwirklichung und ist schwer zu widerlegen, da er ganz persönlich erfahren wird. Yoga ist eine große Geisteswissenschaft, eine Herausforderung transzendenter Erfahrung. Sogar die Wissenschaftler sind sich einig, daß im Endeffekt das Licht des Universums die einzig existente Konstante ist, auf die man sich berufen kann.

14. Januar 84. Babaji will jetzt, daß ich die Einheit mit ihm fühle, ungeachtet meiner Ignoranz, meiner Unausgeglichenheit, denn ich weiß, der höhere Teil in mir ist schon eins mit ihm, und er ist nur die äußere, symbolische Projektion meines göttlichen Ichs. Ergo kann er uns in diesem Sinne nicht alles geben, da wir glauben, teilweise noch in der Finsternis zu leben, so daß wir in Demut ausharren müssen.

Jetzt läßt er mich vor allen neben ihm sitzen, er trägt manchmal Kleider in der gleichen Farbe wie meine, läßt mich wie einen Freund neben ihm gehen, spricht vertraulich mit mir. Ich weiß, daß ich das Gleichgewicht halten muß, und es ist schwer, jedesmal, wenn ich überheblich werde oder den anderen demonstrieren will, was er mir gibt, entzieht er mir alles mit einem Schlag. Wenn ich jedoch leer bin, nichts und niemanden beachte, nicht existent sozusagen, ganz in ihn versunken, dann umhüllt er mich mit seiner Liebe, läßt mich spüren, daß ich schon ein Teil einer verlorenen und wiedergefundenen Wesenheit bin, ein reales Stück vom großen Ganzen.

Er ist wie der göttliche Bräutigam im uralten Märchen, es ist immer er, der Herr, mit dem wir uns vereinen wollen, alles, was uns fehlt im Leben, ist immer und einzig er. Oder ist es eine sie? Die große Mutter, wie es in den Schriften steht, die Quelle und Urmutter aller Dinge, die ursprüngliche Energie, das Göttliche, die große Weisheit, die Macht. Der große Gott und seine Shakti, ewig eins, männlich und weiblich, Yin und Yang, voll und leer, Zustand und Schöpfung: Das Göttliche ist die Dualität in der Einheit, alles und nichts, aber es existiert, wir sind es, unser eigenes Bewußtsein.

Babaji ruft mich mit einer kontinuierlichen Bezeugung der Liebe, manchmal habe ich Angst, verschließe mich, wenn die Liebe zu stark wird, fürchte mich davor, leiden zu müssen, wenn ich ihn eines Tages verlieren werde. Oft sieht er mir so intensiv in die Augen, daß ich verlegen werde. Ich möchte in ihn eintauchen, aber ich habe Angst, dabei zu sterben. Ich entziehe mich, wenn er mich umarmt, weil ich die menschliche Abhängigkeit fürchte, ich wäre gerne so rein, daß ich nur Licht sein kann, das in seines einfließt, ohne Formen oder Grenzen.

15. Januar 84. In meinem Tagesablauf gibt es nicht einen Augenblick Ruhe. Babaji will, daß ich auch mittags mit ihm und Shastriji auf der anderen Seite des Flusses esse; es schmeichelt mir, aber es strengt mich sehr an.

Ein junger Inder, Gaurhari, kocht für ihn. Wir setzten uns in sein kleines Zimmer über der Grotte. Gaurhari massiert sehr liebevoll Babajis Füße, während er ißt, er dient ihm wie eine Mutter. Babaji gibt mir etwas von seinem Teller, schreit mich an, ich würde nicht genug essen. An seiner Seite möchte ich am liebsten nur von Luft leben. Nach dem Mittagessen gehen wir zurück in den Ashram. Während wir am Fluß entlanglaufen, hält er meinen Arm. Ich spüre seine Hand, so weich, duftend, mütterlich. Ich bin ein bißchen verlegen, aber er erzählt mir immer irgend eine Geschichte, um mich zum Lachen zu bringen.

Es ist nicht leicht, entspannt zu sein in seiner großen Gegenwart, nur seine Liebe schafft es, eine Brücke zu schlagen.

25. Januar 84. Jetzt bringe ich frühmorgens eine kleine elektrische Heizung in Babajis Zimmer. Ich verwöhne ihn, bereite warmes Wasser vor zum Händewaschen, bringe ihm den Schal zum Umlegen, bunte Tücher. Er

schaltet oft das Radio ein, hört mit großem Ernst die Nachrichten an, manchmal auch Lieder. Kürzlich hat er zu mir gesagt, es werde in künftigen Jahren einen großen Krieg geben und er werde Indien und Rußland

Babaji will mich jetzt die Vereinigung mit ihm spüren lassen...

retten. Es wird, fügt er hinzu, eine Partei Babajis geben, eine große, internationale Bewegung werde sich bilden für eine globale Veränderung des

Planeten; er sagt, er werde uns alle beschützen, immer. Seit langem lese ich keine Zeitungen mehr, kümmere mich um nichts, bin nur eingenommen von seiner Gegenwart und diesem schwierigen Training. Ein junger Mann hat ihn gefragt, was für eine Revolution es geben werde, und er antwortete: "Eine grüne Revolution".

30. Januar 84. Es ist kalt und wir bleiben oft bis in die späten Morgen bei Babaji, setzen uns draußen vor sein Zimmer, um uns in der Sonne aufzuwärmen. Der Winter ist lau in den Tropen, wir sitzen auf Teppichen zu seinen Füßen, zwei, drei Personen, die er oft in seiner Nähe hält, oft auch einige Inder aus dem Dorf. Babaji strömt eine uralte Weisheit aus, auch seine Stimme ist rauh, tief, seltsam und steht im Kontrast zu seinem jungen Körper. Er spricht in Gleichnissen zu uns, hat großen Sinn für Humor, ist fähig, die Mechanismen der Welt ins Lächerliche zu ziehen. Etwas löst sich in mir, wie ein sehr alter Knoten im Herzen, ich überlasse mich der milden Wärme der Sonne und der Sicherheit seiner Gegenwart. Die Gedanken verfliegen ohne Anstrengung, vermischen sich mit dem Murmeln des Lebens ringsum, mit der Harmonie eines inneren Liedes. Ich spüre großen Frieden, weiß, daß ich auf einer Einbahnstraße bin, ohne Unsicherheiten: mag sein, daß dieser Weg schwierig ist, anstrengend, aber es ist die große Straße, und sie hat sich meiner bemächtigt, für immer.

Mahasamadhi[29]

2. Februar 84. Seit einigen Tagen ist Babaji so seltsam. Er ist müde und hat alle seine Reisen fürs Frühjahr abgesagt. Er verbringt viel Zeit auf seiner Terrasse, auf einer Decke liegend. Es geht ihm nicht gut, manchmal bricht er morgens im Bad. Ich bin besorgt. Ich frage ihn, was er hat, aber er weicht aus. Ich erfahre eine Zärtlichkeit von ihm, die mich tief bewegt, er hält mich in seiner Nähe wie einen Schatten. Ich spüre, daß er pausenlos arbeitet, um den Personen zu helfen, und es ist immer weniger Raum und Zeit da für alle.

Heute früh bin ich mit einem Gefühl tiefer Ekstase aus seinem Zimmer gegangen. Ich habe auf die Uhr gesehen, über eine Stunde war ich neben ihm gesessen, ohne mir bewußt zu sein, daß die Zeit vergeht, auf die Stille konzentriert, vertieft, den Blick auf einen kleinen goldenen Punkt auf seinen Füßen zu fixieren. Es gibt nichts mehr zu suchen, ich spüre, daß alles im richtigen Moment von selbst kommen wird.

10. Februar 84. Babaji ist krank, er hat Fieber, ist aufgebläht. In den letzten Monaten ist das schon öfters passiert; er hält sich mal im Zimmer und mal ein bißchen im Garten auf. Er hat mir eine Weltkarte gezeigt, sie langsam mit den Händen herumdrehend, hat zu mir gesagt, daß nur Leid in der Welt sei und fügte hinzu, daß auch ich hierher zu ihm gekommen sei, weil ich nicht glücklich war. Er hat auch mit schmerzlichem Ausdruck ein Buch aufgeschlagen über die Atomkatastrophe von Hiroshima, das man ihm gerade geschenkt hat.

11. Februar 84. Ich weiß nicht, was geschieht, ich mache mir Sorgen, weil es Babaji schlecht geht. Wie schon einmal vor einigen Monaten hat er mich und Swamiji letzte Nacht in sein Zimmer gerufen, über einen starken Schmerz in der Brust klagend. Heute morgen ist ein Arzt aus Haldwani gekommen und hat eine Bronchitis diagnostiziert. Babaji kann kaum atmen. Er hat aber trotzdem Personen empfangen, bewegt sich mit großer Müdigkeit.

12. Februar 84. Babaji geht es immer schlechter. Heute nachmittag hat er uns, Shastriji, mich und einige Yogi, zu sich gerufen, um ihn ein letztes

---

[29] bewußtes Ablegen des physischen Körpers

Mal in seinem Bad zu waschen. Er hat ein Lied gesungen, in dem er ausdrückt, er habe nur ein Herz, aber Millionen von Wunden und Messern im Herzen. Er sah mich einen Augenblick lang an und sagte abschließend: "Ich habe die Krankheiten von allen aufgenommen, jetzt überkommen sie mich."

Er hat eine Musikkassette, die ich ihm geschenkt habe, in den Rekorder eingelegt. Es sind Lieder von Mirabai, denn er sagt immer im Scherz, ich sei sie; er wiederholt die schönsten und traurigsten Worte, die sie an Gott Krishna richtet: "Herr, warum kann ich dich nie sehen, darf ich nicht mit dir sprechen, meine Augen sind vom Weinen gerötet und ich ertrinke fast in meinen Tränen, warum sagst du nichts zu mir, wenigstens ein Mal, wenigstens im Traum." "Herr, letzte Nacht habe ich dich im Traum gesehen und du umarmtest mich, warst wunderschön, geschmückt mit Pfauenfedern und der Flöte, du hast mich für einen Augenblick berührt und das hat mir genügt." Er wollte, daß ich diese Worte für alle vom Hindi übersetze, und ich habe ihn betrübt angesehen, mit der Angst in mir, ihn zu verlieren, eines Tages von ihm getrennt zurückzubleiben.

13. Februar 84. Ich mache mir Sorgen um Babaji, heute nachmittag hat er die ganze Zeit mit mir und Gaurhari verbracht, dem jungen indischen Pujari, der ihm die Füße massierte. Er hat ständig Fieber, starke Schmerzen in der Brust und der Ausdruck in seinen Augen hat sich verändert. Sie sind müde geworden, schwer. Wir blieben lange schweigend zusammen. Ihn leiden zu sehen, trieb mir die Tränen hoch.

Niemand kann verstehen, was er hat. Gegen abend haben wir uns wie immer in seinem Bad versammelt und er wollte, daß ich ihm ein Symbol der göttlichen Mutter auf das Herz lege, das ich mit meinen Händen aufdrückte, ich verstehe das nicht.

Ich habe mich in sein Zimmer gesetzt und versucht, für ihn zu beten, aber wen könnte ich bitten, wenn nicht ihn selbst? Seltsamerweise kam der Instinkt in mir hoch, das Ave Maria zu wiederholen.

Ich habe Angst, ihn mit meinen Gedanken zu stören, versuche innerlich still, leise zu sein, es berührt mich, daß er mich sucht, meinen Namen ruft. Ich bringe ihm ein Aspirin, aber ich fühle mich unnütz.

15. Februar 84. Gestern früh hat Babaji seinen Körper verlassen, und mir fehlen die Worte, um dieses Leid zu beschreiben. Ich war in sein Zimmer gegangen, nur Muniraji saß bei ihm und sagte, ich solle mich setzen. Aber ich bin hinausgerannt, geflohen, weil ich Babaji unbeweglich da liegen sah, leidend, und der Gedanke kam in mir auf, daß er, wer weiß, gerade im Begriff ist, zu gehen. Ich zog mich in sein Bad zurück, um zu weinen.

Kurz darauf haben sie mich gerufen und mir gesagt, Babaji atme nicht mehr. Ich konnte es nicht glauben und fing an zu schreien, es sei nicht wahr. Wir haben zwei oder drei Stunden zu viert oder fünft neben seinem Körper gewartet, aber er war wirklich gegangen. Babaji ist jetzt unter dem großen Baum aufgebahrt und hunderte von Personen kommen aus ganz Indien. Er hat ein seltsames Lächeln, lieb, ironisch und ich kann nicht aufhören zu weinen, ich möchte sterben, mit ihm gehen.

17. Februar 84. Ich kann nicht mehr essen, schlafen, fühle einen Schmerz wie noch nie zuvor in meinem Leben. Ich habe alles verloren, das einzig Perfekte, das ich je auf der Erde gesehen habe und jetzt ist die Welt wieder so wie vorher, dunkel, leidvoll, ignorant. Heute morgen beobachtete ich die Bauern, wie sie ihr Vieh auf die Weide trieben, das Leben kam mir ohne ihn so unnütz vor, so leer. Die Leute sind bestürzt, weinend umarmen wir uns, fühlen uns erneut einsam in dem schwierigen Erdendasein. Gestern abend habe ich die Menge in der Halle betrachtet, die Menschen wirken plötzlich grau, ohne Licht, verloren. Muniraji hat mich an seine Brust gedrückt, ich sah, wie auch er weinte.

Wir sind zusammen die Treppen zum Tempel hochgegangen, und ich schaute in die Höhen, zu den Berggipfeln, nahm plötzlich die Gegenwart von Licht wahr. Ich weiß, daß es Babaji immer geben wird, aber der menschliche Teil in mir leidet. Wieder hat mich Muniraji zu sich gezogen und hieß mich neben ihn sitzen, wieder habe ich dieses große weiße Licht wahrgenommen und spürte Babaji in der Luft, überall, aber es beruhigt mich nicht. Ich möchte seine Stimme hören, die mich liebevoll ruft, in seine glänzenden Augen sehen, seine Füße streicheln können, mit ihm sprechen.

Aufs neue muß ich mich jetzt einem unsichtbaren Gott zuwenden, der schwer wahrzunehmen ist. Ich bin zum Tempel gegangen und konnte nicht mehr beten, mich nicht an die stummen Statuen wenden, an Steine. Es kommt mir vor, als wäre ich wieder in einer Kirche, in einem Museum lebloser Gegenwarten. Babaji war das göttliche Leben, die Essenz.

20. Februar 84. Seit drei Tagen bin ich im Zimmer eingeschlossen und schaffe es nicht, mich mit dem Verlust von Babaji abzufinden, mich zu trösten. Ich ertrage es nicht, mit irgendwem zu reden, vor allem will ich keine tröstenden Phrasen hören oder mich selbst sagen hören, daß er immer da ist, in uns selbst, denn wer wird mir seine Energie, seine Liebe geben? Jeder Augenblick mit ihm fehlt mir, und das ganze Tal hat für mich seine Schönheit verloren. Oft schließe ich mich in sein kleines Zimmer ein, weine verzweifelt, sogar sein Duft ist verschwunden. Was bleibt, ist eine zweideutige Präsenz, ungreifbar. In diesem Schmerz verweile ich wie versteinert, ohne Gedanken, eine so intensive Leere, die mich in eine andere Dimension trägt, wahrscheinlich in die Nähe einer Wahrheit. Mit Sicherheit interessiert mich nichts mehr von dem, was auf der Erde geschieht, ich will nur noch draußen vor seiner Tür sitzen, die Augen schließen und warten, bis er mich zu sich holt. Statt dessen aber werde ich überrollt von den praktischen Dingen, die es zu tun gibt, die Organisation des Ashrams, die örtlichen Behörden, die verwirrten Personen.

Muniraji hat in der Öffentlichkeit zu uns gesprochen und gesagt, daß wir keinen Augenblick denken dürften, daß Babaji nicht immer bei uns sei, er könne sogar bald zurückkehren, fügte er hinzu.

Wir klammern uns jetzt an Muniraji wie an einen neuen Meister, aber auch das stört mich. Im Moment kann ich keine andere Erscheinung als die Babajis ertragen. Ich möchte von ihm träumen, eine Botschaft erhalten, aber sogar meine Träume sind leer.

21. Februar 84. Wir haben Babaji beerdigt. Während sie seinen Körper transportierten, konnte ich nur seine schwarzen Haare sehen, die im Wind flatterten. Ich erinnerte mich an den Tanz Shivas, als er schrecklich wild tanzte und die ganze Schöpfung bebte. Das war die letzte Vision, die ich von ihm hatte.

Nach der Beerdigung kam ein gewaltiges Gewitter auf, der Fluß ist bis zum äußersten angeschwollen, der Wind spielt verrückt, es ist kalt, es regnet und hagelt. Ich muß an die Voraussagen Babajis für die Zukunft der Welt denken, daß es viel Zerstörung geben werde und wahrscheinlich ist er für eine Weile verschwunden, um uns vorzubereiten. Ich bin von dem Gedanken besessen, daß wir Schuld an Babaji Fortgehen haben, weil er unser Karma absorbiert hat, unsere Bitten und Leiden. Ohne ihn habe ich kein Verlangen mehr, zu leben.

Auf seinem Antlitz liegt ein seltsames Lächeln, lieb, ironisch, und es gelingt mir nicht, mit dem Weinen aufzuhören... ich möchte sterben, mit ihm gehen...

22. Februar 84. Gestern ist Luisa aus Italien angekommen. Sie ist eine Astrologin aus Mailand. Sie sagt, Babaji habe sie geschickt, um mich wissen zu lassen, daß er in einigen Jahren wiederkommen werde und daß ich hier auf ihn warten solle. Ich habe mich an sein Grab gesetzt, als das Gewitter kurz unterbrochen war, habe die nasse Erde, die ihn bedeckt, betrachtet und dachte über diese letzte große Lehre nach, die er uns erteilt, über die Unbeständigkeit alles Physischen. Auch sein Körper unter uns war relativ, vorübergehend, und doch so wertvoll, denke ich. Diese letzte Lektion ist am härtesten zu akzeptieren, die schwierigste, weil die Beziehung zum Guru ungeheuer wichtig ist. Ich fühle mich pathetisch, ich will keine traurige und einsame Heilige werden.

Har Govinda ist vorbeigekommen, als ich dasaß, und versuchte, mich zu trösten. Er sagte, daß die Formen kämen und gingen, Babajis Arbeit in der Welt aber weiterginge. Im Augenblick interessiert mich nichts und niemand.

Der unsichtbare Babaji

28. Februar 84. Es kommt ein Machtspiel auf, das mich sehr stört, sowohl unter den Indern, als auch unter den Westlichen. Sie machen sich Sorgen darüber, wer jetzt zu entscheiden hat, wer wichtiger ist, wer befiehlt. Wir fangen an, mit den Indern über den Bau von Babajis Grab zu streiten, darüber, wie es gebaut wird. Es ist ein Spektakel, von dem mir schlecht wird. Auf der anderen Seite wollen einige aus dem Westen jetzt den Posten des Guru übernehmen, sich brüstend, schlüpfen sie in die Rolle einer göttlichen Autorität. Ich will mich aus all dem raushalten. Ich bin sehr traurig darüber, es kommt mir überflüssig vor, mit der Organisation von irgend etwas weiterzumachen, auch der Ashram ist zu nichts mehr nutze ohne die Präsenz von Babaji.

Kürzlich ist Muniraji gekommen, hat mir wegen meiner Haltung Vorwürfe gemacht, er wiederholt, daß Babaji innerhalb einiger Jahre zurückkommen könne, sogar im gleichen physischen Körper. Aber ich fürchte, er will mich nur trösten. Er hat mich liebevoll angesehen und gesagt: "Aber Gott ist immer da, wo glaubst du, daß er hingegangen ist?"

4. März 84. Die Italiener sind eine eng zusammenhaltende Gruppe, alle in Schwarz. Jetzt glaube ich zu verstehen, warum Babaji ihnen diese Farbe zugeteilt hat, die der Trauer. Eine seltsame Aura der Erregung liegt in der Luft, die ich nicht teile, sie haschen, organisieren nächtliche Parties, sie scheinen fast zufrieden zu sein, daß sie jetzt machen können, was sie wollen, fühlen sich frei. Ich habe eine Abneigung gegen alle und bin immer in meinem Zimmer, ich schaffe es nicht einmal mehr, an gemeinsamen Zeremonien teilzunehmen, die Halle kommt mir ohne Babaji so traurig vor und ich muß weinen, jedes Mal, wenn ich sie betrete.

Sogar die Yogis vom Dhuni kommen mir wie verrückte Meister vor. Ich denke daran, mich auf unbestimmte Zeit zurückzuziehen und zu meditieren, aber eigentlich ist es mir unmöglich, mich zu konzentrieren; oder, denke ich, ich höre auf zu essen und sterbe, bis mich Babaji zu sich holt. In jedem Fall stellt uns Babaji vor eine große spirituelle Prüfung, eine grausame Prüfung der Hingabe, um zu sehen, wie sehr wir in der Lage sind, uns zum Göttlichen zu bekennen, über jegliche Erscheinungsform erhaben. Ich weiß, daß es ein Sprung ist, den ich schaffen muß, wenn ich wirklich über die Dualität hinauswachsen und mich verwirklichen will. Aber irgend etwas in mir rebelliert, weil es mir unmöglich erscheint, den Weg ohne den Halt des Meisters zu gehen, ohne seine spürbare Liebe.

25. März 84. Heute habe ich mich den ganzen Tag unter den Baum vor seinem Zimmer gesetzt und die Leere beobachtet, die sich mit einer subtilen Präsenz zu füllen beginnt, die ich fast ablehnen möchte. Die Tränen kommen mir, ich würde so gerne mit ihm sprechen, ihn sehen, auch wenn ich weiß, daß er inzwischen in jeder Zelle meines Wesens ist und mit mir atmet... Es gelingt mir nicht mehr, irgendein Mantra zu benutzen, irgend eine Formel, ich fühle mich in einem Zustand des Nicht-Existenten, in das ich ihn eintreten lasse, ihn handeln lasse. Ich weiß, daß ich im Moment hierbleiben muß, an diesem Platz, der ein Teil seines erweiterten Körpers ist, der auch die umliegende Natur einbezieht und diese Berge. Ich spüre, daß ich warten muß, wie lange, weiß ich nicht.

Shastriji hat neulich meine Hand genommen und mir ein Lied gesungen: "Ich betrachte die Linien meiner Hand und frage mich, wie viele Jahre es noch sein werden, die mich von dir trennen, Herr, wieviel Zeit muß ich abwarten, bis ich dich sehen kann:"

Es ist eine große Herausforderung des Göttlichen und wer weiß, ob ich die Prüfung diesmal bestehen werde, die letzte ist die schwerste: ich fühle mich verwaist.

15. April 84. Gestern habe ich Babaji nachts im Traum gesehen, er sah mir intensiv in die Augen und ich fragte ihn, wie er uns verlassen, uns so einen großen Schmerz zufügen konnte. Er antwortete mir, es sei notwendig, daß jeder von uns diese Erfahrung durchlebt. Ich frage ihn, ob er zurückgekommen wäre, und er sagte, er könne zurückkommen, aber nur, wenn wir es verdient hätten. Dann umarmte er mich sehr fest und sagte, er sei mir erschienen, weil ich ihn brauchte. Ich bin aufgewacht, als hätte ich ihn wiedergesehen, erleichtert.

Ich weiß, daß Babaji Shiva ist, weiß, daß er sich in einem physischen Körper manifestieren kann, wann immer und wo immer er will, weiß, daß er immer noch für uns ein Wunder vollbringen kann und wahrscheinlich ist diese Periode der Abwesenheit ein notwendiges Training.

6. Mai 84. Der Ashram leert sich, es ist heiß, und viele kehren wie die Zugvögel in den Westen zurück. Aber einige Yogis und Yoginis bleiben, entschlossen, das Ashram-Experiment fortzusetzen. Mir ist klar, daß die Abwesenheit Babajis uns zwingt, zu reifen, uns mit uns selbst bis in die

Tiefe unseres Seins auseinanderzusetzen. Seine Gegenwart war eine zu leichte und abschätzbare Kontrolle, vor ihm haben wir uns beherrscht. Jetzt sind in einigen von uns plötzlich viele negative Dinge hochgekommen, die vorher verschüttet waren. Aber das ist wichtig, damit sie überwunden werden.

Der Mechanismus des Ego und das Spiel mit der Macht sind zwei der vordergründigsten Anzeichen. Erst war Babaji die unangefochtene Autorität für alles, jetzt ergibt sich das Problem, wer wohl alles innerhalb der Gemeinschaft organisiert und wie gemeinsam entschieden wird. Ich erkenne die alten Schemata jeder menschlichen Gesellschaft. Die Inder glauben, sie hätten mehr Rechte als die vom Westen, letztere fühlen sich übergeordnet aufgrund ihrer Kultur, die Alten wollen die Regeln festlegen, die Männer die Frauen beherrschen, die schwarzen Yogis bekämpfen die orangenen; wer längere Zeit bei Babaji war, glaubt, alles zu wissen.

Ich finde mich selbst in diesem Spiel wieder, etwas, das mir früher nie passiert wäre, auch ich möchte meine Verhaltensmaßstäbe einbringen. Wenn es stimmt, wie die alten Schriften sagen, daß das Ego - die Bedeutung, die wir uns selbst und unseren Meinungen beimessen -, die Hauptursache jeglicher Illusion ist, dann werden wir jetzt untereinander damit konfrontiert.

Ich erinnere mich an einen Vortrag von Babaji, in dem er sagte, daß Haidakhan das Beispiel einer anderen menschlichen Gesellschaft sein werde, der Anfang eines neuen Zeitalters, und wir seien die Pioniere des Wandels. Wir müssen unsere Herzen ändern und es schaffen, zusammenzuleben und zu arbeiten wie wirkliche Brüder, für die Verwirklichung eines göttlichen Plans auf der Erde.

7. Juni 84. Ich gebe mir große Mühe, mein Sadhana wieder aufzunehmen, weiß, daß ich keine Alternative habe, ich muß mich beherrschen. Leider spürt man in Haidakhan Babajis große Abwesenheit stärker als sonst irgendwo, denn hier war ich es gewohnt, mich mit ihm zu bewegen, ja zu atmen.

Vor ein paar Tagen ist Muniraji zu Besuch gekommen, der jetzt Guruji geworden ist, und er sagte, daß alle, die stark auf der physischen Ebene an Babaji hingen, unter dem Verlust am meisten zu leiden hätten. Aber seine Shakti, seine Energie, sei immer hier, jetzt sogar stärker als vorher, auch wenn es jetzt nur wenige sind, die sie wahrnehmen können. Betrübt habe ich ihn angesehen, ich weiß, daß er einer dieser wenigen ist, bei mir bin ich nicht sicher.

Vor ein paar Tagen ist Muniraji zu Besuch gekommen,
der jetzt Guruji geworden ist

10. August 84. Wir sind alle krank geworden, ein Virusfieber, das während des letzten Monsuns aufkam. Wir sind nur noch wenige, verwirrt, geschwächt. Muniraji ist nach Amerika gegangen und nach Europa, um die Botschaft Babajis zu verbreiten, um die dort aufgebauten Zentren aufrechtzuhalten. Ich bewundere ihn sehr, seine Kraft und seinen Glauben.

Hier macht sich eine große Depression breit und wieder erwacht einer unserer alten Feinde: die Faulheit. Der Ashram ist vernachlässigt, ungepflegt, unordentlich, der Arbeitsrhythmus hat sich schlagartig verlangsamt, niemand rennt mehr voller Begeisterung, um die Dinge zu erledigen, man macht gerade das Nötigste.

Viele Leute haben sich in ihr kleines, privates Fleckchen zurückgezogen, ohne ein weiteres gemeinsames Projekt. Das alles ist sehr deprimierend für mich und ich spüre, daß ich wieder auf dem Boden der Tatsachen bin, nachdem ich eingefangen worden war vom Vorgeschmack eines Paradieses auf Erden, das ich kosten konnte. Aber ich kann nicht fliehen, irgend etwas hält mich hier fest.

Muniraji hat mich gefragt, ob ich mit ihm auf Reisen gehe, in den Westen; ich habe es abgelehnt, mir ist im Augenblick nicht danach, mich an irgendeiner Art von kollektivem Enthusiasmus zu beteiligen.

20. Oktober 84. In Ranikhet wurde ein großes Festival zu Ehren der großen göttlichen Mutter gefeiert und sehr viele Personen sind gekommen, aus jedem Winkel der Welt.

In Haidakhan kommt wieder Leben auf, und erneut werde ich in Büroarbeiten verstrickt, in Organisationsaufgaben. Es gibt viele Widersprüche und Schwierigkeiten, die Gruppe der Schwarzen ist über andere Italiener aufgebracht, einige Inder sind eifersüchtig auf uns und bekämpfen uns, andere wollen Muniraji nicht als neuen spirituellen Führer akzeptieren, Personen, die sich hier niederlassen, benehmen sich, als seien sie im Urlaub und tun überhaupt nichts, andere, wollen den Chef spielen und befehlen. Wir sind mit den menschlichen Situationen konfrontiert, die es von jeher gab, mit den typischen Konflikten jedes sozialen Gefüges, jeder Gemeinschaft. Gegen meinen Willen verwickelt mich Babaji erneut in all diese Arbeit, der ich mich nicht entziehen kann.

Vor einigen Tagen wollte ich für ein Weilchen fortgehen. Muniraji hat mich aufgehalten mit den Worten, ich könne von hier nicht weggehen, bis Babaji zurückkommt, meine Aufgabe sei es, hier auf ihn zu warten.

10. November 84. Jetzt träume ich oft von Babaji, immer, wenn ich ihn brauche, seine Führung. Er spricht zu mir, gibt mir Anweisungen.

Morgens ziehe ich mich in sein Zimmer zurück und nehme den Klang seiner Stille in mich auf, den Frieden seines Tals, dieses Ortes, den er geliebt hat.

Manchmal gehe ich alleine am Fluß spazieren, das Wasser hier ist das reinste der Welt, Wasser, das man trinken kann, leuchtend, transparent.

Mir kommt ein Buch in den Sinn, das ich vor vielen Jahren einmal gelesen habe: „Siddharta" von Hermann Hesse. Der Pilger in dieser Erzählung wird, nach vielen Abenteuern und Wechselfällen auf der Suche nach seiner Mitte, Bootsmann auf dem Fluß. Arm und demütig in den Tag lebend, wird er alt, ohne noch nach irgend etwas zu suchen; der Klang des Flusses, das Plätschern des Wassers werden für ihn zum Symbol für die Harmonie des kosmischen Klangs des Lebens, des mystischen OM.

Wer kann sagen, wer den Wind geschaffen hat, das Feuer, das Wasser, die Sonne und die Sterne, wer kann sagen, wann sie ihren Anfang hatten? Die Natur ist einfach und perfekt in ihrem Mysterium und das Leben kann es auch sein, wenn es sich an seinen Rhythmus anzupassen weiß. Die menschlichen Wesen können perfekt werden, so perfekt, wie es Babaji war, ein unsterbliches Beispiel der göttlichen Möglichkeiten in uns allen.

Ich bin Du - BABAJI
Botschaften des Meisters vom Himalaya
Maria Gabriele Wosien (Hrsg.)
118 Seiten, 11 Fotos
11,5 x 18,5 cm, ISBN 3-926388-2   EURO 8,60

Das Buch des Lebens
v. Radha-Magdalena Bambeck
120 S., Leineneinband mit Goldschnitt,
11 x 15,5 cm, ISBN 3-926388-13-7   EURO 6,55

Babaji-Von Herz zu Herz

von Gertraud Reichel (Hrsg.)
224 Seiten, 15x21 cm
ISBN 3-926388-20-X   EURO 12,70

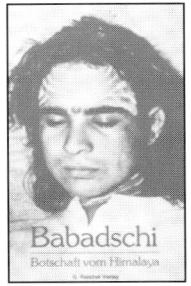

BABADSCHI
Botschaft vom Himalaya
von Maria-Gabriele Wosien,
mit zahlr. Abbildungen, erweitert um das
Kapitel „Der Weise Vasishta", 135 S.
11,5 x 18,5 cm, ISBN 3-926388-00-5   EURO 10,10

G. Reichel Verlag, Reifenberg 85, D-91365 Weilersbach, Tel. 09194-8900, Fax 09194-4262
Internet: www.reichel-verlag.de   E-Mail: info@reichel-verlag.de

Entschlüssele Deine Träume
und verstehe die Botschaften Deiner Seele

von Stephan Schumann
168 S., 14,5 x 21 cm,
ISBN 3-926388-48-X   EURO 13,29

Wiederkehr der Engel
Ein meditatives Praxisbuch für Deinen Lichtkörper

von Wolfgang Nothvogel
120 Seiten, 14,5 x 21 cm, mit 5 Abbildungen
ISBN 3-926388-42-0   EURO 14,85

Süchtig
Sucht erkennen und Heilen

von Hans Peter Neuber
88 Seiten, 14,5 x 21 cm, gebunden
ISBN 3-926388-44-7   EURO 10,10

Götter der Sterne
Bibel, Mythen und kosmische Besucher

von Lars A. Fischinger
384 Seiten, 14,5 x 21 cm , 45 Abbildungen
ISBN 3-926388-41-2   EURO 19,95

G. Reichel Verlag, Reifenberg 85, D-91365 Weilersbach, Tel. 09194-8900, Fax 09194-4262
Internet: www.reichel-verlag.de   E-Mail: info@reichel-verlag.de

BABAJI spricht:

Prophezeiungen und Lehren
190 S., 6 Fotos, 11,5 x 18,5 cm
ISBN 3-926388-03-X   EURO 8,60

Unergründlich tief wie das Meer: Babaji - 108 Begegnungen

G. Reichel (Hrsg.), 130 Seiten, 11,5 x 18,5 cm
ISBN 3-926388-22-6   EURO 9,20

Auch in Englisch erschienen

Tierisch gute Gespräche
Lerne mit Tieren zu sprechen - sie antworten Dir
von Amelia Kinkade,
Übersetzung aus dem Amerikanischen
247 Seiten, geb., 14 x 20,5 cm
ISBN 3-926388-57-9   EURO 18,41

Auf dem Traumberg
Der Weg zum Ich
von Thomas Ach
120 Seiten, geb., 15 x 21,5 cm
ISBN 3-926388-63-3   EURO 13,30

G. Reichel Verlag, Reifenberg 85, D-91365 Weilersbach, Tel. 09194-8900, Fax 09194-4262
Internet: www.reichel-verlag.de   E-Mail: info@reichel-verlag.de

Der Kurs zum Selbst
In Wahrheit und Liebe von Babaji
Ein wunderbarer 24-Wochen Kurs!
von Roger G. Lanphear
168 Seiten., 14,5 x 21 cm,
ISBN 3-926388-35-8   EURO 13,30

Talente
entdecken, entfalten und leben ist Freude
von Christina Aprato, 126 Seiten, 14,5 x 21 cm
ISBN 3-926388-54-4   EURO 13,30

Der Armstrong Report
Außerirdische und UFO's -
Sie brauchen uns, wir sie nicht!
Virgil Armstrong,
144 S. , 14,5 x 21 cm,
ISBN 3-926388-24-2   EURO 13,30

Sterben leicht gemacht
Ein liebevoller Ratgeber
vonSalli Rasberry / C. Watanabe
184 Seiten, gebunden
ISBN 3-926388-64-1   EURO 18,40

G. Reichel Verlag, Reifenberg 85, D-91365 Weilersbach, Tel. 09194-8900, Fax 09194-4262
Internet: www.reichel-verlag.de   E-Mail: info@reichel-verlag.de

Das Lebenselixier

von Edward Bulwer-Lytton, Übersetzung aus dem Englischen, 440 Seiten geb., 14 x 20,5 cm
ISBN 3-926388-50-1   EURO 15,24

Mystischer Roman um ein geheimnisvolles Lebenselixier.

Alles ist Eins

von V. Subramaniam
75 Seiten, gebunden, 11,5 x 18 cm
ISBN 3-926388-61-7   EURO 10,10

Erkenne und erreiche Deinen wahren Zustand.
Bisher unveröffentlichte alte indische Weisheiten.

Das geheime Wissen Guru Gorakhnaths

von Gorakvhani / Babaji,
103 Seiten, gebunden, 15 x 21,5 cm
ISBN 3-926388-59-5   EURO 11,00

Babaji gibt die Lehren und Reden Gorakhnaths wieder.

Kontakte mit Körperzellen

von Dorothea Geradis-Emisch
94 Seiten geb., 15 x 21,5 cm
ISBN 3-926388-62-5   EURO 13,30

Eine Anleitung zur Kontaktaufnahme mit den eigenen
Körperzellen und den Körperzellen anderer Menschen.

G. Reichel Verlag, Reifenberg 85, D-91365 Weilersbach, Tel. 09194-8900, Fax 09194-4262
Internet: www.reichel-verlag.de   E-Mail: info@reichel-verlag.de

Prophezeiungen
Alte Nachricht in neuer Zeit
von Stefan Berndt, 457 Seiten, 15,5 x 21,5 cm

ISBN 3-926388-60-9   EURO 19,90

Prophezeiungen zur Zukunft Europas
Eine Analyse von über 250 Quellen
von Stefan Berndt, 288 Seiten, 14,5 x 21 cm

ISBN 3-926388-40-4   EURO 15,25

Die kommende Weltkrise
Wie überlebt man den dritten Weltkrieg

von Michael Hesemann / Henri Schnyder
220 Seiten, 14,5 x 21 cm, broschiert
ISBN 3-926388-46-3   EURO 15,24

Polsprung
Prophezeiungen und wissenschaftliche Analysen
von Hans J. Andersen, 240 Seiten, 14 x 21 cm

ISBN 3-926388-43-9   EURO 15,24

G. Reichel Verlag, Reifenberg 85, D-91365 Weilersbach, Tel. 09194-8900, Fax 09194-4262
Internet: www.reichel-verlag.de   E-Mail: info@reichel-verlag.de

Das Lebenselixier

von Edward Bulwer-Lytton, Übersetzung aus dem Englischen, 440 Seiten geb., 14 x 20,5 cm
ISBN 3-926388-50-1   EURO 15,24

Mystischer Roman um ein geheimnisvolles Lebenselixier.

Die Zauberformel des Wünschens

Mit vier Schlüsseln zur Entfaltung

von Vernon M. Sylvest aus dem Amerikanischen
184 Seiten., 14,5 x 21 cm,
ISBN 3-926388-53-6   EURO 15,24

Du bist MIND

Heilweisen für das 3. Jahrtausend

von Frank Alper, aus dem Amerikanischen, 216 Seiten,
geb., 14 x 20,5 cm, ISBN 3-926388-52-8   EURO 15,24

Die Kraft unserer Gedanken erschafft unsere Muster von Gesundheit und Verhalten. Frank Alper gibt Hinweise, wie man seine unbewußten Programme verändern kann, um gesund zu werden und zu bleiben.

Der Ruf der Seele

von Josiane Antonette,
Übersetzung aus dem Anerikanischen,
112 Seiten, 14,5 x 21 cm
ISBN 3-926388-51-X   EURO 10,74

G. Reichel Verlag, Reifenberg 85, D-91365 Weilersbach, Tel. 09194-8900, Fax 09194-4262
Internet: www.reichel-verlag.de   E-Mail: info@reichel-verlag.de

Die Wächter II
UFOs und Nahtoderfahrungen
Raymond E. Fowler
viele Abbildungen, 400 S.
14,5 x 21 cm, ISBN 3-926388-33-1   Euro 18,40

Die Allagash Entführungen
Unwiderlegbare Beweise für das Eingreifen
von Außerirdischen
Raymond E. Fowler, Vorwort von Budd Hopkins
32 Bilder, 372 S.
14,5 x 21 cm, ISBN 3-926388-30-7   EURO 18,40

Der Fall Andreasson
Dokumentierte Untersuchung von der Entführung
einer Frau an Bord eines Ufos
Raymond E. Fowler, Vorwort von Allen Hynek
53 Bilder, 280 Seiten
14,5 x 21 cm, ISBN 3-926388-31-5   EURO 18,40

Sternensaat
Das galaktische Erbe der Menschheit
Lyssa Royal & Keith Priest,
120 Seiten, 14,5 x 21 cm,
ISBN 3-926388-27-7   EURO 113,30

Besucher von Innen
Lyssa -Royal u. Keith Priest
200 S., 15 x 22,5 cm,
ISBN 3-926388-26-9   EURO 16,36